Pour Alec

*qui fut mêlée à tous les
événements dont il est ici
question*

*sans qui l'ouvrage qu'on va lire
n'aurait pas encore de titre*

GÉRARD PELLETIER

LES ANNÉES D'IMPATIENCE

1950-1960

N.B.

Les erreurs contenues dans ces pages sont dues aux défaillances de ma mémoire; l'exactitude des dates et autres chiffres est attribuable aux vérifications expertes du professeur Yvan Lamonde.

De même, l'auteur réclame pour lui seul la paternité des fautes de syntaxe et de ponctuation. Si par hasard elles se révélaient peu nombreuses, il faudrait en rendre grâces à Jacques Hébert qui a poussé l'amitié jusqu'à la dernière virgule.

Maquette de la page couverture:
Productions graphiques ADHOC

Composition et mise en pages:
Helvetigraf, Québec

Photo: Alain Stanké

© Éditions internationales Alain Stanké, 1983

ISBN: 2-7604-0214-2

Dépôt légal: 4ᵉ trimestre 1983

83 84 85 86 1 2 3 4 5

Imprimé au Canada

Souvenirs

Table des matières

Avant-propos

Qu'est-ce qui pousse un homme à écrire des mémoires ou, plus modestement, des souvenirs?

Pour certains, sans doute, c'est la nostalgie, le goût de se remémorer des jours heureux, la *délectation morose* dont parlaient les anciens moralistes. D'autres cèdent peut-être à l'ambition de passer à la postérité: ayant quelque raison de douter que personne n'écrive jamais leur biographie, ils s'en chargent eux-mêmes. D'autres encore ont des comptes à régler. Retraités, ils ne peuvent plus agir. Ils s'en remettent donc à l'écriture d'équilibrer des bilans dont le passif les gêne.

D'autres enfin, dont je suis, ni retraités ni nostalgiques, fondamentalement disposés à laisser dormir un passé encore chaud, nullement enclins au retour en arrière quand l'avenir les sollicite encore de toutes ses exigences, cèdent à l'irritation. C'est l'Histoire instantanée, une invention de notre fin de siècle, qui les provoque. Comment donc pourraient-ils lire sans impatiences les récits fantaisistes qu'on publie déjà sur leur passé récent, sur des événements qu'ils ont vécus hier, dont ils sont encore mal dépêtrés parce qu'ils s'y étaient engagés sans réserve, et qu'ils retrouvent tout déformés dans des livres qu'on imprime, qui se vendent au coin de la rue?

Le principal mérite de l'Histoire instantanée (comme on dit café instantané) c'est sans doute de retenir dans ses filets mille détails qui, sans elle, auraient disparu sans laisser de traces quand viendra le moment d'écrire l'Histoire véritable. Mais si les auteurs en cause, professionnels du passé défini, ceux-qui-racontent-les-souvenirs-des-autres, inventent ou propagent des détails faux, s'ils accréditent des légendes...

Voilà ce qui m'a poussé à écrire ces pages: le souci de verser au dossier mon propre témoignage, partiellement inexact, sans doute, comme tous les autres, mais susceptible aussi de jeter sur certaines situations que j'ai vécues un éclairage moins indirect.

Chapitre I

Le rendez-vous

*Je suis exact aux rendez-vous car j'ai
remarqué que ceux qui attendent ne
songent qu'aux défauts de ceux qui se
font attendre.*

Boileau

Nous sommes trois à table, dans un petit salon du restaurant *Chez Stien,* rue Mackay: Pierre Trudeau, Jean Marchand et moi. L'établissement est calme. Le printemps est arrivé — ou bien, est-ce l'automne 1961 qui se prolonge? Dans ma mémoire, en tout cas, il y a beaucoup de soleil. Et même si nous attendons René Lévesque depuis plus d'une heure, je ne suis pas encore impatienté.

Mes deux camarades le sont.

Marchand n'a jamais pu souffrir qu'on le fît attendre sans raison et Lévesque n'a jamais de bonnes raisons de faire attendre les gens: c'est dans sa nature. Il est en retard comme il est vivant. Quant à Trudeau, il tient les retards pour des marques de mépris envers les gens qu'on fait attendre, mais il en a pris son parti. Il a commandé tranquillement son déjeuner, nous l'avons imité tour à tour, et nous voici tous les trois au dessert.

Lévesque n'arrive toujours pas.

«Tu sais de quoi il veut nous parler?» demande Trudeau.

Je réponds que René m'a téléphoné quelques jours plus tôt, qu'il a exprimé le désir de nous rencontrer ici pour discuter «de certains problèmes d'ordre économique qui se posent au gouvernement québécois», sans plus de précision. Ma secrétaire, à la *Presse,* s'est chargée des communications téléphoniques. Et nous sommes là, et nous attendons René.

Aussi longtemps qu'il était occupé à manger, Marchand contenait tant bien que mal son irritation. Maintenant qu'il a fini de déguster sa tarte aux fraises, son indignation le reprend.

«Non mais il le fait exprès, c'est pas possible! Rendez-vous fixé par lui à midi trente; il passe deux heures, maintenant, et pas même un signe de vie. C'est vraiment intolérable.»

Silence. Trudeau sourit de l'irritation de Jean.

«Tu le connais, voyons. Depuis le temps... Si tu ne voulais pas attendre, il fallait arriver à deux heures, c'est tout.»

«Ah non!» réplique Marchand, tout heureux de reporter sur un interlocuteur présent sa colère jusqu'ici dirigée contre un fantôme. «Ça n'aurait rien arrangé du tout. La preuve? Ça s'est passé la semaine dernière à Québec. Nous présentions pour la C.S.N. un mémoire au Conseil des Ministres. Comme nous connaissons René, nous nous sommes d'abord rendus à son bureau pour causer un peu. Par miracle, il était là. L'heure venue, il nous a guidés vers la salle du Conseil, à travers le dédale des couloirs. Puis, une fois rendus, tandis que les ministres arrivaient tour à tour, nous avons poursuivi la conversation. Mais quand tout le monde fut assis pour l'audition, v'là mon Lévesque qui sort. «Où est-ce qu'il va?» a demandé Jean Lesage, étonné de ce départ. Alors, on a entendu la voix d'un loustic: «Voyons! René ne peut pas souffrir d'être à temps! Il reviendra tout à l'heure, avec une heure de retard, comme d'habitude.»

Marchand rit de ce rire guttural qui ponctue toutes ses blagues. Trudeau et moi rions aussi. Un silence suit, au cours duquel la serveuse apporte le café.

«Vous n'auriez pas vu M. Lévesque, en bas? lui demande Trudeau.

— M. Lévesque de la télévision? interroge la serveuse. Non. On l'a cherché, tout à l'heure; quelqu'un le demandait au téléphone. Pas là.»

Elle sort.

«Bon, grogne Marchand, c'est complet. S'il arrive jamais, il passera une heure au téléphone avant de nous rejoindre ici. Moi, j'ai bien envie de foutre le camp...»

Trudeau rit. De la mauvaise humeur de Marchand? Du ridicule de la situation? On ne sait pas. C'est peut-être la réaction de la serveuse qui l'a amusé car il dit: «M. Lévesque de la télévision... Tu vois, Marchand, par où passe la célébrité, dans ce pays? Lévesque est au gouvernement depuis seize mois, ministre en titre, vedette de son parti, mais pour cette fille, il est toujours l'homme de la télévision.

— L'homme de mon...»

Marchand ne termine pas la phrase. Trudeau rigole encore. Il se tourne vers moi:

«Tu le connais depuis longtemps, toi, Pelletier: est-ce qu'il a toujours été en retard comme ça? C'est une maladie ou une manie? Quand même curieux...

— Ça s'explique, dis-je. Ou du moins, j'ai une explication. Je ne sais pas ce qu'elle vaut.»

Je parle du travail à la télé, des quelques émissions que j'ai faites avec Lévesque, des contraintes qu'il devait respecter, de ses colères quand il fallait, au dernier moment, retrancher de son commentaire quelques paragraphes qu'il jugeait indispensables, pour ne pas dépasser les vingt-huit minutes trente secondes d'antenne dont nous disposions. Il jurait comme un charretier:

«Bout de C... de V... de C... Ils ont deux heures et demie, le samedi soir, pour leurs maudites joutes de hockey, mais nous autres, pour expliquer le monde, vingt-huit minutes trente...»

Il jurait, mais il s'en tenait au temps prévu.

«Oui, note Trudeau en passant. Mais il invitait à son émission des *experts* qui restaient plantés là à l'écouter parler jusqu'à quarante-cinq secondes de la fin, alors que René finissait par dire: «J'aurais voulu vous demander, Monsieur Untel, ce que vous pensiez des incidences économiques de la crise au Moyen-Orient, mais...» Et l'émission se terminait sans que ledit invité ait pu ouvrir la bouche. C'est arrivé un soir à Claude Ryan qui ne l'a pas encore oublié!

«Je t'assure que moi, grogne Marchand, il ne m'aurait pas fait ça deux fois.

— Bah! raille Trudeau, t'aurais fait comme les autres, comme tu fais aujourd'hui, à poireauter dans un restaurant avec Pelletier et moi, quand il fait si beau... On aurait dû aller marcher en forêt, tous les trois.»

Trudeau a toujours un projet de rechange, quelle que soit son occupation du moment.

Je poursuis mon explication. De fait, l'entraînement de la radio, puis de la télé, avec les exigences de ponctualité de ces deux médias, aurait pu faire de René un homme exact au rendez-vous. J'en connais d'autres que je soupçonne de faire l'amour à heure fixe, tellement ils sont conditionnés par la seconde précise où ils doivent prononcer: «Ici, Radio-Canada...»

Mais pour René, c'est le contraire qui s'est produit. Quand il a retrouvé sa liberté, après quinze ans de contraintes au service de Radio-Canada, il l'a voulue entière. Non seulement il pouvait sans entraves exprimer ses opinions personnelles mais il se mit à saboter tous les horaires. Je me souviens d'un soir, au printemps de 1959. Nous étions tous les deux invités par l'Association des médecins de langue française réunie en congrès. Il s'agissait d'un symposium sur *La Médecine vue par le citoyen*. Un animateur, quatre participants, plusieurs centaines d'auditeurs. Cela se passait à l'hôtel Mont-Royal. Il faisait une chaleur excessive et moite.

Chaque *paneliste* disposait de vingt minutes pour exposer son point de vue, après quoi le dialogue devait s'engager entre la salle et la tribune. Je parlai le premier: dix minutes. Le deuxième participant: un quart d'heure. Puis René: deux heures d'horloge pour ses prémisses, vingt minutes encore pour sa conclusion... On n'a jamais rien su des pensées, sans doute très profondes, du quatrième participant...

«Et les médecins sont restés là à l'écouter? demande Marchand, agressif.

— C'était intéressant. Mais je me souviens qu'il faisait bien chaud!

— Moi, il m'aurait perdu de bonne heure...

— Mais non, Jean, gouaille Trudeau. Tu serais resté jusqu'à la fin, comme aujourd'hui...

— Ouais? Eh bien! regarde-moi aller.»

Marchand se lève, s'essuie la bouche à sa serviette, reprend sa pipe qu'il avait posée sur la table et... la porte s'ouvre. René entre en coup de vent, la mèche en bataille, une énorme serviette sous le bras, la cravate de travers, la cigarette aux lèvres, frétillant.

«Salut, les gars! Vous avez fini de manger? Ça fait rien. Je vais me commander un steak. Mademoiselle? Oui, un steak. Saignant, bleu. Et vous m'apportez de la moutarde forte. Bon. (Il s'assoit.) Maudite vie! J'arrive de Québec. Pas pu partir hier soir. En fait, c'est urgent que je vous parle. (Il sort deux dossiers.) Il faut tout faire en même temps, dans ce maudit métier-là. T'as travaillé là-dessus, toi, Trudeau, les finances publiques? Bon Dieu! qu'on manque de compétences, à Québec. Je parle pas seulement des ministres: y'a pas de Fonction publique, dans notre chère province. Y'en a pas! La semaine dernière, par exemple...»

Marchand a rallumé sa pipe, sans effacer de son visage la rogne qui l'assombrit. Trudeau s'est éloigné un peu de la table; il se balance sur les deux pattes arrière de la chaise. Il sourit, regarde Lévesque comme s'il s'agissait d'une curiosité. C'en est une, en effet, ce flot de paroles continues: pas une pause, on se demande comment il respire, comment il arrive à allumer une seconde cigarette, sans ouvrir dans son discours le moindre interstice qui permettrait à l'un de nous d'y glisser un mot.

«Le maudit problème des disponibilités! C'est bien beau de vouloir faire des choses, et Dieu sait qu'il y en a à faire, mais l'argent, où est-ce qu'on va prendre l'argent? Pour nationaliser l'électricité, par exemple. Pour moi, on n'y coupera pas, il va falloir nationaliser. Ça fait cinquante ans que l'Ontario...»

La porte s'ouvre de nouveau. La serveuse pose devant René un énorme steak. Mais le discours continue, torrentiel, tandis que notre convive se met en devoir d'assaisonner son repas. D'abord, une couche de moutarde si épaisse qu'on ne distingue plus la couleur de la viande.

«Si l'Ontario a pu nationaliser en 1907 ou 1912, je ne sais plus au juste, le Québec est certainement capable de le faire en 1962 ou 63. Tiens, j'ai ici des chiffres préliminaires que j'ai fait établir par...»

Je me rends compte que ni Marchand, ni Trudeau, ni moi ne l'écoutons plus, tous trois médusés par l'opération culinaire à laquelle il se livre. Il s'est emparé de la salière et fait neiger sur le bifteck déjà couvert de moutarde une couche blanche qui le recouvre tout entier. René possède-t-il un estomac doublé d'acier?

«Je ne vous donne pas ces chiffres comme définitifs. Ils indiquent un ordre de grandeur, rien de plus. Si j'avais le temps, je les repasserais avec vous en détail. J'aimerais surtout savoir ce que Trudeau en pense. (Un coup d'œil à sa montre.) Mais j'avais un rendez-vous à trois heures. (Il hausse les épaules.) Tant pis.»

Trudeau me jette un coup d'œil amusé. Marchand, sarcastique:

«Nous, René, on a tout notre temps... Tu le savais, d'ailleurs!»

Lévesque saisit l'allusion, répond par une grimace coupable, suivie de ce sourire mi-charmeur, mi-malicieux, dont il use si volontiers. Il replonge le nez dans son dossier, tandis que son steak refroidit. Le visage de Jean se détend, comme soulagé de savoir que, désormais, quelqu'un d'autre poireaute quelque part, comme nous venons de le faire nous-mêmes pendant deux heures.

En attendant Godot, je veux dire René Lévesque, ministre des Richesses naturelles dans le cabinet de Jean Lesage.

Chapitre II

PROTAGONISTES

*Ah! Trébutien! Trébutien! Tâchons
de devenir quelque chose et de ne pas
mourir obscurs.*

Barbey d'Aurevilly

D'où viennent les trois hommes réunis autour de cette table et qui s'apprêtent à jouer des rôles si marquants dans la vie de notre pays? Avant d'aller plus loin, je voudrais dire dans quelles circonstances je les ai connus, ce que je sais d'eux à ce moment crucial de leur existence respective, et comment je fus amené à servir entre eux de trait d'union.

* * *

Mil neuf cent trente-neuf, à l'automne. La ville de Québec et son vieux Quartier latin. C'est le milieu de la soirée. Les carabins, comme on nommait alors les étudiants, ont envahi la chaussée pour leur monôme annuel: gais, bruyants, gueulards, fermement résolus à s'amuser ferme jusqu'aux petites heures du matin. Je me trouve de passage à Québec, à peine sorti de mes campagnes (Victoriaville, Nicolet et Mont-Laurier où je viens de passer mon bac) et je me promets de participer aux réjouissances.

Au milieu de la rue, quatre gaillards viennent d'encercler une jeune fille qui passait. Ils chantent, en la dévorant des yeux, une rengaine qui fait partie du folklore carabin, sur l'air russe d'*Atchitchornia:*

> Les beaux pieds, qu'elle a!
> Les belles chevilles, qu'elle a!

Les belles jambes, qu'elle a!
Les beaux genoux, qu'elle a!
Les belles cuisses, qu'elle a!
Le beau mm..., qu'elle a!

Un murmure se substitue aux mots un peu lestes. La fille rougit jusqu'aux cheveux. Elle part finalement au bras de l'un de ses tortionnaires et les trois autres recommencent de plus belle avec la première passante venue, pourvu qu'elle soit jeune et bien tournée.

C'était une époque de très faible conscience politique, sur les campus universitaires. À ce moment-là, manifester voulait dire s'amuser. Après mille facéties du genre, on finissait par aboutir dans une taverne, ce qui m'arriva précisément ce soir-là. Est-ce à la taverne des environs du cinéma Capitol, celle qu'on appelait la Chapelle à cause de ses murs blancs, que je fis la connaissance de Jean Marchand? Je n'en suis pas certain. Mais si ce n'est pas autour d'une table, c'est dans la chambre d'un copain, rue Saint-Louis. De toute manière, il s'agissait d'une rencontre que je n'oublierais pas.

Connaître Marchand, c'était recevoir un choc. À vingt ans, déjà, il avait cette présence singulière, ce haut voltage, cette impatience naturelle et cette agressivité qui allaient faire de lui l'un des plus remarquables hommes d'action qu'il m'ait été donné de connaître. Il me fit une impression si forte que je me souviendrais encore de lui, j'en suis certain, même si je ne l'avais jamais revu depuis. Qui d'autre se trouvait dans cette chambre ou autour de cette table? Je n'en ai plus la moindre idée. Mais je revois encore Marchand, sa petite taille, la masse sombre de ses cheveux, son regard mobile, son air de coureur à pied qui attend le signal du départ...

J'entends sa voix au timbre cuivré, son grasseyement de la région trifluvienne (il est né à Champlain). Je retrouve dans mon souvenir le don des formules, les inflexions de la voix, la charge émotive toujours présente qui allaient faire de lui un orateur populaire d'une singulière puissance.

Mais ce sont là des impressions superficielles. Le choc reçu venait d'ailleurs.

Nous avions tous les deux vingt ans. C'est l'âge, comme chacun sait, des interrogations déchirantes. On se demande, non sans angoisse, ce qu'on va faire de sa vie. On est fermement résolu à transformer le monde mais on ne sait pas trop bien comment s'y prendre ni par où commencer... Marchand, lui, avait l'air de savoir. C'est ce qui le distinguait de nous tous. Il était sorti du rêve, il vivait déjà dans la réalité. Il parlait de combats à livrer, de luttes à entreprendre. Il avait choisi son terrain: le syndicalisme, ce qui, en milieu étudiant, constituait pour l'époque un choix quasi prophétique.

Est-ce ce jour-là ou l'année suivante, lors de notre deuxième rencontre, que Marchand me raconta, avec la cruelle ironie dont il a le secret, sa première déconvenue nationaliste?

On l'avait recruté dans l'une des innombrables ligues de l'époque (chacune formée de douze ou quinze membres) qui se proposaient toutes de renverser le pouvoir et d'en finir avec la démocratie. Tel était l'esprit du temps... Bien entendu, les chefs improvisés de ces groupuscules n'avaient de l'action politique aucune notion précise. On rêvait, on s'enivrait de discours, on tramait dans les sous-sols bourgeois des complots fumeux que nul ne songeait jamais à traduire dans les faits. Or, Marchand, lui, ne comprenait pas qu'on voulût par exemple voler des armes au C.E.O.C. (Corps École des Officiers canadiens) si on n'avait pas l'intention de s'en servir. Il exigea donc de connaître le plan d'action... et découvrit qu'il n'en existait aucun.

Si, pourtant. Le chef, un nationaliste en vue de l'époque, décida un jour de mettre sur pied une grande manifestation pour tromper l'impatience de ses troupes. Le plan fut dressé; chacun reçut des consignes très précises. Jean se voyait déjà engagé dans je ne sais quel combat de rue (ce qui le ravissait), mais il voulut savoir quel serait le rôle du chef et la place de celui-ci dans le défilé initial. Mal lui en prit: «C'est vous qui ouvrez le défilé, répondit le chef. Pour ma part, je suivrai en voiture. Il n'est pas question de compromettre mon autorité dans une manifestation. Vous voyez ça si, par hasard, j'étais arrêté? L'avenir du mouvement...»

Marchand voyait ça très bien. Il se voyait surtout au milieu d'une bande de rêveurs dirigés par un pleutre. Mais comme tout sert, dans une vie, cette expérience le délivra pour toujours des illusions lyriques. Plus tard, engagé jusqu'au cou dans la dure lutte syndicale, il se placerait toujours lui-même sur la ligne de feu et ferait carrément face aux conséquences de ses décisions.

Je dis plus tard... Mais avec Marchand, ça n'allait pas tarder. À vingt-quatre ans, il dirigeait sa première grève, au Saguenay, dans l'industrie du papier. Peu de temps après, il devenait l'organisateur en chef, puis le secrétaire général de la C.T.C.C. du temps, aujourd'hui la C.S.N. Je ne connais que par ouï-dire cette période de sa vie que marquèrent ses premières armes dans le mouvement syndical. Pendant les dix années qui suivirent notre première rencontre, je ne revis Jean qu'à de longs intervalles et toujours par hasard; notre travail respectif nous tenait éloignés l'un de l'autre.

En tandem avec Gérard Picard, il bâtissait pierre à pierre une centrale ouvrière, utilisant le matériau spongieux qu'offraient les syndicats *catholiques,* mouvement sans colonne vertébrale, plus ou moins dominé par le clergé, refuge d'une poignée de militants authentiques, mais aussi d'un troupeau de bonnes volontés aveugles et molles. Il faudrait que Jean Marchand lui-même ou quelque autre militant de la première heure raconte un jour la renaissance de cette Confédération des travailleurs catholiques du Canada.

Jusqu'aux années de la guerre, le mouvement avait existé sous tutelle cléricale. Syndicat jaune? Pas toujours. Devant certaines situations par trop injustes (je pense aux grèves du textile et au violent conflit de Sorel, dans les années 30), il se produisait parfois la rencontre de leaders ouvriers authentiques et de prêtres-aumôniers courageux. Alors, des luttes s'engageaient, mais locales, épisodiques. Elles s'éteignaient bientôt et le mouvement lui-même retournait à son demi-sommeil, à ses velléités, à ses peurs, à l'absence de toute pensée sociale authentique qui l'avait caractérisé jusque-là.

Quand Marchand veut faire comprendre l'état d'esprit qui prédominait dans les syndicats *catholiques,* au moment de son arrivée, il raconte l'épisode suivant: lors d'une journée d'étude organisée par la C.T.C.C., un groupe de militants proposa la mise sur pied d'un fonds de grève. Or, l'assemblée repoussa le projet. Plusieurs orateurs, rapporte le procès-verbal, avaient fait valoir que, vu la présence d'aumôniers au sein du mouvement, la C.T.C.C. n'avait pas besoin d'un tel fonds!

Avec l'arrivée du tandem Picard-Marchand et de toute une équipe de militants nouveaux qu'ils entraînèrent à leur suite, la situation devait changer très rapidement. Si bien qu'au sortir de la guerre, la C.T.C.C. était devenue une centrale authentique, prête à relever les défis auxquels la classe ouvrière devait faire face au Québec. C'est elle qui entreprit les grandes luttes de l'après-guerre: chez les mineurs, les métallurgistes, les travailleurs de la pétrochimie et des textiles.

Dix ans donc après notre première rencontre, je retrouvai Marchand. À Asbestos. J'avais fait moi-même, pour en arriver là, un assez long détour par les mouvements de jeunesse, l'Amérique du Sud, l'Europe ensanglantée de l'après-guerre immédiat, le travail international et le journalisme. Mais ce n'est pas le hasard qui nous réunit dans la petite ville minière, le soir du 14 février 1949. Ce que Jean Marchand avait appris au Saguenay, parmi les travailleurs du papier, j'en avais reçu moi-même la révélation, d'abord au Chili et en Argentine, ensuite dans l'Europe en ruine, dans les grandes banlieues ouvrières où vainqueurs et vaincus partageaient une misère à laquelle la guerre n'avait rien changé, si ce n'est dans le sens du pire... J'étais rentré au Canada, en 1947, avec ce qu'on appelait alors des «préoccupations sociales» et le goût de l'action ouvrière. J'étais devenu journaliste à cause d'une conviction profonde: je croyais au rôle primordial de l'information dans toute entreprise de changement social. Cette conviction m'avait conduit au *Devoir* où je tenais, entre autres, la chronique syndicale.

Or, le 13 février 1949, c'est la grève de l'amiante qui commençait. Nous ne savions pas encore qu'elle allait durer des mois ni qu'elle deviendrait le symbole de la lutte ouvrière de toute cette période.

Nous le savions si peu que personne n'était préparé pour une longue lutte. Je me revois dans le minuscule bureau de Gérard Picard, rue De Montigny (aujourd'hui Maisonneuve), dans l'après-midi du 14. La grève avait éclaté au milieu de la nuit précédente; j'avais persuadé sans peine le directeur du journal, Gérard Filion, et celui que nous appelions alors le chef des nouvelles, Pierre Laporte, que ma place se trouvait désormais à Asbestos, si mon titre de chroniqueur syndical signifiait quelque chose.

«Entièrement d'accord, m'avait dit Filion. Mais tu sais qu'on n'a pas un sou pour tes déplacements. Débrouille-toi.»

Je me débrouillais. Gérard Picard m'avait reçu avec la plus grande cordialité.

«Bien sûr qu'on peut se charger de tes déplacements. C'est d'autant plus facile qu'ils ne nous coûteront rien. Tu vas monter avec René Rocque. Tiens, le voilà. Il part dans une demi-heure.»

Et j'avais vu entrer dans le bureau exigu un géant paisible et myope.

«Pas dans une demi-heure, avait précisé le géant. Plutôt dans cinq minutes. Jean Marchand vient de téléphoner; il faut absolument être là-bas ce soir pour tenir une assemblée.

— Bon, dit Picard. Alors vous partez tout de suite; je ne vous retiens pas.»

C'est à mon tour de protester:

«Mais je ne suis pas prêt. Il faudrait que je passe chez moi prendre mes bagages.

— Quels bagages? interroge Picard en allumant une cigarette. Achète-toi une brosse à dents à la pharmacie d'en face. Vous êtes là pour quelques heures. Tu penses bien que la Compagnie Johns Manville ne résistera pas longtemps; elle a plus de commandes qu'elle ne peut produire de minerai. Vous serez heureux si la grève n'est pas finie quand vous arriverez à Asbestos!»

Gérard Picard se trompait (avec nous tous) de quelque cinq mois seulement... Son optimisme eût-il été fondé, peut-être n'aurais-je jamais revu Jean Marchand. Mais le risque était faible. Nous venions tous de mettre le doigt dans un mécanisme bien enclenché, mû par des forces énormes dont nous soupçonnions à peine l'existence et qui allaient bouleverser la vie du Québec, y compris nos destinées personnelles, plus profondément qu'aucun de nous ne pouvait encore l'imaginer.

* * *

Où se trouvait Pierre Trudeau, ce 14 février 1949? Quelque part dans le monde, en Europe ou en Asie. En tout cas, très loin. Il ne reviendra qu'au printemps. Avec nous, il visitera alors les piquets de grève d'Asbestos. Il adressera la parole aux mineurs. Il rencontrera Jean Marchand. Nous serons tous les deux appréhendés par la Sûreté du Québec, ce qui donnera lieu à des scènes loufoques, au poste de police où nous serons conduits ensemble sous forte garde. Mais j'anticipe.

Où donc ai-je vu Trudeau pour la première fois?

Rue Cherrier, au début de l'été de 1941, alors qu'il venait de terminer sa première année de Droit. Il n'était pas seul; trois ou quatre de ses copains de Brébeuf[1] l'accompagnaient. Il me semble revoir autour de lui (mais je peux me tromper) Guy Viau, Pierre Vadeboncœur, peut-être Gaby Filion, le peintre. Tous affichent des tenues sportives qui me rendent ultra-conscient de ma chemise et de ma cravate, par cette journée chaude et ensoleillée. D'ailleurs, les «gars de Brébeuf» sont comme ça; ils vous donnent toujours l'impression que vous ne savez pas vous habiller... ni marcher, ni vivre, ni parler convenablement. Ils ont un style qui s'impose, ils font régner autour d'eux une espèce d'orthodoxie mineure. Si vous n'avez pas le secret de leur argot, de leurs plaisanteries, si vous n'avez pas lu les mêmes livres qu'eux, vous vous sentez inférieur. Ils adorent déconcerter les nouveaux venus dans leur entourage. La semaine dernière encore, j'ai rencontré un «gars de

---

1. Le collège Jean de Brébeuf, dirigé par les Jésuites, qui recevait alors les fils de la bourgeoisie d'Outremont. Trudeau y avait fait ses études classiques, de 1932 à 1940.

Brébeuf» qui a levé les bras au ciel parce que je ne connaissais pas Panaït Istrati. Et comme j'ai des prétentions à l'érudition littéraire...

Mais ceux-ci ne parlent pas aujourd'hui de littérature. Je leur demande:

«Où est-ce que vous allez comme ça?

— En Abitibi.

— Pour y faire quoi? La pêche?

— Non.

— Quoi, alors?

— Rien. Mais on y va à pied, en canot, à travers la forêt, en suivant l'itinéraire tracé jadis par d'Iberville. Ce n'est pas la destination qui nous importe; c'est le moyen de locomotion.»

Je ne sais plus s'ils me parlent d'un projet véritable ou s'ils se moquent de moi. Car ce n'est pas la première fois que je me frotte à eux. Je n'ai jamais vu Pierre Trudeau, mais déjà, il a eu l'occasion de me railler et ne l'a pas ratée. Dans un article publié par le journal de son collège, quelques mois plus tôt, il s'est payé ma tête, gentiment, sans méchanceté, mais avec assez d'esprit pour me faire mesurer l'outrance de mon militantisme de l'époque. Et me voici maintenant devant l'homme.

Piqué au vif (de ma vanité) par son papier du *Brébeuf,* je me suis renseigné directement sur ce garçon que ses camarades appellent Piotr ou bien Pierre Elliott et dont certains parlent avec admiration, d'autres avec agressivité, aucun avec indifférence. Ce que j'ai appris le situe très loin de moi. Il est fils de millionnaire, il habite Outremont, c'est un athlète de première force, il a fait toutes ses études collégiales chez les Jésuites. (Mon père était chef de gare; je perche dans une chambre minuscule et infestée de punaises, rue Saint-Hubert; j'arrive de province; je suis gringalet et j'ai horreur de l'éducation jésuite qui prétend former l'*élite* de la société.) Si Trudeau est vraiment le produit de son milieu, nous n'avons aucune chance de nous entendre, car je suis le produit du mien que je n'ai pas la moindre envie de renier.

Mais le voilà devant moi et tout change. (Dieu merci, nous n'étions ni l'un ni l'autre esclaves des catégories sociales.) Il n'affiche ni sa richesse ni ses muscles. Son intelligence non plus, il n'en fait pas étalage. Mais en dépit d'une curieuse timidité dont il ne se départira jamais, et qui le rend peu loquace au premier abord, il suscite la curiosité.

Ah! si j'avais les sous qu'il faut pour entraîner mes interlocuteurs vers le café voisin! On pourrait causer, faire connaissance. Mais je gagne à ce moment-là cinq dollars par semaine. Le loyer de ma chambre m'en coûte trois. Il m'en reste deux pour me nourrir pendant sept jours... L'occasion est manquée.

Au cours des années qui suivent, je croise Trudeau dans la rue, à la porte des cinémas, au hasard des manifestations politiques contre la conscription; je lis quelques articles de lui dans le *Quartier latin,* journal des étudiants de l'Université de Montréal; j'assiste un soir à un débat dont il est la vedette, à la salle du Plateau. Cet exercice académique se termine sur un canular *hénaurme* quand Trudeau brandit soudain un revolver qu'il avait caché sous sa toge et tire en l'air quelques cartouches blanches, au grand émoi d'un ministre fédéral de l'époque qui préside la manifestation. Je ne me souviens même plus de la question débattue ce soir-là. Mais je me souviens que mon militantisme (ou mon sens de l'humour défaillant) refusait de trouver très drôles ces plaisanteries d'enfants gâtés.

C'est finalement François Hertel, un Jésuite hors série, qui nous réunira autour d'une table pour discuter... philosophie! Je n'arrive pas à me souvenir comment cette discussion fut amorcée. Ni Trudeau ni moi n'avions la moindre prétention philosophique. Mais je nous revois groupés autour d'une table, dans un sous-sol d'Outremont. André Dagenais expose avec un formidable bagout sa théorie des *mixtes* (ni matière pure ni forme pure) qui justifierait en dernière analyse certains contacts sexuels avant le mariage et notamment la «contemplation des beaux corps». J'entends Hertel accuser Dagenais: «Mais vous êtes platonicien, mon vieux!»

À la fin de la soirée, je fais route avec Hertel pour rentrer chez moi:

«Dites donc, vous prenez au sérieux les théories de Dagenais? Le traiter de platonicien... Je serais flatté, à sa place.

— Vous n'avez rien compris, répond Hertel. Moi, quand je traite quelqu'un de platonicien, c'est une façon détournée de lui dire qu'il déraille.»

Curieuses soirées. Trudeau y parlait très peu. Le dialogue entre nous ne s'enclencha vraiment qu'à Paris, en 1946. Si je craignais moins les digressions et plus généralement tout ce qui peut m'éloigner de mon propos initial, j'expliquerais ici l'importance, pour les gens de notre génération, du premier séjour à Paris. Comment dire en peu de mots le désir lancinant qui nous obséda presque tous depuis la première enfance: quitter le Québec, quitter le Canada, l'Amérique elle-même: *partir*. Pour nous, la destination ne faisait pas l'objet de la moindre hésitation. Nous connaissions New York, certains d'entre nous avaient poussé une pointe vers l'Amérique du Sud ou tout au moins le Mexique, mais notre pôle intellectuel se situait au-delà de l'Atlantique, en France.

Je me suis souvent interrogé sur la puissance insolite de cette attraction. Cédions-nous bêtement à quelque nostalgie sentimentale? à un atavisme aveugle? Est-ce la France réelle qui nous attirait ou bien un pays de rêve sécrété dans la prison des années 30, face aux barbelés de la crise économique, puis à ceux de la guerre?

Il faut dire que la pauvreté matérielle et spirituelle de l'époque nous tenaillait depuis l'âge de raison. Il faut se souvenir aussi des moyens de communication dont nous disposions alors. À bord des cargos qui nous amenèrent en Europe, il fallait huit jours, parfois dix ou quinze, pour traverser la grande mare. Comme Paris était loin! On a peine à l'imaginer aujourd'hui. Il est même difficile de s'en souvenir. Jean-Paul Riopelle me raconta un jour sa première traversée. Lui, il accompagnait des bestiaux. Je mesurais ma chance, moi qui tenais compagnie à des oranges et à des œufs frais. Mais tous, à n'en pas douter, nous revenions vers nos origines, nous accomplissions le pèlerinage aux sources dont nous avions rêvé depuis toujours.

Jean Le Moyne expliquera plus tard dans un article de *Cité libre* que nous étions en Amérique, comme l'Américain Henry James, des «provinciaux sans métropole». Nous rêvions d'une culture dont l'épicentre ne se trouvait ni à Québec ni à Montréal, mais sur un autre continent. Nos lectures, qu'il s'agît de littérature, de politique, de sociologie ou d'histoire (sauf celle du Canada), nous transportaient inévitablement en Europe. Nos maîtres à penser, à voir et à sentir, s'appelaient Claudel, Péguy, Tocqueville, Mounier, Maritain, Michelet, Malraux, Braque ou Picasso. Morts ou vivants, ils étaient tous *ailleurs*. Et c'est vers cet ailleurs que nous brûlions de partir.

Mal me prit d'expliquer cet état d'esprit à un jeune professeur de cégep rencontré à Strasbourg. Il me rétorqua, avec le plus superbe mépris: «Alors que nous autres, on s'en contrefout de ce qui se fait en France, on n'en veut plus de la France. Le Québec nous suffit.» J'eus envie de le plaindre. Il croyait, de toute évidence, que notre peuple façonne seul, désormais, sa propre culture.

Il ne sait pas que dans les années 30, au plus creux de notre pauvreté intellectuelle, certains jeunes, nationalistes comme lui, pensaient de même. Et c'étaient des imbéciles. Il avait l'air d'ignorer surtout qu'aucun peuple de la terre, même pas les plus grands, ne peut s'enfermer dans sa seule culture sans risquer la suffocation lente mais sûre.

Je reviens à Pierre Trudeau.

Nous sommes en 1946. Il est à Paris, inscrit à Sciences Po. Je suis à Genève, c'est-à-dire que mon port d'attache est en Suisse. Mais comme secrétaire itinérant du Fonds mondial de secours aux étudiants, je me balade à travers toute l'Europe, de Dublin à Vienne et de Naples à Bruxelles ou à Prague, en passant par Paris le plus souvent possible. Et j'y croise Pierre Trudeau. Ce qui me reste de nos rencontres de ce moment-là, quatre ou cinq, pas davantage, ce sont bien sûr les blagues (Trudeau pilotant une énorme moto qui pétaradait à tous les échos à travers un Paris désertique), la bonne humeur, quelques repas partagés, mais surtout des conversations très sérieuses sur les options qui s'offraient à nous.

Si je disais que nous parlions politique, l'affirmation serait à la fois vraie et fausse.

Pour faire comprendre ce paradoxe, il me faut dire un peu ce que fut pour nous l'atmosphère ardente de l'Europe d'après-guerre. Nous avions l'impression que se façonnait sous nos yeux le monde où nous allions vivre nos vies. Et nous n'avions pas tort. La politique était alors pour nous un «projet d'univers», comme on dit aujourd'hui «projet de société». Le communisme stalinien déferlait sur l'Europe, comme le christianisme deux mille ans plus tôt. Dans un climat d'extrême pénurie, de presque famine, un

immense espoir se levait qui annonçait un monde
changé, la fin des injustices et des inégalités. Le vieux
rêve révolutionnaire, ressuscité par les jeunes issus de
la Résistance, reprenait vie. Mais cette fois, ce n'était
pas la *Déclaration des Droits de l'Homme* qui le sous-
tendait. C'était le marxisme. Il ne s'agissait plus
seulement de choisir entre deux partis ni même deux
doctrines économiques. Il fallait choisir entre deux
conceptions de la vie, deux explications du monde,
deux modes de pensée qui engageaient la personne
tout entière, et la totalité de l'activité humaine.

Jean Duvignaud, dans *Le Ça perché*[1] raconte l'état
d'esprit d'un jeune communiste de l'époque:

> «Nous avons été sots, sans doute, mais de notre
> seule sottise, celle qui se mesure à l'absolu que
> nous pensions représenter. Participer à un
> mouvement révolutionnaire sans construire une
> vision générale éthique, esthétique et
> philosophique de ce que nous devions faire, cela
> paraît absurde ou simplement trivial. On n'entre
> pas dans le «grand système» comme dans un
> Prisunic.»

Le «grand système», ce marxisme qui prétendait tout
résoudre, j'avoue qu'il m'a donné le vertige, à
l'époque. Il se heurtait à mes convictions religieuses
mais ce conflit-là, les «chrétiens progressistes»
l'avaient résolu. Pour eux, non seulement le marxisme
n'était pas inconciliable avec le christianisme (ce
qu'avait pu nous faire croire le conservatisme
historique des Églises) mais pour mon camarade Jean
Chesneaux, aujourd'hui professeur à la Sorbonne, un
chrétien qui n'adhérait pas au Parti communiste
trahissait la logique de sa foi chrétienne...

À distance, il peut paraître inconcevable que ces choix
à faire m'aient tenu dans l'angoisse pendant de longs,

---

1. Éditions Stock, Paris, 1976, p. 138.

très longs mois. Quand on oublie la misère extrême de l'époque, la faim, le froid, les quartiers rasés par les bombes, le monceau de ruines qu'était devenue l'Europe et la faillite partout apparente du conservatisme d'avant-guerre; si l'on omet de noter que nous ne connaissions alors ni les horreurs du *goulag* soviétique ni les monstruosités du «grand système»; si l'on omet de dire que nous venions de découvrir Auschwitz, Dachau et Bergen-Belsen, alors sans doute, nos angoisses peuvent paraître ridicules. En 1946, elles ne l'étaient pas. Elles justifiaient nos discussions passionnées qui se prolongeaient fort avant dans la nuit et qui furent pour moi l'occasion de connaître Pierre Trudeau.

Ai-je besoin de dire que j'étais alors un analphabète politique?

Le bachot des années 30 ne nous préparait guère aux affrontements des années 40, c'est le moins qu'on puisse dire... Quant à mes lectures personnelles, le hasard et mes goûts les avaient orientées presque uniquement vers la littérature, l'histoire et les questions religieuses. La politique canadienne ne m'avait jamais intéressé, sauf brièvement l'épisode de la conscription, à cause de mon admiration pour André Laurendeau.

Or, je découvrais en Pierre Trudeau une culture politique dont je n'avais jamais soupçonné l'existence. Il connaissait des livres, des événements, des écoles de pensée, des courants historiques, des faits et des statistiques qui donnaient à nos entretiens un tour et un style entièrement nouveaux pour moi. Je serais bien incapable de reproduire ici l'une ou l'autre de nos longues conversations d'alors mais je garde de ces entretiens une double impression très vive: Trudeau parlait de politique sur un ton plus rationnel qu'émotif, ce qui le distinguait de tous ses interlocuteurs de l'époque, et ses propos reflétaient une connaissance des problèmes qu'aucun de nous ne possédait. Enfin, je commençais à reconnaître dans ses interventions (plutôt rares et toujours brèves, il ne fut jamais bavard) la recherche toute personnelle d'une pensée politique, adaptée à la situation canadienne. Dans son entourage, tout le monde spéculait sur l'avenir de l'univers, et lui aussi, à l'occasion. Mais lui seul avait déjà commencé à réfléchir sur l'évolution de la politique au Québec et au Canada. Une pensée avait commencé de s'ébaucher, nourrie des plus grandes œuvres, abreuvée aux plus hautes sources. Je devais en suivre le développement d'un regard fasciné.

Je ne me suis jamais interrogé, à l'époque, sur les raisons qui avaient pu rapprocher de moi des types comme Marchand et Trudeau. Une amitié, comme un amour, tient toujours du miracle. Celui qui en est l'objet ne peut jamais se l'expliquer. Et pourtant, les circonstances ne sont jamais étrangères au fait de se lier avec quelqu'un.

J'ai évoqué, je pense, ce qui m'a attiré vers ces deux hommes. Eux seuls pourraient dire pourquoi ils m'ont donné leur amitié, mais je veux tout de même noter deux circonstances favorables.

Pour Jean Marchand, surtout au plus intense de sa vie militante, une feuille de papier blanc apparaissait plus redoutable qu'une foule surexcitée de cinq mille travailleurs. Ma facilité de polygraphe, mon aptitude à rédiger rapidement, à fixer sur le papier l'essentiel d'une improvisation verbale qu'il venait de faire, cet abattage que donne le journalisme le séduisait. Dieu sait pourtant qu'il maniait comme pas un la magie du verbe. Ses discours à l'emporte-pièce lui créèrent une légende, au sein du mouvement ouvrier. Mais il avait besoin d'un collaborateur qui sût produire en quelques minutes (il était toujours pressé) les quelques paragraphes qu'il fallait remettre à la presse. Je fus donc pour lui, dès le début de notre longue association, cet intellectuel du pauvre qu'on appelle un journaliste.

Trudeau, au contraire, tenait à rédiger lui-même le moindre texte dont il faisait usage. Même les pétitions, déclarations collectives et autres manifestes qu'il fut appelé à signer firent toujours l'objet de longues mises au point, d'interminables révisions et d'un polissage méticuleux. Ma facilité ne l'impressionnait guère; seule la qualité du produit retenait son attention, dût-il en résulter de longs retards. Pour lui, ce n'est pas l'intellectuel du pauvre qui l'intéressait dans le journaliste que j'étais, mais au contraire l'homme d'action. Rentrant de son tour du monde (sac au dos) au printemps de 1949, il était très conscient que ses longues années d'étude et de séjour à l'étranger avaient fait de lui un universitaire un peu décollé de la réalité canadienne. Il souffrait d'être perçu comme un pur intellectuel. Mon expérience des mouvements de jeunesse, puis du travail international, me donnait à ses yeux certaines des qualités de l'homme engagé qu'il voulait être lui-même, non pas seulement au plan des idées (il l'était déjà), mais de l'action concrète, immédiate.

«C'est formidable, me disait-il, ce matin clair de mai 49, tandis que nous roulions vers Asbestos. À peine deux ans qu'on s'est quittés à Paris et je te retrouve engagé jusqu'au cou dans l'aventure, au centre de ce qui arrive ici de plus important!»

Son enthousiasme me flattait, me rassurait aussi sur moi-même. Mais l'honnêteté m'obligeait à lui dire: «Attends un peu d'avoir rencontré Jean Marchand».

* * *

Si j'ai connu Pierre Trudeau par le truchement du journalisme estudiantin, c'est le journalisme radiophonique qui me révéla, comme à tout le monde, le troisième des personnages hors série qui font l'objet de ce livre.

Au vrai, son nom ne m'était pas totalement étranger. Jean Marchand avait évoqué devant moi un certain Lévesque, étudiant gaspésien, avec qui il avait fort souvent joué aux cartes, plutôt que d'aller souffrir, à l'École des Sciences sociales, les cours insupportables du père Papin Archambault ou de l'abbé Jean-Baptiste Desrosiers. Je savais vaguement que ce René Lévesque avait traversé la frontière, au début des années 40, pour aller s'engager aux E.-U. comme correspondant de guerre dans les services américains.

Or, tout cela me revint en mémoire quand les reportages de Lévesque nous arrivèrent de Corée, à l'automne de 1951. Ces reportages furent, au sens le plus strict, une révélation. Ils nous révélèrent un journaliste *électronique* à nul autre pareil. Et si la découverte fut si brusque, si complètement inattendue pour l'immense majorité de l'auditoire, c'est que René Lévesque avait travaillé jusque-là pour le service international de la Société Radio-Canada. Il fut entendu sur ondes courtes aux antipodes, avant d'être connu dans son propre pays. Pour décrire l'enthousiasme que m'inspira son reportage coréen, je ne saurais mieux faire que de reproduire mes propos d'alors. Critique radiophonique au *Devoir,* voici ce que j'écrivis dans ma chronique du 6 octobre sous le titre: *M. René Lévesque, reporter et commentateur émérite.*

«Je tiens les émissions que j'ai entendues pour ce qui s'est fait de plus remarquable sur nos ondes depuis bien longtemps. M. Lévesque est, à mon avis, la révélation de l'année radiophonique et le meilleur commentateur de langue française (peut-être bien aussi de langue anglaise) que nous ait jamais présenté la radio canadienne. Certains, qui n'ont pas entendu M. Lévesque, trouveront peut-être cet éloge intempérant. Je le fais pourtant sans aucune inquiétude, après avoir repassé dans mon esprit tous les grands noms du métier.

(...)

«M. Lévesque avait une mission bien précise: renseigner l'auditoire canadien sur la guerre de Corée, plus particulièrement sur la vie de nos troupes engagées dans la bataille, et sur la situation générale des pays d'Orient qu'il avait visités. Or, M. Lévesque n'était pas le premier à traiter de ces divers sujets! La difficulté de son travail consistait donc à ne répéter personne, tout en reprenant le travail que ses prédécesseurs avaient tenté de faire. Je dis bien tenté car, à l'audition des reportages de M. Lévesque, on se rendait compte avec une admiration (admiration au sens latin de s'étonner) grandissante que personne, jusqu'ici, n'avait réussi à nous rendre présente cette guerre-prélude qui s'infecte là-bas comme une plaie.

(...)

«Ce n'est pas un reporter de Radio-Canada, de retour de mission, que nous entendons quand il nous parle; c'est un homme de notre milieu, un homme libre, qui a promené là-bas notre conscience, nos espoirs, nos craintes et notre curiosité. Ce qu'il nous dit, c'est cela même que nous voulions savoir, sans peut-être nous en rendre bien compte. Et M. Lévesque le dit avec une franchise qui lui fait honneur, qui fait honneur aussi à Radio-Canada.

«Cela dit, il me resterait à relever, page après page, le texte presque entier. Je devrais dire longuement comment M. Lévesque combine à merveille le technicien radiophonique avec l'homme de culture. La technique n'apparaît jamais en surface, la culture non plus. Mais n'importe quel passage pris au hasard (par exemple, cet enregistrement étonnant des soldats qui causent dans l'obscurité) laisse deviner un travail acharné de mise au point technique et le jugement sûr d'un homme qui ne confond pas la propagande avec l'humain, la comédie avec la vie.

(...)

«En bref, je voudrais dire qu'un vrai talent radiophonique est une chose extrêmement rare. Les demi-talents abondent, les talents supérieurs ne manquent pas totalement, mais l'excellence ne se rencontre pas une fois l'an. M. Lévesque y atteint sans effort dans ce métier de reporter-commentateur; il est à souhaiter que Radio-Canada le retire au service international, malgré l'importance du rôle qu'il y joue, et nous permette plus souvent de l'entendre commenter pour nous ce qui se passe à travers le monde.»

Je n'attendais, bien entendu, aucune réaction de René. Remercier quelqu'un d'un premier éloge, c'est presque en quémander un deuxième. Pas du tout le genre de Lévesque.

Mais quelques semaines plus tard, au sujet d'une autre chronique, je reçus de lui une longue lettre dont la calligraphie, qui me deviendrait plus tard familière, tenait à la fois de la belle écriture ronde, type École des Frères, et des gribouillis nerveux de l'homme impatient. Lévesque me félicitait d'abord de «prendre la radio suffisamment au sérieux» pour consacrer aux émissions une chronique hebdomadaire. (J'étais en effet le premier journaliste montréalais à tenir une telle rubrique dans un quotidien.) Puis il me chicanait un peu d'avoir cédé à la facilité, dans mon dernier article. Je lui répondis aussitôt qu'il avait parfaitement raison. Ce furent là le début et la fin de toute correspondance entre nous.

Mais nous avions souhaité nous rencontrer à la première occasion, ce qui devait se produire quelques semaines plus tard.

Je garde un curieux souvenir de nos premières conversations. Me croira-t-on si j'affirme qu'il n'y fut aucunement question de politique? Et non pas de mon fait, car depuis la grève de l'amiante (1949), et la fondation de la revue *Cité libre* (1950), tout le groupe dont je faisais partie était déjà profondément engagé, non pas dans un parti, mais dans une lutte politique de longue haleine. L'oppression duplessiste battait son plein et le conservatisme clérical savourait sa victoire toute fraîche sur Mgr Joseph Charbonneau, archevêque de Montréal, *exilé* à Vancouver depuis un an. Or, je me trouvai en présence d'un René Lévesque étrangement absent de la lutte qui s'amorçait. Je ne dis pas indifférent mais absent, ailleurs, tout entier absorbé par la pratique de son métier, très peu politisé si ce n'est en matière de politique étrangère. Nous parlions journalisme, cinéma, lectures. Sa curiosité intellectuelle n'avait pas de bornes. Il lisait tout et d'abord sa tonne quotidienne de journaux canadiens et américains, sans compter les périodiques les plus divers et des douzaines d'ouvrages hétéroclites. Des poches déformées de ses éternels vestons sport dépassaient en permanence une copie du *New York Times,* à droite, et à gauche un quelconque *pocket-book* qu'il venait d'acheter au coin de la rue.

Je m'étonnais aussi de l'étrange regard qu'il posait sur les gens, à la fois pénétrant et distrait. Il donnait l'impression de vous écouter, mais en pensant à autre chose. Il débitait un flot de paroles ou plutôt il déclenchait le tir de sa mitraillette verbale. Ce qu'il disait était rarement banal, et pourtant on pouvait croire qu'il méditait, tout en parlant, autre chose dont il ne faisait part à personne. L'intéressiez-vous par vos propos? Rien de moins sûr, bien qu'il ponctuât de grands éclats de rire ou de hochements de tête approbateurs certains moments de la conversation.

C'est dans l'ancienne maison de Radio-Canada, à l'angle des rues Dorchester et Mackay, que je croisais René Lévesque le plus souvent. Il arpentait les couloirs au pas de charge, éternellement pressé, la cravate (quand il en portait une) de travers, le pantalon boudiné, la mèche de cheveux enjambant son crâne (déjà) dénudé. Il affectionnait les conversations improvisées à la porte d'un studio, debout, sur le point de partir, ce qui ne l'empêchait nullement de s'expliquer à loisir, si le sujet lui tenait à cœur, ni de produire en preuve les bouts de papier écornés dont il bourrait ses poches, feuilles de toutes dimensions, vertes, blanches, jaunes, couvertes de sa grosse écriture[1].

Pendant quelques mois (peut-être quelques années) au début de la télévision, il y eut à Radio-Canada une cafétéria de dimensions médiocres où nous nous retrouvions volontiers entre deux répétitions. C'est là, je crois, que Trudeau et Lévesque firent connaissance, ou du moins que je les vis ensemble pour la première fois[2]. Ce devait être au début des années 50, mais déjà la réputation de René à la télévision était faite et son visage, archiconnu. Trudeau et moi discutions de la prochaine livraison de *Cité libre* (cette revue n'eut pas de logis avant 1960 et se fabriquait au hasard des lieux de rencontre). Lévesque s'approcha de notre table, lentement pour une fois, parce qu'il tenait dans sa main gauche une tasse de café trop remplie.

«Salut, les gars!»

---

1. Le 2 novembre 1977, comme ambassadeur du Canada, j'allais accueillir René Lévesque, premier ministre du Québec, en visite officielle à Paris. Dans le pavillon d'accueil de l'aérogare d'Orly, en présence du premier ministre de France, des Gardes républicains, du chef du Protocole et de plusieurs autres ratons laveurs, j'ai vu René tirer de sa poche un paquet de feuilles écornées, de toutes dimensions, couvertes de sa grosse écriture... C'était son discours d'arrivée, qu'il n'avait pas pris le temps de faire taper à la machine.

2. Le 5 novembre 1977, en déjeunant au Crillon avec Lévesque, je lui ai demandé (en présence de Claude Morin et Jean Deschamps) à brûle-pourpoint: «Te souviens-tu de ta première rencontre avec Trudeau?» Et tout de suite, il m'a confirmé non seulement le lieu que je mentionne ici mais, presque mot pour mot, la conversation que je rapporte.

Poignées de main. Et tandis que René dépose sa tasse avec précaution, Trudeau lance, sans lui laisser le temps de s'asseoir: «Dis donc, Lévesque, tu parles drôlement bien toi, mais je commence à me demander si tu sais écrire? Depuis qu'on te sollicite, quand est-ce que tu vas nous donner un article pour *Cité libre?*»

Pierre avait retrouvé son approche *gars-de-Brébeuf* et Lévesque en resta interloqué.

«Écrire... écrire... faudrait d'abord avoir le temps...

— Et quelque chose à dire, ajoute Trudeau, plus *brébeuf* que jamais. Bien sûr! Mais si tu faisais un petit effort, des fois?»

Trudeau souriait, surveillant l'effet de sa provocation sur un Lévesque subitement gêné, qui souriait lui aussi, l'air gauche, tirant des bouffées de sa cigarette, ne sachant que répondre ni sur quel ton.

«C'est beau la télévision, poursuivit Trudeau, mais c'est pas sérieux, tu le sais bien. On regarde ça quand on a du temps à perdre. Tandis que si tu savais écrire, avec un petit effort, des fois...

— Si c'est ça que tu penses, éclata Lévesque, veux-tu bien aller te faire voir ailleurs, maudit intellectuel à la manque!»

La conversation était engagée. Elle se poursuivit pendant plusieurs minutes, sur le même ton de plaisanterie à la fois cordiale et... acide. Si je m'en souviens avec autant de précision, c'est que, par la suite, le ton du dialogue entre les deux hommes devait rester le même: provocations mi-sérieuses de Trudeau, réactions de Lévesque, celui-ci exagérant l'agressivité du ton jusqu'à la caricature, pour mieux camoufler le fond d'irritation véritable.

Lévesque, des années plus tard, dira de Trudeau, dans une interview avec Peter Desbarats: «Il avait un talent inné pour s'attirer les claques en pleine face[1].» Mais

---

1. *Op. cit.*, p. 27.

contrairement à la légende colportée par Desbarats, René se serait soigneusement gardé d'en venir aux mains avec Pierre, à supposer qu'il en eût envie, car il était doué pour la boxe comme Mohammed Ali pour la broderie, alors que Trudeau...

Mais ce qui fut clair aussi, dès le premier moment, c'est que les deux hommes exerçaient l'un sur l'autre une espèce de fascination, dont chacun, bien entendu, se défendait inconsciemment avec la dernière énergie.

Trudeau regardait *fonctionner* Lévesque avec l'admiration médusée qu'on éprouve devant le numéro d'un prestidigitateur. L'énergie vitale de René, la vivacité de son intelligence, ses trouvailles verbales, l'inattendu de sa démarche intellectuelle, son imagination, le caractère hétéroclite de son érudition, sa connaissance étendue de l'Histoire et sa confondante mémoire des moindres faits de l'actualité, tout cela laissait Trudeau pantois. Mais il n'en était pas moins agacé par la pétulance de Lévesque, par ses affirmations à l'emporte-pièce, par sa tendance à jongler avec des chiffres plus ou moins bien vérifiés, ou à laisser sa passion du moment déformer les réalités qu'il évoquait.

Quand Lévesque démarrait subitement dans une des longues tirades qui lui étaient familières, truffées de jugements rapides, brillants, profonds ou superficiels, mais toujours charriés par un irrésistible flot de paroles, Trudeau se retirait en lui-même. Calé dans son fauteuil, il fixait sur l'improvisateur un regard d'Indien, tour à tour sceptique, méfiant et narquois. Je le soupçonnais alors de penser tout bas qu'une culture de journaliste, combinée avec un tempérament de vedette, ne pouvait produire qu'une pensée politique frelatée ou du moins suspecte.

René sentait sûrement peser sur lui ce regard sans indulgence. Il réagissait alors, sans doute inconsciemment, par un langage d'une vulgarité forcée, par un luxe de jurons rarement égalé dans nos annales politiques, qui pourtant en ont connu d'autres[1]!

Mais lui aussi se défendait mal d'une profonde admiration pour l'intelligence de son interlocuteur. En présence de Pierre, il affirmait de façon moins péremptoire, il approchait certaines questions avec des ruses de Sioux, quand il craignait de les connaître mal et refusait de se l'avouer. De toute évidence, la culture politique de Trudeau l'impressionnait. En matière économique, par exemple, il sollicitait son avis et prêtait une oreille attentive aux réponses, étonné d'entendre un homme qui n'avait pas, comme nous tous, ramassé des notions diverses au hasard des lectures ou de l'action quotidienne, mais qui avait eu la chance d'étudier systématiquement et de longuement réfléchir. Pour Lévesque, Trudeau représentait le *scholar* type dont il enviait le savoir approfondi et solide, mais aussi l'intellectuel de cabinet, insensible à certaines réalités, l'aristocrate de l'esprit dont l'ironie gouailleuse l'irritait prodigieusement.

Si Trudeau marquait trop de points au début d'une discussion, Lévesque réagissait souvent par une soirée entière d'outrances verbales et de railleries stridentes. Et quand René, au contraire, gagnait la première manche, il arrivait à Pierre de se retirer sous sa tente: mutisme quasi complet, des heures durant. Bien entendu, c'était là l'exception. Presque toujours, la conversation entre les deux hommmes était passionnante, le courant passait. Sans doute ne sont-

---

1. Dix ans plus tard, en 1960-63, quand Lévesque sera ministre à Québec, sous Jean Lesage, et que Trudeau et lui se retrouveront chez moi régulièrement, avec Marchand et Laurendeau, je ne serai plus seul à noter le phénomène.

Le lendemain d'une de ces rencontres (qui s'était terminée très tard dans la nuit) mon fils de douze ans me demanda en toute candeur: «Est-ce que tous les ministres *sacrent* autant que René Lévesque?»

ils pas pleinement conscients de la profonde emprise qu'ils ont eue l'un sur l'autre. Mais la suite de cette histoire en montrera de nombreuses traces.

Quant à Jean Marchand, il devait exercer une influence majeure sur l'un *et* l'autre. Sans lui, Trudeau et Lévesque ne seraient peut-être pas aujourd'hui les hommes d'action qu'ils sont devenus.

Chapitre III

La ligne de départ

Quand on refuse de revenir sur le passé, c'est le passé qui revient sur nous.

Georges Bernanos

Pour les hommes dont je parle ici, les années 50 furent d'une importance capitale. Pas seulement pour eux, du reste, puisque notre destin à tous se joua au cours de cette décennie.

Qu'on y songe: en 1950, Maurice Duplessis règne en maître à Québec, Louis Saint-Laurent à Ottawa. Dix ans plus tard, les deux hommes auront disparu, emportant dans l'oubli des attitudes et des idées politiques qui avaient cours depuis un siècle. Au début de la décennie, le clergé québécois est encore tout-puissant; en 1960, il sera en déroute et l'un des bouleversements religieux les plus rapides et les plus profonds jamais vus s'accomplira au Québec. Enfin, avec l'avènement de la télévision, en 1952, s'amorce une révolution culturelle dont nous ne sommes pas encore sortis, vingt-cinq ans plus tard.

La plupart des chroniqueurs de notre évolution récente en placent la ligne de départ au début de la Révolution tranquille, c'est-à-dire en 1960. À mon avis, c'est un point d'arrivée. Au sortir des années 50, nous étions déjà *programmés* de façon décisive, irréversible. La pièce était écrite; il ne restait plus qu'à la jouer. C'est ainsi du moins que m'apparaissent les choses, au moment où je m'apprête à les raconter.

Mais rien de tout cela n'était facile à prévoir, au *début* des années 50. Le Québec de l'époque paraissait figé à jamais dans les glaces de l'immobilisme conservateur. Nous avions l'impression de vivre un hiver interminable. Rien ne permettait d'espérer le dégel. Peut-être en existait-il des signes mais notre impatience nous empêchait de les apercevoir. Il est bien connu que tous les militantismes brouillent le regard de ceux qu'ils animent. Quand on se donne tout entier à une cause, on devient si avide de la voir triompher que ce désir même en occulte les progrès.

(Hier encore il m'était donné d'observer ce phénomène. Je rencontrais à Lyon un jeune militant acadien de Moncton qui avait peine à admettre l'importance des étapes franchies par son peuple au cours des vingt dernières années. Pour moi qui connais l'Acadie depuis quarante ans, l'évidence en est aveuglante. Lui n'a pleinement conscience que des lenteurs et des obstacles qui entravent son action et retardent la remontée pourtant rapide des Acadiens vers le soleil de l'Histoire...)

La prise de conscience du marasme québécois ne s'est pas accomplie au même moment, ni de la même façon, pour tous les militants de notre après-guerre. Affaire de générations, dit-on parfois pour expliquer les différences qu'on observe.

Mais qu'est-ce au juste qu'une génération? Le mot ne me plaît guère. Il est trop vague et renvoie à des réalités mal définies, dont les contours ne sont pas faciles à tracer. Je n'en trouve pas de meilleur cependant pour désigner le groupe de mes contemporains — autre terme fort équivoque! Il désignera, pour les fins de mon récit, toutes les femmes et tous les hommes qui abordèrent la vie adulte au lendemain de la dernière guerre et qui déjà gagnaient leur pain, à l'orée des années 50.

Indéniablement, la guerre avait opéré une césure entre ceux-là et leurs aînés montés en ligne avant le conflit mondial. Un tel bouleversement s'était produit, entre

1935 et 1945! Et surtout, nous avions vécu de façon si différente, à cause de nos âges respectifs, les cataclysmes successifs de la crise économique et de la conflagration universelle. Quand ces deux ébranlements se produisirent, nos aînés d'avant-guerre, dans leur immense majorité, étaient déjà pénétrés de l'idéologie dominante qui guidait le Québec et les Canadiens français depuis un siècle. Ils avaient donc en tête, pour interpréter ces immenses phénomènes, un appareil critique assez primitif: ils les jaugeaient à l'aune d'une société cléricale et théocratique, motivée par un nationalisme de survivance foncièrement conservateur.

Ce qui précède peut paraître outrageusement simpliste. Mais quand on cherche à cerner les éléments premiers, les aspects essentiels d'une situation aussi complexe, comment éviter la simplification? Sans doute pourra-t-on me citer des milliers de personnes qui échappaient à ce schéma, dès les années 20 ou 30. Des milliers, oui. Mais non pas des millions. Et l'idéologie clérico-nationaliste n'en était pas moins dominante. Ceux qui la contestaient (v.g.T.-D. Bouchard, Jean-Charles Harvey) devenaient vite des marginaux, s'ils ne l'étaient pas déjà au départ. Et leurs voix n'arrivaient pas à se faire entendre à travers tous les discours, tous les sermons, tous les enseignements, tous les écrits, unanimes et insistants, qui martelaient les cervelles à longueur d'année.

On pouvait à la rigueur secouer l'un ou l'autre des deux piliers du temple, c'est-à-dire mettre en cause le cléricalisme *ou* le nationalisme, mais jamais les deux à la fois. Olivar Asselin, par exemple, après une condamnation de l'archevêque de Québec, avait mis fin à la publication de son journal l'*Ordre* par sa fameuse boutade, à la toute dernière ligne de la dernière page: *La suite au prochain cardinal.* Mais dans les milieux nationalistes, Asselin jouissait d'une solide réputation. Inversement, de nombreux hommes politiques contestaient ouvertement l'orthodoxie nationaliste de l'époque. Mais ceux-là se gardaient bien de mettre en cause l'autorité du clergé, même dans les domaines où sa présence se révélait abusive. Le coût électoral de pareille entreprise eût été trop élevé.

Bref, les femmes et les hommes de ma génération se retrouvaient après guerre devant une société bloquée, prodigieusement résistante à leurs aspirations les plus profondes. Car la période de la guerre et le grand ouf! universel qui en souligna la fin nous avaient tous profondément marqués. La société québécoise, distraite par le conflit, avait couvé des œufs de canard. Nous étions différents. Même nos aînés immédiats nous découvraient avec étonnement. Nos soucis n'étaient déjà plus les leurs. Les jeunes femmes qui sortaient des usines de guerre, où elles avaient vécu les années sensibles de leur adolescence, ne ressemblaient guère à leurs sœurs aînées qui, s'étant mariées à la hâte en 1940 pour exempter leurs fiancés du service militaire, s'étaient coulées tôt dans le moule traditionnel de la famille québécoise. Pour la première fois, un authentique mouvement ouvrier, la J.O.C., avait formé chez les jeunes travailleurs des militantes et des militants d'un nouveau type, conscients et disponibles. Dans le milieu étudiant, la J.E.C. avait fait de même.

Il faudrait une longue étude pour expliquer tous les facteurs qui firent de nous une génération nouvelle au sens fort, c'est-à-dire nettement coupée de la précédente. Nous étions issus d'une révolution industrielle majeure qui, entre 1939 et 1945, avait radicalement transformé la société québécoise. Mais les puissants du jour n'en savaient rien encore et nous-mêmes n'en étions conscients qu'à demi. C'est notre insertion dans la vie adulte qui allait nous éveiller tout à fait.

Elle ne serait pas spécialement facile...

* * *

Depuis la victoire de René Lévesque au Québec, les journalistes ont la douce manie de délirer périodiquement sur le thème de notre «solitude». Louis-Bernard Robitaille me demandait par exemple en janvier 1979, pour la *Presse,* si les hommes de mon âge, fédéralistes militants, ne se sentaient pas très seuls au milieu des nationalistes québécois. N'étions-nous pas coupés des forces vives de la nation? Deux mois plus tard, Denise Bombardier revenait sur ce même thème dans une interview télévisée: nous devions beaucoup souffrir d'avoir perdu tous nos amis, non?

À ces questions naïves, qui relevaient sans doute d'une intention honnête, je ne savais trop quoi répondre.

Quels amis avais-je donc perdus? Aucun à ma connaissance. Par définition, ceux qui se seraient éloignés de nous à cause d'une divergence d'opinions ne peuvent pas se réclamer de l'amitié comme je la conçois. J'ai cité Rutebeuf:

«*Ce sont amis que vent emporte.*»

Et pourquoi les forces sécessionnistes, au Québec, seraient-elles plus «vives» que les autres? Pourquoi me sentirais-je isolé, aussi longtemps que je compte des camarades et des alliés dans tous les milieux: militants ouvriers, coopérateurs, écrivains, journalistes?

Ce que je n'ai pas avoué, sans doute pour n'avoir pas l'air du grand-père que je suis, c'est à quel point ces questions me paraissaient drôles. Parler de leur «isolement» actuel aux hommes de ma génération, c'est déplorer une averse devant des gens qui ont subi le déluge! Pour me sentir isolé ces temps-ci, il faudrait que j'oublie d'abord ce que fut notre lot d'après-guerre. C'est alors que nous avancions presque seuls dans un monde étranger. Notre expérience encore brève nous avait rendus si différents que notre milieu refusait de nous reconnaître.

Je songe au lieutenant René Lévesque, démobilisé de fraîche date, racontant sa découverte de Dachau, premier camp de la mort libéré par les Alliés. «C'est de la propagande honteuse! On t'a lavé le cerveau!» lui répondaient de bons bourgeois nationalistes dont aucun n'avait bougé de Québec-en-ville pendant toutes les années de guerre.

J'évoque l'étudiant Pierre Trudeau, rentré à Montréal après Harvard, la *London School of Economics* et Sciences Po de Paris. Quand il posa sa candidature à un poste de professeur, les facultés de l'Université de Montréal lui claquèrent la porte au nez.
L'enseignement des sciences politiques y était pourtant d'une débilité notoire. Dans certaines disciplines, dont celle de Trudeau précisément, il n'existait pas. Allait-on pour autant, à l'époque de Maurice Duplessis, engager un jeune diplômé qui avait suivi les cours du *communiste* Harold Laski et poussé le mauvais goût jusqu'à séjourner à Paris, alors que Maurice Thorez faisait encore partie du gouvernement français?

Quant à Jean Marchand, il était trop bien implanté déjà dans le mouvement ouvrier de l'époque pour qu'on réussît à l'en déraciner. Mais quelle orchestration de calomnies autour de son nom! Il avait *perverti* les syndicats qu'il dirigeait. Jusque-là pacifiques et soumis, les membres de la C.T.C.C. devenaient sous sa direction des anarchistes dangereux. Il organisait la subversion, il déclenchait des grèves *inutiles*, il encourageait la violence. C'était un intellectuel. Il s'était glissé en fraude au milieu de braves travailleurs qui, manquant de formation, ne pouvaient pas se rendre compte de ce qui leur arrivait. Voilà ce qu'on disait de lui.

Pour ma part, c'est avec le clergé du temps que j'eus maille à partir. Des années de militantisme au sein de l'Action catholique ne contribuaient pas, bien au contraire, à me dédouaner auprès de nos chefs religieux: elles me rendaient plus suspect. N'était-il pas anormal qu'ayant vécu dans le sérail j'affiche des opinions qui ne cadraient pas avec la pensée officielle? J'avais fréquenté de près le clergé, les évêques, et j'avais l'ingratitude d'affirmer qu'en plusieurs domaines ils usurpaient l'autorité des laïques? Ces chefs spirituels ignoraient que beaucoup de leurs prêtres, dans notre génération, pensaient exactement comme nous et craignaient pour l'Église elle-même les conséquences de ces abus. Leur aveuglement était tel (je ne parle pas des exceptions comme Mgr Charbonneau: elles confirment la règle) qu'ils ne soupçonnaient même pas le danger. Un évêque se consolait en disant de nous, après je ne sais plus quel article publié dans *Cité libre:* «Ce sont des peureux qui se soumettront à notre premier mandement.»

Mais derrière ces évêques, ces prêtres, ces supérieurs d'ordres et de congrégations, derrière ces recteurs d'universités, ces présidents de compagnies et ces patrons d'usines, à l'origine des refus et des calomnies nous retrouvions toujours le même homme: Maurice Duplessis, premier ministre du Québec.

Qu'on se rassure: je ne cède pas, en écrivant ces lignes, à une quelconque mythologie ni à la facilité. Il serait absurde d'attribuer à un seul homme tous les maux complexes dont souffrait notre société. Mais il est exact qu'on retrouvait sa trace et son action à l'origine de toutes les tentatives pour bloquer le Québec sur des positions dépassées. Des nombreux interprètes jouaient avec lui des instruments de la réaction mais il était le chef d'orchestre. Manipulateur de génie, il savait amener à son moulin politique toutes les eaux de tous les conservatismes: social, religieux, philosophique, culturel. Il n'était pas le seul dictateur au petit pied à percevoir la liberté comme une menace et le changement comme une catastrophe, mais il était le plus intelligent, le plus rusé, le plus astucieux et le plus dénué de scrupules.

Les réactionnaires de l'époque n'aimaient pas tous M. Duplessis, qui n'était d'ailleurs pas un homme aimable. Mais ils se reconnaissaient en lui. Leurs peurs étaient les siennes et son habileté à les conjurer leur rendait l'homme acceptable.

Pour nous, c'était exactement le contraire. Le règne de Maurice Duplessis a coïncidé avec notre jeunesse. Nous sortions de l'adolescence quand il arriva au pouvoir; nous touchions la quarantaine quand il l'a quitté. Or, pendant ces vingt années, ce ne sont pas seulement des désaccords occasionnels qui nous opposèrent à lui mais un refus obligé, profond et constant de ses positions les plus fondamentales. On pourrait dire, en bref, que Maurice Duplessis a mis en œuvre, tout au long de sa vie, le contraire absolu de la politique dont nous rêvions. Notre génération avait compris que la collectivité québécoise retardait sur son temps, qu'il fallait à tout prix nous remettre à jour sans délai, accélérer le processus que la période de guerre avait amorcé. Mais Duplessis et ses comparses appuyaient de tout leur poids considérable sur tous les freins disponibles...

Il était inévitable que le premier affrontement se produisît dans le domaine syndical.

D'abord parce que les travailleurs manuels étaient les premières victimes de nos retards collectifs. La classe ouvrière sortait à peine du véritable enfer où l'avait plongée la crise économique des années 30: chômage massif et salaires de famine[1], taudis urbains, mortalité

---

1. Un travailleur du textile, en 1936, travaillait de 25 à 50 heures pour s'acheter une paire de chaussures, soit à des taux de 10 à 20 cents l'heure.

infantile qui atteignit dans les quartiers ouvriers de Montréal des niveaux cauchemardesques, pauvreté de l'enseignement primaire, fréquentation scolaire la plus basse du Canada... La litanie de ces misères serait presque interminable si on entreprenait de la réciter tout entière.

Et surtout, notre société s'accommodait fort bien de cet état de choses, pour la très simple raison qu'elle n'en avait jamais pris conscience. Dans notre idéologie officielle de l'époque, il n'y avait tout bonnement pas de place pour la classe ouvrière. Les travailleurs d'usine y faisaient figure d'intrus. Ils avaient le mauvais goût d'exister. N'eût-il pas été plus simple pour tout le monde qu'ils restent paysans comme aux origines, bien tranquilles au fond de leurs campagnes (sauf en 1837...) ou bien qu'ils deviennent des bourgeois? Alors, on aurait pu se parler. Tandis que maintenant, nos penseurs traditionnels n'avaient rien à dire à ces masses de ruraux déracinés qui aménageaient tant bien que mal dans l'inconfort un peu sordide de nos banlieues ouvrières. Pourquoi diable étaient-ils venus là?

À travers toute mon enfance, aussi bien à l'école qu'à l'église, j'ai entendu *ad nauseam* des condamnations de la vie urbaine source de tous les maux, lieu d'élection de tous les vices, bouillon de culture de tous les péchés, à commencer par l'alcoolisme. Cette prédication était si persistante qu'on finissait par se demander pourquoi tous ces imbéciles de travailleurs manuels avaient quitté le paradis terrestre campagnard pour l'enfer des villes. Était-ce, de leur part, bêtise ou méchanceté? Nous n'avions guère d'autres motifs à leur attribuer. L'idéologie officielle faisait bon marché des misères campagnardes. Si les jeunes affluaient vers les villes, c'est qu'ils refusaient l'austérité de la vie rurale, c'est qu'ils fuyaient l'effort, attirés par l'illusoire facilité de la vie urbaine.

Certains de nos maîtres, à Nicolet, dans le premier collège de mon adolescence, ne cachaient pas leur mépris pour la condition ouvrière. Un garçon d'Asbestos dont le bulletin mensuel présentait des failles graves se faisait dire en public, à la lecture des notes, qu'il méritait de retourner à la mine, «piocher le coton» avec son père et ses frères, qu'il ne valait guère mieux. La vie en usine n'avait aucune dignité propre, au regard de l'idéologie dominante; elle servait de repoussoir aux charmes bucoliques du travail agricole. Je ne retrouve dans ma mémoire aucun prêche ni aucun discours qui exaltât le travail industriel, qui reconnût même son utilité sociale.

Bref, notre idéologie tournait le dos au monde industriel où notre peuple, dans les faits, se trouvait engagé depuis bientôt cent ans. Elle cultivait *l'agriculturisme*. Au plus fort de la Grande Dépression, elle n'avait d'autre remède à proposer, face à l'extrême misère des travailleurs, que le retour à la terre, la colonisation de l'Abitibi et autres régions excentriques du Québec. Mais il fallait voir, pour y croire, les conditions de vie de ces colons! Nos promenades à skis, quand j'étudiais à Mont-Laurier en 1938-39, me permirent d'en prendre connaissance. Il nous arrivait souvent, si le froid mordait trop fort, d'entrer nous réchauffer chez de jeunes agriculteurs installés depuis peu dans la région. Je n'oublierai jamais la propreté méticuleuse ni l'effroyable pauvreté de ces maisons. Des couvertures de lit pendues à des fils y servaient de cloisons. Si nous survenions au milieu d'un repas, nous les bien nourris du Collège de la Santé[1], nous avions honte d'apercevoir sur la table les rations sans viande, pommes de terre ou galettes de sarrasin, qui formaient l'ordinaire de ces «conquérants du sol» glorifiés par la propagande

---

1. C'est ainsi qu'on nommait notre institution parce qu'elle accueillait «dans les montagnes et le bon air» les étudiants menacés de tuberculose.

officielle. Plus tard, militant syndical, je devais retrouver à Normétal des fils de colons abitibiens dont la guerre avait fait des mineurs de fond. Un soir de grève, comme j'interrogeais l'un d'eux sur les raisons qui avaient arraché sa famille à l'Est montréalais, dans les années 30:

«On n'est pas venu ici pour s'enrichir, m'a-t-il répondu. On savait que ça serait dur d'atterrir en plein bois, pour faire un métier qu'on avait oublié depuis longtemps. Au fond, je pense que nos parents *sont venus cacher leur misère* en Abitibi. Ils n'espéraient pas grand-chose de plus...»

Cette misère, notre génération en avait pris conscience par degrés, à la faveur de la crise, puis de la guerre. Misère physique, mais plus encore intellectuelle et spirituelle. Quand le père Henri Roy, cet inspiré un peu bizarre, fondateur de la J.O.C. canadienne, s'était écrié en 1935: «Emparons-nous des désemparés!», nous avions tout de suite compris. Il parlait certes de toute une jeunesse dépenaillée qui abandonnait l'école à douze ans et battait la semelle dans nos villes grandes et petites, au cours de nos longs hivers, à la recherche d'un travail inexistant. Mais il parlait aussi de garçons et de filles proprement abandonnés à eux-mêmes, dont personne ne s'occupait ni ne se préoccupait. À moins qu'ils ne fussent orphelins, bâtards ou malades, les œuvres du clergé ne leur étaient pas destinées. La misère, à l'époque, c'était de vivre la vie normale d'un jeune ouvrier en chômage. L'A.C.J.C.[1] des Jésuites, catholique et nationaliste, n'en avait que pour les bourgeois et pour les collégiens en passe de le devenir. Les jeunes travailleurs n'auraient du reste rien compris aux travaux littéraires de cette A.C.J.C., aux campagnes qu'on y menait en faveur du «bon parler

---

1. Association catholique de la jeunesse canadienne.

français», du timbre et de la monnaie bilingues. La classe ouvrière avait d'autres problèmes en tête!

La longue inaction du Québec dans le domaine des lois sociales, les travailleurs en faisaient les frais. Quand fut adoptée chez nous la première loi sur les accidents du travail, l'Ontario appliquait la sienne depuis vingt-sept ans. De même pour l'école obligatoire, le vote des femmes et les premières mesures québécoises contre les maladies industrielles. De ce long retard, la bourgeoisie ne pâtissait guère. Aussi voyait-elle spontanément chaque innovation dans ce domaine, si tardive qu'elle fût, comme une menace à nos traditions, à notre mode de vie «catholique et français», ou comme un grave danger pour l'autonomie provinciale au sein de la Confédération.

À ce sujet, on ne lit pas sans stupeur, dans les *Mémoires* de Lionel Groulx, les pages consacrées à l'institution des allocations familiales et des pensions de vieillesse par le gouvernement canadien. Pas un instant le bon chanoine ne s'arrête aux mérites du projet de loi. La misère des familles nombreuses, le sort des défavorisés, l'esclavage des mères dans les quartiers ouvriers, ce n'est pas son affaire. Seule le préoccupe l'incursion fédérale dans les plates-bandes constitutionnelles de la province. Des amis à lui montent une action de taille contre le projet de loi. Il s'agit de convaincre Joseph Charbonneau, archevêque de Montréal, de dénoncer publiquement la mesure. Et quand ce dernier répond: «Il y a des misères à soulager; peu m'importe d'où l'argent viendra», le chanoine se demande: «Où ces divagations vont-elles le conduire[1]?» Pas un instant il ne s'interroge sur la pertinence de son propre acharnement à dresser un évêque contre un gouvernement qui ne mettait en cause ni la doctrine ni la morale...

1. Lionel Groulx, *Mes Mémoires,* Fides, Montréal, 1974, vol. IV, p. 269.

On croit rêver.

Et pourtant on ne rêve pas. Telle fut bien l'époque. L'épisode se situe vers le milieu des années 40. À Québec, le gouvernement Godbout, identifié à la guerre, à la conscription, au fédéralisme de tutelle pratiqué par Ottawa, mais aussi à quelques mesures de progrès, ce gouvernement expire. Demain, Maurice Duplessis sera au pouvoir. Le mouvement à peine esquissé vers une certaine modernisation, le nouveau premier ministre va le prendre en main: pour l'étouffer.

Avec lui, le Québec entrait dans une longue période de réaction. Secouée par six années d'état de guerre, inquiète des changements amorcés, notre bourgeoisie clérico-nationaliste se regroupa presque entière autour du chef à poigne qu'elle venait de se donner. Fini le temps des poussées, même timides, vers la modernisation de la société. On n'allait pas abolir le vote des femmes ni l'école obligatoire ni les quelques autres mesures sociales adoptées par le gouvernement Godbout. Le *Chef* était trop rusé pour annoncer la couleur aussi clairement. Il valait mieux exalter d'abord les valeurs du passé, glorifier sans examen les traditions, créer lentement le climat qui permettrait plus tard de rejeter toute idée de progrès au nom de notre histoire, de nos valeurs impérissables... et de la lutte anticommuniste.

Avouons d'emblée qu'au début de son règne, M. Duplessis bénéficia d'une assez longue distraction de notre part. Au vrai, notre vigilance n'eût pas changé grand-chose! Notre génération montait en ligne mais n'y était pas encore. Des hommes auxquels je pense, seul Jean Marchand était engagé dans l'action, mais à la périphérie, assez loin du centre. Pierre Trudeau étudiait à Londres, à Paris, puis parcourait le monde, sac au dos. Quant à René Lévesque, une fois démobilisé par l'armée américaine, il s'engageait au service international de Radio-Canada, ce qui voulait dire que sa voix, son étrange voix étouffée, serait connue en Afrique avant de l'être au Canada.

Deux repères balisent mon souvenir du règne à ses débuts.

Le premier se situe à l'été de 44. Saint-Jovite, au nord de Montréal, accueillait cette année-là un camp de jeunes que ma femme et moi dirigions, installés pour l'été dans la splendeur des Laurentides. Coupés de tout, entourés d'étudiantes et d'étudiants qui venaient discuter de coopératives, de journalisme et de loisirs, nous étions à peine conscients des élections provinciales qui faisaient rage au Québec. Il fallut, pour me ramener à la réalité politique, l'occasion d'un voyage à Québec. Pierre Juneau et moi avions pris la route ensemble, un matin de juillet. Comme nous quittions Joliette, au début de l'après-midi, les hasards de l'auto-stop nous valurent la rencontre d'Antonio Barrette, député de l'Union nationale, qui nous prit à son bord.

D'entrée de jeu il nous avoua, à nous qu'il ne connaissait pas du tout, le but de son voyage vers la capitale: «Ça sent le ministère, de ce côté-là, nous déclara-t-il évidemment euphorique. Je m'en vais voir s'il n'y aurait pas un portefeuille pour moi!»

Je me souvins alors, mais alors seulement, que M. Duplessis, deux jours plus tôt, avait repris le pouvoir. Et je me souviens aujourd'hui, non sans étonnement, que cette péripétie m'avait laissé froid comme d'ailleurs le long monologue que M. Barrette, futur ministre du Travail et futur premier ministre du Québec nous servit ce jour-là, au volant de sa voiture. M'en revient seulement sa diatribe contre le Bloc populaire, le parti d'André Laurendeau dont la participation, d'après le député vainqueur, «avait faussé le résultat des élections»:

«Vous vous rendez compte, fulminait M. Barrette, ce parti soi-disant nationaliste, minoritaire et battu d'avance, aurait pu nous frustrer de la victoire. Le plus clair résultat de son action, c'est la défaite d'un grand nationaliste, l'un des nôtres, Édouard Asselin dans Mercier, Laurendeau peut être fier; c'est à peine s'il a pu se faire élire lui-même. Mais le résultat, finalement, montre bien la vanité de ses prétentions. Les vrais nationalistes, c'est nous, c'est l'Union nationale. Personne n'avait besoin de ce Bloc popu.»

L'indignation de M. Barrette ne me touchait pas. Je connaissais Laurendeau. Je l'estimais bien plus que n'importe quel autre homme politique. Je savais aussi que l'Union nationale, tout comme les libéraux, avait copieusement arrosé le Québec de fonds électoraux pour décrocher sa victoire. Mais son accession au pouvoir me laissait indifférent.

Il faudrait trois ans, dont deux passés en Europe, pour que m'apparaissent brutalement les conséquences de cet événement hélas! majeur.

Au printemps de 1947, un numéro du *Devoir,* déjà ancien quand il me tomba sous la main à Paris, me tira de mon demi-sommeil. Il contenait un éditorial de Gérard Filion, nouveau directeur du journal. Cet article *La justice sociale à coups de matraque*[1] inaugurait au Québec l'opposition *sociale* à Maurice Duplessis. Filion y commentait l'action de la Police provinciale contre les grévistes des usines Ayerst, à Lachute. C'était le coup d'envoi de la lutte ouverte contre la réaction duplessiste, un combat où bientôt, beaucoup plus tôt que nous ne pouvions alors le prévoir, nous serions nous-mêmes engagés jusqu'au cou.

C'était aussi le début de la Grande noirceur, comme on devait nommer plus tard cette période de notre

---

1. Le *Devoir*, Montréal, 17 mai 1947.

petite histoire. Désormais, les fenêtres entrouvertes par la guerre étaient refermées. Le Pouvoir réglait ses comptes avec les tenants du progrès. Et naturellement, les coups pleuvaient d'abord sur la tête des plus démunis: les ouvriers du textile.

À compter de cette date, M. Duplessis multiplia sans désemparer ses entreprises contre la montée du mouvement syndical. En 1948, ce fut l'épisode du Bill n° 5, véritable camisole de force légale qu'il voulait imposer au syndicalisme. Mais ce dernier, déjà, avait acquis l'instinct du danger. Pour la première fois, toutes les fédérations rivales, américaines et canadiennes, présentèrent un front uni. Elles reçurent même l'appui inespéré d'une commission sacerdotale nouvellement formée par l'épiscopat du Québec pour conseiller l'Église en matière sociale. Cette fois, M. Duplessis avait improvisé. La résistance le surprit. Il n'était pas prêt à braver un syndicalisme unanime (il faudrait d'abord le diviser) ni une minorité de gens d'Église (il faudrait voir à la déconsidérer). Il recula. Mais un an plus tard, en février 1949, la grève de l'amiante éclatait...

La Grande noirceur fut donc sociale à l'origine. Il s'agissait avant tout de tenir à leur place les travailleurs québécois. Or cette *place* n'existait pas. Notre idéologie, je l'ai déjà noté, ne leur en assignait aucune. Elle les ignorait. M. Duplessis lui-même, qui professait les idées sociales d'un notaire de campagne au XIXe siècle, croyait à son conservatisme comme à une religion. Pour lui, le militantisme ouvrier représentait le mal, la subversion. Il ne pouvait pas ignorer que les salaires, au Québec, comptaient parmi les plus bas de toute l'Amérique du Nord, que les conditions de logement dans nos villes étaient déplorables, que la condition ouvrière restait très dure, malgré la prospérité de l'après-guerre. Mais cela lui paraissait normal.

Au cours de son premier mandat comme premier ministre (1936-39), il avait donné au Québec la Loi du salaire raisonnable, qui n'était rien d'autre qu'une loi du salaire minimum. Or, cette mesure, à ses yeux, avait pour toujours réglé la question.

Toute promotion ouvrière, l'idée même d'un système moderne de sécurité sociale constituait à ses yeux un défi à l'ordre public. Il ne pouvait concevoir que de tels progrès fussent conciliables avec une économie prospère et une société paisible. Ceux qui mettaient de l'avant pareilles mesures attentaient à la propriété, à la religion, à la paix sociale. M. Duplessis le croyait profondément. Sur tout autre sujet, il pouvait ruser. Sa pratique religieuse paraissait théâtrale. Son nationalisme n'était qu'un instrument de pouvoir; il y adhérait comme le promeneur à son chien, par une laisse plus ou moins longue, selon les intérêts du moment. Mais personne ne pouvait mettre en doute la sincérité de son conservatisme foncier. Le *Chef*, en cette matière, ne variait pas.

Sans doute le régime Duplessis ne fut-il jamais totalitaire au sens fort de ce terme. L'imbrication du Québec au sein du Canada et l'atmosphère qui régnait après la guerre dans le monde occidental interdisaient ce genre d'aventure. Mais il est bien connu que le conservatisme outré engendre l'intolérance, qui conduit à la répression. Après les chefs syndicaux, qui furent par excellence les bêtes noires du régime, on ne tarda pas à prendre pour cibles les intellectuels, ou comme disait le *Chef* les «joueurs de piano». Le mot connut une grande fortune, sous l'Union nationale. Il était commode à cause de sa signification imprécise qui permettait de l'appliquer sans distinction aux journalistes les plus ignorants comme aux plus savants universitaires, aux artistes, aux instituteurs, bref à quiconque se mêlait de fréquenter les bibliothèques. Du terme *intellectuel* déjà galvaudé, nos gouvernants avaient fait leur injure de prédilection.

Tout adversaire de M. Duplessis, à moins qu'il ne fût analphabète ou commis voyageur, devenait par le fait même de son opposition au *Chef,* un intellectuel et un communiste. À l'usage qui en était fait, on eût pu croire les deux termes synonymes. Aussi le premier ministre lui-même se défendait-il avec énergie de toute activité suspecte dans le domaine de l'esprit. Il proclama un jour en pleine Assemblée qu'il n'avait «jamais lu un livre depuis sa sortie du collège». Bouffonnerie? Non. Ruse profonde. Le politicien tablait sur la méfiance invétérée du Québécois moyen, encore peu instruit, à l'égard de ceux que singularisait une certaine culture. Bien entendu, le Chef était «avocat comme tout le monde» selon le mot d'Olivar Asselin. Mais justement, pour se faire pardonner ce privilège, pour le faire oublier, il fallait montrer qu'il le méprisait. Du reste, cultiver les plus bas préjugés faisait partie de sa manière. Il n'y manqua jamais, persuadé qu'ils constituaient pour lui autant d'armes efficaces contre ses critiques. Il en est un, par exemple, qu'il devait soigner toute sa vie avec une attention extrême: le préjugé antifrançais.

Duplessis savait à quel point les Québécois francophones poussaient l'ambivalence affective à l'égard de la France. D'une part, c'était la mère patrie, le vieux pays, la terre d'origine qu'on n'avait jamais oubliée ni cessé d'aimer. Mais c'était aussi la Terre promise de la culture, la terre d'élection de toutes les élégances, dont l'élégance du verbe, celle qui nous manquait le plus. Devant son *cousin* d'outre-Atlantique, visiteur ou immigrant au Canada, le Québécois de l'époque se sentait souvent grossier, terne, paysan, ce qui naturellement le rendait agressif à l'égard du parent riche plus cultivé, plus bavard, plus déluré que lui. Elle n'est pas loin derrière nous la réaction outragée du Canadien, face au brio, au bagout, au culot du «maudit Français». Et quelle ambiguïté dans cette injure typique, teintée d'envie et d'affection bourrue!

Le *Chef,* au contraire, affichait en permanence un complexe de supériorité délirant. À l'écrivain français qui venait de prononcer à Montréal une conférence inoffensive: *La lecture, ce vice impuni,* il servit un jour publiquement sa leçon favorite de civilisations comparées.

Les Québécois, expliqua-t-il avec le plus grand sérieux, sont des Français améliorés. Pourquoi? Parce que leur système d'éducation, le meilleur du monde, accorde la première place à l'enseignement religieux. Parce que l'Église les a protégés de tout ferment révolutionnaire, au cours de leur Histoire, alors que la France succombait au socialisme, antichambre du communisme. (M. Duplessis tenait beaucoup à cette *antichambre;* il la considérait comme l'une de ses plus belles trouvailles verbales.) D'ailleurs, la France était rongée depuis des siècles par le microbe de l'athéisme, générateur de toutes les plaies sociales. (Il tenait également beaucoup à ces *plaies.)* La province de Québec avait pitié de cette malheureuse France à qui la libre pensée, peste révolutionnaire contemporaine, avait infligé deux guerres en vingt ans...

Une fois lancé sur cette pente, M. Duplessis ne pouvait plus s'arrêter. Le nez en l'air, le bedon en avant, la voix criarde et l'œil rusé, il répéta son couplet jusqu'au bout, en agitant ses bras courts sous le nez d'un invité complètement abasourdi. L'auditoire de la Société d'études et de conférences devenait inquiet. En invitant le premier ministre, ces dames avaient sans doute à l'esprit de mériter une subvention: le *Chef* leur offrait une homélie.

On pouvait rire de ces pantalonnades. André Laurendeau, en l'occurrence, ne s'en priva pas. Il publia dans le *Devoir* un billet moqueur et cruel qui expliquait le numéro de M. Duplessis par: *La non-*

lecture, ce vice puni, dont il avait fait le titre de son article. Mais il fallait hélas! prendre au sérieux cette analyse historique, pour autant qu'elle inspirait l'attitude fondamentale de nos gouvernants. C'est au nom de cette thèse que le régime persécutait la liberté de pensée, combattait les intellectuels, méprisait la culture et redoutait tout contact avec la France pestiférée.

Si grossière qu'en fût l'expression sur les lèvres du *Chef,* la *pensée* du régime paraissait plus grotesque encore quand ses ministres la reprenaient à leur compte.

Le Secrétaire de la province, qui faisait fonction de ministre des Affaires culturelles, refusait par exemple de considérer comme un problème le niveau désolant de notre fréquentation scolaire. Dans un discours à la salle du Plateau, il invita ses critiques à «remercier plutôt la Providence d'avoir tenu notre jeunesse éloignée des écoles: elle y aurait appris l'anglais!» Et le ministre de la Jeunesse (eh oui! M. Paul Sauvé lui-même) dénonça un jour à la radio les tenants de la gratuité scolaire qui, selon lui, voulaient le malheur du peuple. «Si ces gens-là avaient gain de cause, croyez-vous que les chauffeurs de taxi seraient plus heureux, nantis de licences en Lettres?»

Il n'y avait pas que les ministres; tout un chœur de sycophantes auxiliaires joignait ses cris à ceux des aboyeurs ministériels. M. Duplessis ayant fait interdire par les censeurs du cinéma les merveilleux *Enfants du Paradis* de Marcel Carné, un journaliste du régime commentait, paraphrasant la Bible: «Nous demandions à notre mère patrie du pain: la France nous donne une pierre de scandale!» Et sur cette lancée, la censure charcutait de plus belle tous les grands films, surtout français, au point que *Le Rouge et le Noir,* par exemple, devenait parfaitement incompréhensible à force d'amputations stupides.

La liberté universitaire fut une victime privilégiée du régime. Par recteur interposé, le pouvoir harcelait tous ceux qui bravaient, même timidement, le conservatisme mesquin du *Chef* ou la férule cléricale. À Québec, la Faculté des Sciences sociales et son doyen, le père Georges-Henri Lévesque, offraient une cible de choix. Foyer de résistance à l'intégrisme duplessiste, l'institution devait payer le prix du non-conformisme qu'elle encourageait. La chronique de cette persécution constante tiendrait ici trop de place. Je n'en donnerai qu'un exemple. Au moment de la grève de l'amiante, le recteur de Laval, Mgr Vandry, menaça d'exclusion deux étudiants, Henri Schmidt et Guy Rocher, qui devaient porter aux mineurs d'Asbestos des secours de grève recueillis parmi les camarades des Sciences sociales. Mis en demeure d'expliquer son geste, le bon prélat fit des réponses remplies de candeur à mes questions pressantes de jeune reporter au *Devoir:*

«Mais bien sûr que cette décision est inspirée par M. Duplessis. Voyons...! Vous savez ce qu'il pense de cette grève, le premier ministre. Ne faites pas l'imbécile.

— Je ne fais pas l'imbécile. Je me demande seulement pourquoi l'Université courbe ainsi l'échine devant le pouvoir. Vous craignez qu'on vous coupe les vivres?

— Mais non! Vous dramatisez tout. Laval ne dépend de personne. À la rigueur, je pourrais me passer du gouvernement. Et puis, de toute manière, il ne pourrait pas nous affamer. Ça ferait un scandale.

— Eh bien! alors...?

— Alors? Alors si nous ne sommes pas gentils, M. Duplessis se vengera. Vous le connaissez... Sa vengeance portera sur de petites choses: cinquante mille dollars pour un laboratoire, vingt-cinq mille pour une rénovation d'amphi; faibles subventions, je vous le concède, mais très gros ennuis si on nous les refuse. Croyez-vous que je vais risquer de tels embêtements pour permettre à deux étudiants de visiter des mineurs en état de grève *illégale*? Pas question! D'ailleurs, pourquoi n'apportez-vous pas vous-même à Asbestos les sommes qu'ils ont recueillies; vous vous y rendez souvent, non? Ainsi, Schmidt et Rocher pourront rester ici et le Conseil universitaire n'aura pas à considérer leur exclusion.

— Et la liberté universitaire, dans tout cela?

— La lib... Mais nous sommes libres, voyons! Qu'est-ce que vous allez chercher là? On peut être libre et avoir du bon sens!»

Désarmante ingénuité chez un homme d'Église sexagénaire. En apparence: la bergère au pays des loups. Mais cette bonne foi apparente, cette onction bonhomme cachaient des dispositions beaucoup moins pacifiques. Après la parution de mon reportage, Mgr Vandry profita d'une réunion de ses anciens, à Trois-Rivières, pour condamner publiquement le *Devoir* et lancer contre le journal une campagne de désabonnement.

Une décennie plus tard, dans *Requiem pour une clique*[1], Marcel Rioux commentait la chute de l'Union nationale:

«On ne peut dire adieu au régime sans parler des honnêtes gens. Où étaient-ils et que faisaient-ils tous, pendant ce long Moyen-Âge? (...) La grande et respectable majorité naviguait, s'accommodait, s'adaptait au régime; les plus hardis dénonçaient les gauchistes. Même au plus fort de la lutte, les gens en place prenaient leurs précautions, ne s'avançaient pas trop, circonlocutaient, se ménageaient toutes sortes de petites portes de sortie. Dans le clergé, seuls quelques petits abbés dénonçaient le régime; les autres bénissaient à tour de bras les œuvres du patronage.»

---

1. *Cité libre*, n° 30, octobre 1960, pp. 3-4.

Et ceux qui ne bénissaient pas, clercs et laïques, subissaient les rigueurs du bras séculier!

Sait-on par exemple (je ne l'ai vu écrit nulle part) que le *Devoir* fit l'objet d'une persécution remarquablement soignée? Aussitôt qu'une firme industrielle ou commerciale achetait dans nos pages un espace publicitaire, elle recevait la visite d'un démarcheur du Pouvoir. On ne menaçait pas; on tentait de séduire.

— Si vous retirez votre annonce, le gouvernement vous passera une grosse commande. Ça vous intéresse?

Heureusement, cela n'intéressait pas *trop* d'annonceurs, sans quoi le journal en aurait crevé. Peu s'en est fallu, du reste! Mais cela est une autre histoire. M. Duplessis ne se consolait pas d'avoir raté l'opération qui eût fait du *Devoir* sa chose. C'est là, peut-être, la seule entreprise du genre qu'il ait jamais ratée...

Faire manger les évêques dans sa main, selon l'élégante expression qu'il employait lui-même, devait se révéler plus facile. Ils n'y mangèrent pas tous. Mais la plupart de ces hommes, coincés dans les structures théocratiques de notre société, contraints par les besoins pressants de leurs *œuvres,* se retrouvaient sans défense devant ce prédateur aux dents longues. Rappelons-nous qu'à cette époque l'épiscopat et le clergé (j'évite consciemment le mot Église, évocateur d'une tout autre réalité) assumaient encore au Québec une immense part des fonctions normales d'un État moderne. Ils dominaient l'enseignement, depuis l'école primaire jusqu'à l'Université. Par l'intermédiaire des communautés religieuses, ils possédaient ou régentaient la quasi-totalité des hôpitaux. Leurs *œuvres* tenaient lieu de sécurité sociale et d'assistance publique auprès des orphelins, des jeunes délinquants, des clochards, des infirmes, des aveugles, des sourds-muets... Et j'en passe! Les clercs étaient partout, et partout puissants.

Le malheur, c'est que depuis longtemps la *charité* privée ne répondait plus aux besoins toujours croissants de ces entreprises dévoratrices. L'épiscopat, le clergé et les religieux, à l'origine pourvoyeurs, en personnel *et* en argent, d'institutions innombrables, devaient désormais compter sur les pouvoirs publics pour faire vivre cette immense machine *privée*. Si le recteur de Laval pouvait prétendre que son université «ne dépendait de personne» (Louis XIV avait doté royalement, au XVIIe siècle, le Petit Séminaire de Québec), cette autarcie ne dépassait guère les dépenses de fonctionnement, et c'est aux frais de l'État que fut édifié le nouveau campus de Sainte-Foy. Quant à l'Université de Montréal, elle était à bout de ressources, de même que les collèges, les crèches, les orphelinats, les hôpitaux. Toujours puissants en apparence, évêques, curés et supérieurs seraient désormais tributaires des faveurs du Prince. Il n'y avait plus guère d'ordres religieux que mendiants. Ils *devaient* manger dans la main du Pouvoir, sans quoi leurs dizaines de milliers de protégés seraient morts de faim et leur enseignement profane, déjà débile, aurait péri d'inanition.

Nos chefs spirituels se trouvaient donc engagés, *nolens volens,* dans une négociation permanente avec l'autorité politique. C'est un rôle pour lequel ils étaient bien mal préparés. La théologie et le droit canonique n'étaient «ni l'armure ni l'arme» idéales pour affronter le cynisme de notre faune politique. Le *Chef* aimait répéter que «les élections ne se font pas avec des prières». Le trafic d'influences était la règle de son gouvernement. Aucune subvention, à l'époque, n'était statutaire. Aucune ne découlait d'un texte de loi dont on pût se prévaloir. Elles relevaient toutes de l'arbitraire et du bon plaisir partisan. Chacune était présentée comme un événement, avec photo à l'appui dans la presse où l'on voyait des évêques souriants dire leur gratitude à M. Duplessis. Le régime *donnait*. (Toute subvention publique était en effet présentée comme un *don*, non pas de l'État: de l'Union nationale.) Mais il donnait sans générosité ni désintéressement. Le personnel religieux des institutions travaillait pour des salaires de famine et les laïcs, presque toujours réduits à des fonctions subalternes, pour des salaires de subsistance. Le régime n'était pas fâché de faire porter au clergé l'odieux de cette pingrerie. Mieux encore, il réclamait en retour de ses *dons* l'appui des autorités religieuses ou, tout au moins, un silence complice sur ses abus de pouvoir et ses malversations.

Si quelque *gauchiste* de notre espèce avait l'audace de réclamer une assurance-hospitalisation moderne, M. Duplessis rétorquait:

«Nous l'avons déjà, cette assurance. Ce sont nos communautés religieuses dont le dévouement n'est mis en doute que par les agents de la subversion! D'ailleurs, la meilleure asurance-maladie, c'est la santé.»

Ainsi se trouvait établie la collusion inévitable entre un cléricalisme abusif et un régime corrompu. L'épiscopat, le clergé l'avaient-ils voulue, cette alliance du trône et de l'autel? Sans doute pas consciemment. Mais depuis longtemps le pouvoir spirituel avait débordé son rôle propre. À force de se substituer au pouvoir civil, souvent par nécessité, souvent par esprit de service, et souvent aussi par ambition, les hommes d'Église avaient étendu leur empire bien au-delà de ses frontières naturelles. Ils paieraient désormais le prix de cette erreur; ils étaient piégés.

Ce n'est pas, bien entendu, le régime Duplessis qui engendra le cléricalisme. Il le trouva sur place, résidu d'une longue Histoire. Mais il sut exploiter à fond, pour consolider son pouvoir, le conservatisme des hommes d'Église.

Ainsi s'instaura une surenchère de cléricalisme entre l'épiscopat et le pouvoir civil. Règle absolue officiellement observée par le gouvernement: tout ce que faisaient les clercs commandait l'approbation générale. Il ne fallait même pas en discuter. Mais le premier ministre savait que, au tournant de la route, les hommes d'Église se retrouveraient dans son bureau, la main tendue. Là, loin des oreilles indiscrètes, il les ferait chanter. Il ménagerait certes leur honneur et leur dignité. Il n'exigerait ni déclarations complaisantes, ni éloges compromettants, ni soumission publique à ses *diktats*. Seulement le silence.

Comme disait Pierre Vadeboncœur sur un autre sujet: «Pas un mot. Pas même un traître mot.»

Il y eut bien quelques évêques et quelques clercs pour s'identifier publiquement au Pouvoir et militer ouvertement comme duplessistes. Mais la plupart ne furent que des *fellow travelers* accommodants, des compagnons de route silencieux, efficaces. Et ceux qui eurent la prétention de résister, les quelques *libéraux avancés* de l'épiscopat qui refusèrent de se soumettre furent harcelés par le régime ou cassés par leurs propres collègues.

Jean Marchand me dit un jour, dans les années 50: «Le silence des évêques devient scandaleux. Bon! admettons qu'ils ne sont pas là pour dénoncer, un par un, les abus du régime. Ça, c'est notre tâche à nous. Mais quand Duplessis fait du favoritisme une *doctrine* politique, ils n'ont plus le droit de se taire!»

Nous venions d'entendre un discours du *Chef* dans lequel ce dernier proclamait: «Que les électeurs se le tiennent pour dit: les comtés qui voteront mal (entendez: contre un candidat duplessiste) ne doivent pas s'attendre que le gouvernement leur bâtisse des ponts, améliore leurs routes ou modernise leurs écoles et leurs hôpitaux!»

Or, il ne s'agissait pas là de vaines menaces. Quand vous circuliez en voiture, la qualité des routes indiquait clairement pour qui avait voté telle ou telle région. Certains tronçons de grandes voies (par exemple l'autoroute de la rive sud entre Montréal et Québec) restèrent, jusqu'à la fin du règne, des casse-cou meurtriers, parce que Saint-Hyacinthe et la vallée du Richelieu votaient *mal*. Et la ville de Shawinigan dut se contenter d'un pont vétuste et dangereux sur le Saint-Maurice qui la traverse parce que les syndicalistes du lieu avaient élu un candidat de l'opposition.

Marchand avait raison. Il ne s'agissait plus d'une pratique dissimulée, clandestine, mais d'un principe politique clairement affirmé. La dépense publique n'était plus axée sur le bien de la collectivité mais sur la conservation du pouvoir entre les mains d'une clique.

Et pourtant, les voix officielles de l'Église, je veux dire celles des évêques, restaient muettes. Depuis l'*exil* de Mgr Charbonneau, on laissait écrire et parler «quelques petits abbés», notamment Gérard Dion et Louis O'Neill, qui s'exprimèrent courageusement, à leurs risques et périls. Mais au sommet de la hiérarchie, on se contentait de considérations très générales ou de communiqués très anonymes.

Vivions-nous sous une dictature? Non. Plutôt sous une monarchie absolue, celle de notre Duplessis-Soleil, comme le baptisa Réginald Boisvert, dans un article de *Cité libre*.

Maurice Duplessis ne disait pas: «L'État, c'est moi»; il disait: «L'État, c'est l'Union nationale.» Et l'Union nationale, c'était lui. Il occupait seul l'espace politique. Il s'entourait volontiers d'hommes médiocres. Les autres, ceux qui avaient du talent, devaient se garder d'en faire montre, sans quoi ils devenaient suspects. Il leur était interdit, par exemple, de paraître à la télévision, parce que le *Chef* lui-même fuyait les caméras. Des hommes d'une remarquable intelligence, comme Daniel Johnson et Paul Sauvé, acceptaient des rôles muets; dans cette pièce, un seul acteur avait la parole. Sauvé, après la mort du *Chef,* devait l'admettre sans ambages au cours d'une conférence de presse: «Comme ministre, je n'étais responsable ni de la direction *ni de la politique* du gouvernement[1].» L'aveu en dit long sur le rôle d'un ministre au sein de cette équipe.

M. Duplessis avait-il une politique économique? Si. Mais elle n'était guère avouable.

Au début des années 50, je fis la connaissance de Herbert Lank, alors président de la firme Dupont of Canada. Nous participions tous deux au symposium que l'Université de Rochester (New York) avait organisé sur le thème des relations É.-U.-Canada. Un soir, après moult rasades de bourbon américain, au *Faculty Club,* ce grand patron me raconta une histoire dont j'ai retenu tous les détails. (Je n'ai pas oublié non plus l'épouvantable gueule de bois dont je souffris le lendemain. Aujourd'hui encore, je nourris une rancune tenace contre le whisky de nos voisins du Sud.)

Duplessis venait d'imposer son impôt direct provincial qui touchait particulièrement les cadres de l'industrie. La Chambre de commerce du Canada voulut faire des représentations au premier ministre québécois.

«Mais à qui confier cette mission? Le choix n'était pas facile, expliquait Herbert Lank. Il fallait d'abord que le messager de tous ces grands industriels unilingues pût s'exprimer en français; pour une fois,

---

1. C.B.C. Press Conference, 29 décembre 1959. Les soulignés sont de nous.

se trouvant demandeurs, ils y tenaient. Mais il fallait encore que le porte-parole ne fût pas un débiteur de M. Duplessis, ce qui eût faussé le jeu. Or, tous ces messieurs ou presque avaient sollicité de lui des faveurs et les avaient reçues. Ils se trouvaient donc en mauvaise posture pour se plaindre d'un impôt.»

(Herbert Lank avait complètement oublié, grâce sans doute au bourbon, qu'il parlait à un militant syndicaliste.)

«Il se trouva, poursuivit-il, que je remplissais les deux conditions. Américain d'origine, j'ai étudié à la Sorbonne, dans ma jeunesse, ce qui me permet de me débrouiller dans votre langue. (Il parlait français avec une correction remarquable.) D'autre part, je n'avais jamais rien demandé au premier ministre ni rien reçu de lui, et je n'attendais rien non plus de sa munificence.

— Vous avez donc accepté la mission...

— Oui. Sans enthousiasme, veuillez me croire! Je n'aime pas traiter avec les hommes qui sont à la fois retors et intelligents. Mais comment refuser? Je me suis donc rendu à Québec, j'ai été admis en l'auguste présence et j'ai fait mon boniment. Vous devinez lequel: inquiétude des industriels face à ce nouvel impôt qui frappait les cadres. Il aurait pour effet de rebuter ces derniers. Si, par exemple, une firme voulait déplacer de Winnipeg à Montréal un administrateur particulièrement doué, celui-ci refuserait probablement la mutation à cause de ce nouvel impôt qui venait s'ajouter à plusieurs autres. Et je soulignai en conclusion que les Québécois étaient désormais plus lourdement taxés que les citoyens des autres provinces: pas de plus sûre méthode pour effrayer les cadres. M. Duplessis me coupa la parole et me déclara, péremptoire: «Vos cadres, M. Lank, sont des matérialistes. Ici, vous êtes dans une province spiritualiste!»

Était-il sérieux? J'avais peine à le croire. Mais il fallait jouer son jeu.

«C'est bien possible, M. le premier ministre, mais c'est tout de même de ces matérialistes dont vous avez besoin pour développer l'industrie au Québec.»

J'avais touché un nerf sensible. Duplessis se leva, piqué au vif. Il fit le tour de sa table de travail, vint se placer devant moi et, l'index dressé:

«Écoutez-moi, Lank. Ce n'est pas vous qui allez m'enseigner comment on développe une province. Je le sais mieux que vous. Au Québec, nous avons deux moyens d'attirer les industries et de les retenir. Premier moyen: les richesses naturelles. C'est ça qui compte. C'est ça que vous voulez, vous autres, les compagnies. Je le sais; vous le savez aussi. Eh bien! nos richesses naturelles, je ne vous les vends pas, je ne vous les loue pas, je vous les donne! Et vos gérants se plaindraient d'un petit impôt? Deuxième moyen: la main-d'œuvre. Celle du Québec vous coûte moins cher et vous crée moins de problèmes que n'importe quelle autre, ailleurs, au Canada, sans parler des États-Unis, bien entendu. Et ça, c'est mon gouvernement, c'est l'Union nationale qui s'en occupe. Puis vous avez l'audace de venir pleurer ici, vous, les patrons!»

Herbert Lank n'avait pas pu inventer ce dialogue qui portait la marque et reflétait le style du *Chef* de façon saisissante.

Voilà pour la politique économique.

Évidemment, tous les Québécois de l'époque n'étaient pas d'accord. Mais pour l'escamotage des problèmes, le *Chef* faisait preuve d'un talent qui tenait du génie. Solidement appuyé sur la classe des notables et sur la majorité du clergé, habile à manier les passions, les rivalités, l'appât du gain et la crainte, il se maintenait (et nous maintenait) en toute sérénité dans un immobilisme quasi total. La conjoncture économique était bonne, le mouvement ouvrier, encore peu développé, était largement dominé par les *unions internationales,* c'est-à-dire américaines, issues de l'American Federation of Labor, syndicats affairistes s'il en fut jamais. M. Duplessis avait donc ses coudées franches.

Si d'aventure il se produisait des grincements dans ce mécanisme bien huilé, le *Chef* disposait de lubrifiants supplémentaires d'une rare efficacité: le nationalisme et la guérilla contre le gouvernement fédéral, qui lui tenaient lieu de politique en matière constitutionnelle.

«Un vieux nationaliste comme moi, aimait-il répéter, chef de l'Union *nationale!*» Le nationalisme, il s'en servait à ses propres fins partisanes, sans en respecter les objectifs ni les aspirations profondes. Parodiant Henri IV, il aurait pu dire, par exemple, qu'une victoire électorale valait bien un drapeau. C'est ainsi que le Québec hérita du fleurdelisé. L'étendard québécois reçut donc, dès son berceau, une vocation bien étrange: il servit d'abord à fleurir les affiches électorales, dans la campagne de 1948, couvrant de sa croix blanche l'achat des consciences, le vol des suffrages et autres malversations qui allaient jusqu'à la violence et aux coups de feu, inclusivement. (Sous le règne de l'Union nationale, je ne me souviens pas d'un seul scrutin provincial, dans la circonscription de Montréal-Saint-Jacques, qui n'ait été ponctué de tirs au revolver.) Notre drapeau devint aussi, par force, le symbole des extravagantes dépenses électorales inaugurées à cette époque. La propagande fleurdelisée nous invitait à «laisser Duplessis continuer son œuvre»: en français, en anglais, sur papier journal et papier couché, en noir et en couleurs, par d'immenses panneaux-réclame qui occupaient tout l'espace visuel et même par inscriptions lumineuses dont le néon striait la nuit montréalaise. (Ici encore le *Chef* s'inspirait d'une longue tradition. Il n'avait certes pas inventé la corruption électorale mais il devait la pousser à un point jamais atteint jusque-là.)

M. Duplessis nous avait-il donné un drapeau ou bien se l'était-il offert à lui-même[1]? Cette question se posait d'ailleurs au sujet de toutes ses initiatives *nationalistes,* qui n'inclurent jamais la moindre promotion culturelle, la moindre action économique cohérente en faveur des francophones dans le monde des affaires, ni le moindre appui au mouvement d'immigration de source française vers le Québec qui se dessinait au début des années 50.

Au moment où le gouvernement ontarien subventionnait largement l'accueil aux Britanniques, pas un *cent* n'était disponible chez nous pour accueillir les Français entraînés vers le Québec par les bouleversements de l'après-guerre. Je me souviens des efforts de Jean-Marc Léger, de son Accueil franco-canadien auquel je collaborai. Non seulement ne pouvions-nous compter que sur nos propres ressources, presque inexistantes, et sur quelques dons privés, mais il fallait encore subir la réprobation du gouvernement québécois.

Car le portrait de l'Union nationale ne serait pas complet si, à tous ses autres charmes déjà décrits, on n'ajoutait pas ici sa xénophobie virulente. Cela aussi faisait partie du nationalisme duplessiste. Cet accueil franco-canadien n'encourageait-il pas l'installation chez nous de Français, c'est-à-dire d'individus dévoyés par définition, à cause de l'éducation sans Dieu qui se dispensait en France et de l'atmosphère communiste qui régnait là-bas?

À force de répéter pareilles calembredaines, le *Chef* avait fini par y croire lui-même. Un de mes amis,

---

1. Cette appropriation par un parti des symboles qu'il déclare sacrés et dont il exige des autres le respect le plus rigoureux semble constituer, pour les formations nationalistes, une tentation permanente. Ainsi aujourd'hui...

diplomate français et chrétien militant, se trouvait alors en poste à Ottawa. Jeune conseiller d'ambassade, il s'intéressait au travail que nous faisions à Montréal en faveur de ses compatriotes immigrants et nous rendait visite à l'occasion. C'est ainsi que je fis sa connaissance, au début des années 50, pour le retrouver ensuite à Paris, vingt-cinq ans plus tard. Il gardait un vif souvenir de ses années au Canada. Et comme nous dînions chez lui, en famille, un soir de l'été 76, il me raconta sa première visite à Québec.

M. Duplessis l'ayant invité à sa table, avec quelques ministres, le diplomate se présenta au château Frontenac, très curieux du personnage dont il connaissait déjà la légende.

«C'était un vendredi soir. Vous verrez pourquoi je me souviens de ce détail. Le premier ministre était détendu, après une dure semaine de travail, et plaisantait avec ses collègues. Je me souviens qu'il avait la plaisanterie un peu grosse et le rire trop sonore, mais sa gaîté me parut de bon augure pour la négociation qui allait suivre. Nous passons à table. On nous sert un potage. Jusque-là, rien d'anormal. Mais quand arrive le plat principal, j'aperçois dans l'assiette de tous les autres convives un filet de sole (je vous ai dit que nous étions vendredi) alors qu'au milieu de la mienne trône un énorme bifteck bien saignant. Croyant à une erreur, j'attends quelques minutes qu'on vienne me changer cette viande incongrue pour le poisson de tout le monde. Rien ne se passe. J'appelle le garçon, je lui chuchote à l'oreille qu'il s'est trompé d'assiette, mais ce n'est pas lui qui me répond. C'est M. Duplessis. Sans doute avait-il surveillé tout ce manège du coin de l'œil.

— Vous aimez pas le steak, monsieur le conseiller?

— Si, monsieur, mais...

— Alors mangez-le! Nous autres, au Québec, on est des catholiques pratiquants: on mange du poisson, le vendredi.

— Mais moi aussi, M. le premier ministre...

— Vous, un Français de France? Voyons donc! Pas d'hypocrisie. Mangez votre steak!

— Je vous assure...

— Vous voulez me faire croire que vous, diplomate, fonctionnaire d'un État laïcisé comme la France, vous faites maigre le vendredi? Je vous crois pas. Mangez votre steak!

«À force d'argumenter, conclut mon interlocuteur, j'obtins mon plat de poisson. Mais j'eus l'impression très nette de n'avoir pas convaincu mon hôte.»

M. Duplessis croyait-il sincèrement défendre la foi chrétienne quand il entreprit sa campagne contre Ottawa au sujet des œufs communistes (*sic*) dont le gouvernement fédéral avait permis l'importation en provenance de la Pologne?

Sûrement pas.

Mais comment résister à la tentation d'exploiter à ses fins électorales une veine de préjugés aussi riche? Il tablait à la fois sur la méfiance des cultivateurs québécois à l'égard de concurrents étrangers et sur l'épouvantail de la révolution marxiste. Contre le gouvernement fédéral, il faisait flèche de tout bois et d'abord de la xénophobie qui sommeille dans le cœur de chaque homme. Quand s'amorça l'action du Canada en faveur du Tiers Monde, un slogan vit le jour qui résumait admirablement, si j'ose dire, toute la philosophie du régime en matière de relations internationales:

Ottawa donne aux étrangers, Duplessis donne à sa province!

Certains félicitent aujourd'hui le *Chef* d'avoir «fondé l'État québécois». Mais sur quoi l'a-t-il fondé, si tant est qu'il eût encore à le faire? Sur la double peur de l'étranger et du changement... et sur la bêtise du gouvernement fédéral de l'époque.

Car la Grande noirceur ne fut pas seulement québécoise.

J'ai toujours eu l'admiration la plus mesurée pour M. Louis Saint-Laurent. Non pas que l'homme fût sans mérite, mais il manquait d'imagination et ne sut jamais prévoir les virages en aval de sa route. C'est lui, en effet, qui fournit à Duplessis d'abondantes munitions antifédérales, en prolongeant au-delà de toute raison le centralisme du temps de guerre. Tout au cours du conflit, en fonction de l'effort immense à fournir, le gouvernement canadien avait réuni dans ses mains des pouvoirs énormes, sans se préoccuper trop des dispositions constitutionnelles qui assurent normalement le partage des compétences entre les deux ordres de gouvernement. Aussi longtemps que durèrent les hostilités, comment aurait-on pu s'objecter à des mesures perçues par tous comme hautement centralisatrices mais justifiées par l'effort de guerre, c'est-à-dire la lutte contre la barbarie fasciste?

Le malheur, c'est que le pouvoir fédéral ne sut pas s'arrêter à temps. Il aborda les problèmes de l'après-guerre avec toute la morgue et la suffisance dont il avait pris l'habitude au temps où les bombes pleuvaient sur l'Europe et l'Asie. «Plus rien n'importe sauf la victoire», avait-on proclamé au début des années 40. Sans le dire, M. Saint-Laurent avait l'air de penser: «Plus rien ne compte, en ce pays, sauf le gouvernement d'Ottawa.» Et d'envahir le domaine provincial en versant des subventions fédérales aux universités. Et de monopoliser l'impôt direct à travers tout le pays. Et de se comporter comme si les gouvernements provinciaux devaient être maintenus en tutelle, traités en enfants mineurs ou simplement tolérés.

Quelle chance en or pour M. Duplessis! Ottawa lui fournissait le pavois: il n'avait plus qu'à y grimper. Celui que Lionel Groulx désigne dans ses *Mémoires*[1] comme un «robin encroûté dans la légalité» sauta sur l'occasion avec l'enthousiasme qu'on devine: une juteuse querelle juridico-nationaliste où le bon droit se trouvait de son côté, quelle fortune inespérée!

M. Saint-Laurent avait réussi un tour de force: rallier à M. Duplessis deux hommes aussi opposés que Lionel Groulx et Pierre Trudeau. Le premier salua l'impôt provincial sur le revenu (janvier 1954) comme «un geste courageux et concret d'autonomie» enfin fait par le premier ministre; le second condamna le régime fiscal antérieur, imposé par Ottawa, qui «devait équivaloir à un détroussement manifeste du contribuable québécois». «Oh! je sais bien, écrivit-il dans *Cité libre*[2], que cet état de choses est issu de l'incompétence totale du gouvernement Duplessis en matière économique (...) Mais la bêtise de la victime ne saurait être plaidée, comme circonstance atténuante, par un voleur.» (Trudeau se démarquait ainsi, en soutenant les droits des provinces, de plusieurs intellectuels entièrement acquis, à l'époque, au centralisme outaouais et totalement voués, aujourd'hui, à la promotion de l'indépendance du Québec.)

Que le gouvernement Duplessis fût «d'une incompétence totale en matière économique», cela ne pouvait faire aucun doute. Mais seuls des critiques québécois eurent le courage de le dire tout haut. M. Saint-Laurent, au contraire, trouva plus utile

---

1. Lionel Groulx, *Mes Mémoires,* Fides, Montréal, 1974, vol. IV, p. 336.
2. *Cité libre,* n° 10, octobre 1954, p. 7.

d'approuver publiquement les scandaleuses concessions minières de l'Ungava et la générosité incroyable du *Chef* à l'égard des investisseurs américains. Cela aussi, cette connivence du grand capital qui réconciliait brusquement Duplessis et Saint-Laurent, frères ennemis engagés jusqu'à la garde dans le duel fédéral-provincial, cela aussi faisait partie de la Grande noirceur.

Plus étonnant encore, à la réflexion, l'éloge posthume que décernent au *Chef* ses laudateurs d'aujourd'hui. Ils lui font un mérite de n'avoir rien accompli entre 1944 et 1960, protégeant ainsi le crédit financier du Québec, dont M. Lesage pourrait nourrir plus tard sa Révolution tranquille. C'est faire bon marché de toute la génération de l'après-guerre, sous-éduquée et sous-payée, privée des équipements sociaux les plus essentiels, sacrifiée en somme.

Mais l'incompétence ne se limitait pas, hélas! au domaine économique; elle était générale et tenait d'abord à l'inexistence chez nous d'une Fonction publique digne de ce nom. Recruter des fonctionnaires compétents, leur assurer une carrière, une rémunération convenable, les protéger contre l'ingérence partisane dans leur travail quotidien, ce fut sans doute le dernier souci de l'Union nationale, de son chef et de ses ministres. À cette fonction de l'État, comme à toutes les autres, présidaient le favoritisme, le *patronage,* le népotisme ouvertement pratiqués.

Un de mes amis, après de longues études poursuivies outre-frontière comme boursier du gouvernement québécois (il y en avait tout de même quelques-uns), voulut entrer au service de la province. Rien ne l'y obligeait. Il n'était pas à la recherche d'un emploi. Mais il trouvait normal de consacrer quelques années au moins de son travail à la collectivité qui lui avait permis d'acquérir une compétence.

Comment s'y prendre, toutefois, puisqu'il n'existait ni concours, ni examen d'aucune sorte, seulement une fantomatique Commission du service civil, présidée par un ami personnel du *Chef,* dont le mandat était des plus vagues? Il écrivit donc à l'un des plus anciens ministres de M. Duplessis, qui se trouvait être à la fois l'un des plus respectables, pour lui faire part de son intention.

«Mon jeune ami, répondit le ministre, je suis touché de la confiance que vous me faites. Mais si j'ai un conseil à vous donner, renoncez à l'idée de devenir fonctionnaire. Quand on est aussi brillant et sérieux que vous l'êtes, sortant de Harvard avec les titres universitaires que vous mentionnez dans votre lettre, on a mieux à faire que d'entrer dans la Fonction publique. J'ai un excellent ami à la société Imperial Oil. Je lui écris tout de suite pour vous recommander chaudement. Il vous fera, j'en suis certain, une offre d'emploi qui correspondra mieux à vos brillantes aptitudes et vous assurera un traitement beaucoup plus élevé. Je ne vois pas pourquoi un jeune homme talentueux se contenterait d'un salaire médiocre et d'une carrière qui ne conduit à rien. Veuillez croire, cher monsieur...»

Que dire enfin de l'administration, ou mieux de la manipulation de la justice, sous le règne de l'Union nationale?

Il faudrait parler de certaines lois comme celle dite du *Cadenas* qui faisait fi des libertés démocratiques les plus fondamentales et qui ouvrait la voie à tous les abus de pouvoir. Il faudrait raconter le talent et l'entêtement de Frank Scott dressé contre l'arbitraire du *Chef* dans le procès Roncarelli.

Les hommes de mon âge connaissent bien cette cause célèbre, qui illustre à merveille les dispositions de Maurice Duplessis à l'égard des droits de la personne. Roncarelli, restaurateur montréalais, s'avisa, à l'automne de 1946, de verser des cautions pour faire libérer jusqu'à leur procès quelques Témoins de Jéhovah accusés d'avoir «diffusé un pamphlet séditieux». M. Roncarelli était-il lui-même un Témoin? Je n'en sais trop rien et cela n'a du reste aucune importance. Il jugea que les sectateurs ne devaient pas expier en prison la *faute* de leur pauvreté. N'importe quel philanthrope, même dénué de toute sympathie pour la secte, eût pu en faire autant par stricte conviction démocratique. Et, de toute façon, le geste n'enfreignait aucune loi. Mais malheureusement pour lui, M. Roncarelli détenait un permis de la Commission des Liqueurs, condition indispensable à la prospérité de son établissement. M. Duplessis, qui possédait comme pas un *l'instinct de la jugulaire,* n'hésita pas une seconde; ayant mis Roncarelli en demeure de «cesser d'encourager une entreprise séditieuse» et ce dernier ne s'étant pas soumis, il retira le permis, ce qui condamnait le restaurateur à la ruine, puis confisqua dans son établissement pour deux mille dollars de spiritueux. Le *Chef* avait considéré qu'on ne pouvait pas à la fois détenir le *privilège* de servir à boire et poser des *entraves* à l'application des lois.

Il avait, pour la millième fois peut-être, dépassé la mesure, mais sans prévoir que la victime, en l'occurrence, était d'humeur et de taille à lui résister. Des procédures furent entreprises. Douze ans plus tard (ô lenteurs de la justice!) M. Duplessis était condamné. Ses partisans devaient ouvrir une souscription publique pour dispenser le *Chef* de payer à même sa propre bourse quelque quarante mille dollars de dommages et de frais...

Fort de cet encouragement, M. Duplessis continua jusqu'à la fin de persécuter vigoureusement ses adversaires. Dans les dernières années de son règne, les lois rétroactives étaient devenues son arme de prédilection. Il en usa notamment contre deux

syndicalistes, Gérard Picard et Léo Guindon, et si
ouvertement que les mesures adoptées prirent les noms
de *Loi Picard* et *Loi Guindon,* dans le langage
courant des parlementaires eux-mêmes.

M. Duplessis, dans tous ses gouvernements successifs,
ne confia jamais qu'à lui-même le portefeuille de la
Justice. Il gardait en main l'arsenal judiciaire dont il
faisait, sans complexe, un usage éhonté. La
nomination des juges aux cours provinciales relevait
de lui seul. Fidèle à la tradition établie, il ne désignait
à ces fonctions que des partisans éprouvés. Un
survivant de son époque me raconta vingt-cinq ans
plus tard, à Paris, comment il avait été lui-même «mis
en affaires» par le *Chef.* «J'avais fait campagne pour
lui, à l'élection de 44, avec L., un copain plus âgé que
moi. Duplessis nous demanda, après la victoire, quelle
récompense nous désirions. L. voulait être juge. Il fut
nommé. Pour moi, ce fut un contrat de voirie car *je
n'avais pas étudié le droit...»*

On se demandait parfois si tous les magistrats
nommés par le *Chef* remplissaient cette dernière
condition, car il y en avait de complètement ignares,
d'autres qui siégeaient en état d'ébriété, d'autres enfin
qui taillaient sur mesure les jugements commandés par
le pouvoir.

Il existait, par exemple, à l'intention des syndicalistes
un système de justice ambulante d'une conception très
étudiée. Dès qu'un conflit ouvrier se prolongeait
au-delà des limites prévues par le gouvernement,
M. Duplessis commençait par dépêcher sur les lieux
quelques unités de choc de sa Police provinciale. Il
s'ensuivait des incidents que les agents réprimaient
avec la dernière brutalité. (Durant la grève de
l'amiante, la P.P. devait pousser le zèle jusqu'à
torturer plusieurs grévistes. Le fait fut éventuellement
établi et reconnu par un tribunal. Les tortionnaires
toutefois échappèrent à toute condamnation; ils

avaient pris leurs précautions et personne ne put les identifier à la satisfaction du juge.) On procédait alors à l'arrestation de quelques grévistes. Et pour instruire contre eux, la même équipe spécialisée apparaissait, à Gaspé comme à Sherbrooke ou à Hull, formée d'amis sûrs du parti, de militants éprouvés. Les policiers-témoins se parjuraient allégrement l'un après l'autre; la *preuve,* toujours la même, s'établissait selon une liturgie invariable, et quelques travailleurs inévitablement se retrouvaient derrière les barreaux pour l'édification des bien-pensants.

Je m'arrête. Il y aurait encore beaucoup à relater. Je n'ai fait qu'effleurer le sujet. Il n'entrait pas dans mon propos d'analyser en profondeur le phénomène duplessiste. Je ne suis ni sociologue ni historien. Je voulais seulement évoquer l'atmosphère, le goût et l'odeur oubliés de ce régime pourri auquel, de nouveau, on se met à tresser des couronnes...

Je ne croyais pas vivre assez vieux pour assister à la réhabilitation de Maurice Duplessis. Mais l'attente aura duré moins de vingt ans.

À l'automne de 1977, retenu dans un lit d'hôpital par une intervention chirurgicale, le ventre tourmenté de douleurs et de démangeaisons, j'assistai au spectacle diffusé de Québec par la télévision à l'heure du *Téléjournal:* le gouvernement du Parti québécois statufiait Maurice Duplessis, en paroles et en actes, sur les pelouses de l'Assemblée nationale. René Lévesque officiait en personne à l'intronisation de son prédécesseur, coulé dans le bronze pour l'édification de la postérité québécoise.

Je n'en croyais pas mes yeux, mes oreilles encore moins. Comment diable avait-on pu en arriver là?

Par souci esthétique? Sûrement pas. La statue en pied qui déshonore dorénavant la colline parlementaire est hideuse. Le sculpteur n'a rien oublié: le faux col, la cravate, la braguette, tout y est. Il manque un seul détail: la vie. On dirait un mannequin dérobé par des fêtards, un soir de bringue, à la devanture d'un grand magasin. On ne remarque, au premier regard, ni le visage ni la posture du sujet. Ce qui frappe, c'est le complet-veston.

Ne pouvait-on pas laisser dormir dans quelque hangar ce chef-d'œuvre de médiocrité? Ou l'exiler au Nouveau-Québec, comme le suggéra Claude Ryan? Ainsi, les contribuables qui l'avaient payé auraient-ils fait du moins l'économie d'en souffrir la laideur.

Mais le plus étonnant fut sans aucun doute le discours du premier ministre René Lévesque au pied de cette statue. Aucun peuple, a-t-il dit en substance, ne peut se permettre d'oublier quelque période que ce soit de son histoire. Il serait absurde de vouloir effacer de notre mémoire la trace du régime Duplessis.

Comme René a raison!

On est même tenté de renchérir et d'affirmer: aujourd'hui plus que jamais il importe de nous remémorer qu'au nom du nationalisme et de la religion, Duplessis nous a imposé pendant vingt ans le règne du mensonge, de l'injustice et de la corruption, l'abus systématique de l'autorité, l'empire de la mesquinerie et le triomphe de la bêtise. Il faut nous souvenir que cet homme et son régime ont retardé d'un quart de siècle l'entrée du Québec dans le monde moderne. Il serait funeste d'oublier qu'il a tout fait pour replier notre peuple sur lui-même et l'isoler de son entourage, pour le persuader qu'il valait mieux manger seul du pain sec que de partager avec les «étrangers» le plus riche des festins. Il serait même dangereux de ne pas reconnaître que certains de ces thèmes ont persisté dans notre inconscient collectif et refont surface aujourd'hui...

«Hitler, connais pas», répondait en 1960 la jeunesse allemande, à l'occasion d'un sondage d'opinion.

Toutes proportions gardées, l'ignorance des jeunes Québécois n'est pas moins grande aujourd'hui.

Je le répète: René Lévesque a raison. On aurait tort d'oublier le mal que ce régime corrompu nous a fait. Il faut au contraire nous le rappeler, de peur de retomber dans les mêmes ornières et les mêmes mensonges.

Je crois pourtant qu'il existait d'autres moyens d'en perpétuer le souvenir que l'édification d'une statue et la «réhabilitation» du personnage. Quelles que soient les précautions oratoires et les restrictions mentales qui truffaient son discours, c'est pourtant un hommage que René a rendu ce jour-là à la mémoire du *Chef* et de sa clique. Après tout, les Allemands n'ont élevé aucun monument à Hitler, ni les Français au Maréchal de 1940. Quant aux Soviétiques, après la mort de Staline, ils ont commencé de démanteler ceux que le dictateur s'était élevés à lui-même, de son vivant.

Chapitre IV

Les joies de l'opposition

> *Rien de plus intéressant que de pouvoir saisir les personnages célèbres avant leur gloire, au moment où ils se forment.*
>
> Sainte-Beuve

«Que faisiez-vous au temps bleu?»

C'est la légende d'une caricature publiée par Normand Hudon, au début des années 60. La question ne manquait ni de piquant ni d'à-propos car la société québécoise fourmillait alors d'amnésiques. Presque tout les amis du régime défunt et ceux-là surtout qui en avaient vécu le plus grassement se bousculaient vers les portillons de l'oubli. Ils reniaient avec énergie les dogmes duplessistes et se cherchaient désespérément des places à bord de la Révolution tranquille.

Agents patronaux qui avaient bénéficié des lois antisyndicales, agents syndicaux qui avaient traficoté avec le régime pour échapper à ses coups, entrepreneurs hier encore comblés de contrats juteux, *patroneux* de divers calibres, tout ce beau monde était soudain touché par la grâce du renouveau. On n'oublie pas ce défilé quand on l'a vu passer, fût-ce une seule fois, brûlant des cierges aux dieux nouveaux...[1]

Mais nous, qu'avions-nous fait au temps bleu?

D'abord, il avait fallu survivre, ce qui n'était pas aussi facile qu'il y paraît aujourd'hui, à vingt-cinq ans de distance.

---

1. Pierre Trudeau décrivait en d'autres termes ce même cortège de ceux «qui naguère rampaient du côté de l'Union nationale et qui maintenant s'empressent de ramper en sens inverse». (*L'élection du 22 juin 1960*, *Cité libre*, n° 29, août-septembre 1960, pp. 3-8.)

Prospérer en silence ne posait aucun problème. J'ai noté que l'Union nationale n'exigeait pas la profession de foi. Cette dictature de province se contentait du silence. Elle savait même le récompenser, à l'occasion. (J'ai connu un écrivain qui vécut de longues années, pendu aux basques du régime, tantôt à Paris, tantôt à Montréal, uniquement occupé à rédiger ses œuvres complètes. Le régime lui versait cinquante dollars par semaine (somme confortable pour l'époque) au titre de publiciste de la Commission des Liqueurs... à qui sa loi constituante interdisait pourtant toute réclame!) Mais si d'aventure il vous arrivait d'ouvrir la bouche à contretemps, il pouvait vous en cuire. Et les mauvais esprits qui avaient la prétention de combattre ouvertement le régime connaissaient un sort voisin de l'excommunication.

Car Maurice Duplessis avait les idées courtes mais le bras long.

Il se trouve que les hommes dont je parle ici se retrouvèrent tous, tôt ou tard, dans l'opposition. Et que cette opposition n'était pas seulement politique. Elle se dressait d'abord contre une tradition, une idéologie dominante et des habitudes sociales qui dépassaient largement le domaine du pouvoir civil. Nous considérions celui-ci comme une émanation de notre vie collective tout entière, non comme une maladie spécifique. En démocratie, on a les gouvernements qu'on mérite. Nous le croyions fermement.

Entre 1947 et 1950, notre préoccupation n'était pas de renverser le gouvernement en place ni de le remplacer par un autre. Je dirai même que nous y songions à peine. C'est la société que nous voulions changer. L'évolution religieuse et culturelle, la transformation des rapports sociaux, la démarche scientifique et la réforme de l'enseignement retenaient toute notre attention. Les luttes de partis ne nous intéressaient guère.

Mais comme le conservatisme du régime combattait férocement toute forme d'évolution possible, la collision était inévitable. Pour la plupart d'entre nous, c'est la grève de l'amiante qui en fut l'occasion.

Après l'affrontement de 1949, ceux qui avaient pris le parti des mineurs de fond se trouvèrent marqués pour toujours aux yeux du pouvoir. Les hommes en place nous gardèrent une rancune spéciale, différente de l'hostilité qu'ils témoignaient à leurs adversaires partisans. Les plus futés d'entre eux, à commencer par le *Chef* lui-même, perçurent très tôt le danger particulier que représentait pour le régime une opposition extra-parlementaire.

Un samedi soir du printemps de 1949, alors que le conflit de l'amiante battait son plein, que les caisses syndicales étaient vides et que la faim menaçait la résistance des mineurs, nous fûmes convoqués à l'archevêché de Montréal par Mgr Charbonneau. Je ne sais plus pourquoi ce rendez-vous fut nocturne, mais il passait onze heures du soir quand Gérard Picard, Jean Marchand et moi nous présentâmes chez le prélat et la conversation ne prit fin qu'aux petites heures. Prévoyant qu'il en serait ainsi, nous avions donné rendez-vous à quelques camarades dans une boîte de nuit (le seul établissement du quartier qui restait ouvert jusqu'aux aurores) pour leur rendre compte de notre entretien avec l'archevêque.

Mais le hasard voulut que dans la même boîte, installé à une table voisine de la nôtre, se trouve aussi un fort contingent de députés gouvernementaux en goguette, au milieu desquels je reconnus tout de suite Daniel Johnson. Dès qu'il nous aperçut, celui-ci vint vers nous. (Lui n'était pas émoustillé: d'ailleurs, il ne l'était jamais.)

«Et alors?»

Alors quoi? Nous n'allions tout de même pas lui raconter notre entrevue avec l'archevêque, l'angoisse

de celui-ci au sujet des travailleurs livrés par
M. Duplessis aux caprices de leurs patrons, ni surtout
sa question qui nous avait tous trois sidérés: «Il faut
les grands moyens maintenant: avez-vous la force de
déclencher une grève générale?»

«Et alors? répétait Daniel, le sourire aux lèvres,
debout, les poings sur les hanches. On continue de
s'agiter?»

Marchand lui lança un regard sombre. Et Gérard
Picard, le menton en l'air, lui dit en le dévisageant:

«Tu nous aimerais mieux plus tranquilles, Daniel? Ou
peut-être à plat ventre devant vos petits amis de la
Johns Manville[1]? Compte pas là-dessus, mon cher. Tu
serais déçu.»

Daniel, toujours souriant, leva les bras au ciel: «Pas
de drame, voyons, pas de drame! Vous êtes libres de
commettre toutes les bêtises que vous voudrez, de
soulever tous les ouvriers de la province contre le
gouvernement. On s'en fout! Mais laissez-moi vous
donner un petit conseil, un seul: si vous tenez
tellement à faire de la politique, pourquoi pas vous
faire élire?»

Aucun d'entre nous, cette nuit-là, n'avait le goût
d'engager la discussion. Nous avions d'autres soucis!
Mais la phrase de Johnson devait souvent me revenir
en mémoire, au cours des années qui suivirent. Il
devint de plus en plus clair que la promotion ouvrière,
la lutte contre les outrances cléricales ou même la
simple revendication démocratique nous plaçaient en
travers de la route que l'Union nationale avait choisie.
On chercherait, par *tous* les moyens, à nous
discréditer, à nous isoler pour ensuite nous écarter
plus facilement. Nous aurions droit, comme les
députés d'opposition, à l'artillerie que Maurice

---

1. Firme minière, à direction américaine, qui exploitait les gisements
d'Asbestos.

Duplessis tenait braquée sur ses adversaires de la Chambre: calomnies, dénonciations, insinuations diverses, etc. Mais le *Chef* ferait aux oppositionnistes non élus l'hommage de certaines vengeances tout à fait privilégiées: procès de tendances, tracasseries judiciaires, mesures arbitraires de toutes sortes que la détention du pouvoir mettait à portée de sa main.

Ceux qui avaient cru à la possibilité d'une action syndicale libre, ou d'un journalisme sans entraves; ceux qui envisageaient des carrières universitaires normales, à l'écart du tohu-bohu politique; même les artistes, comme Paul-Émile Borduas, voués à l'enseignement le plus spécialisé, tous ceux-là, et bien d'autres encore, durent bientôt déchanter. Rien ne nous mettait à l'abri du harcèlement télécommandé de Québec. Il fallait, ou bien garder le silence et composer avec le régime, ou bien engager la lutte ouvertement. On aurait cherché en vain je ne sais quel espace neutre, quel *no man's land* où l'on pût à la fois exercer son métier en paix et exprimer tout haut, même timidement, des opinions différentes de celles du clergé ou de celles du régime.

Il y avait Radio-Canada.

Et sans doute l'existence de la Société explique-t-elle pour une large part l'entrée tardive de René Lévesque dans la lutte contre Duplessis. Car ce dernier n'avait aucune influence à l'intérieur de la Société, institution fédérale, et René, je l'ai déjà dit, s'intéressait presque exclusivement à la politique étrangère. Quand on retrace sa carrière à compter de 1950, on n'y trouve rien qui pût attirer sur lui, au cours des cinq premières années, l'ire de nos chefs temporels ou spirituels de l'époque.

Après ses reportages sur la guerre de Corée, Radio-Canada l'emploie à *couvrir* successivement une visite princière, puis le couronnement d'Elizabeth II, à Londres, les visites au Canada de Haïle Sélassié et de

Pierre Mendès France, les Jeux de l'Empire et du Commonwealth (à Vancouver), etc. Lévesque assure également, au Service des Affaires publiques qui commence à prendre forme, une collaboration quasi quotidienne: interviews et mini-reportages. Accessoirement, il participe à deux émissions radiophoniques très écoutées: la *Revue des Arts et des Lettres* où il tient la chronique du cinéma et *Lettre à une Canadienne* qui traite de sujets féminins.

Rien, dans tout cela, de bien compromettant. Mais la collision, pour Lévesque comme pour nous, était inévitable.

Elle survint en 1955, au retour d'un voyage en U.R.S.S. où René avait accompagné Lester B. Pearson, alors ministre des Affaires extérieures. Ce ne sont pas ses reportages qui attirèrent sur la tête du journaliste les foudres de l'*establishment* québécois. S'il s'était borné à rendre compte des conversations Pearson-Khrouchtchev, personne n'aurait bougé. Seulement, il fallait compter avec l'humeur de l'époque, c'est-à-dire avec la guerre froide qui battait son plein.

Quand il revint au Canada, tout le monde voulut savoir ce que le reporter étoile avait observé derrière le rideau de fer. Et comme Lévesque n'avait pas visité les camps de concentration du *goulag*, ni les prisons, ni les chantiers de Sibérie, il se contenta de rapporter ce qu'il avait vu. Or, cela ne cadrait pas du tout avec le type d'enfer russe et d'horreur soviétique dont la doctrine officielle nourrissait les imaginations en Amérique du Nord, encore moins avec l'anticommunisme primaire de l'Union nationale.

Les réponses de René, quelques causeries à des *clubs sociaux* et autres auditoires bien-pensants suffirent à déclencher l'indignation. Ce fut un beau tapage. En quelques semaines, il fut refoulé vers nous, c'est-à-dire le clan des *gauchistes*. Quelques mois plus tard, un bulletin paroissial de Montréal recommandait aux fidèles de prier pour «la conversion (*sic*) de Gérard Pelletier, René Lévesque et Jacques Hébert».

À compter de ce jour, les journalistes respectables ne firent plus jamais son éloge sans déclarer au départ: «Je ne partage pas les opinions de M. Lévesque...»

Il ne fut pas le seul du reste à expérimenter pareille déconvenue. À quelques mois de cet épisode, Gérard Filion, directeur du *Devoir,* rentrait lui aussi d'un voyage en région interdite: il revenait de Chine. Et lui non plus ne consentait pas à tailler ses récits selon les patrons officiels. Il s'acharnait à dire exactement ce qu'il avait vu et entendu, rien de moins ni rien de plus.

Il raconta, par exemple, qu'à Pékin, un dimanche, il avait assisté à une messe catholique célébrée selon une liturgie, en apparence du moins, parfaitement orthodoxe. Il s'était même entretenu ensuite avec le célébrant, un prêtre chinois dont les propos reflétaient une fidélité exemplaire à la doctrine de l'Église.

Sa causerie souleva un tollé général. À peine en avait-il prononcé le dernier mot qu'il se vit entouré de clercs inquisiteurs, et accablé d'objections:

«Comment pouvez-vous dire qu'il ne s'agissait pas d'un faux prêtre ou d'un prêtre félon?

— Vrai ou faux, répondit tranquillement Filion, il a célébré devant moi une vraie messe.

— Vous dites qu'elle était vraie? Qu'est-ce que vous en savez?

— Eh... mais vous m'avez appris le latin au collège, non? Et j'assiste à la messe depuis trente ans...

— C'était peut-être une comédie à l'intention des étrangers.

— J'ai vu des Chinois, parmi les fidèles.

— Mais une figuration mensongère, ça s'organise, en pays communiste.»

De guerre lasse, après une heure d'interrogatoire, Filion eut recours à la malice paysanne qui le caractérise:

«Écoutez: vous voulez une preuve irréfutable d'orthodoxie? Vous en voulez une? (Puis, après une pause, ménageant son effet:) *Ils ont fait la quête,* bon Dieu! Qu'est-ce qu'il vous faut de plus? *Ils ont fait la quête,* je vous dis!»

Filion le nationaliste, issu de la très catholique U.C.C. (Union catholique des cultivateurs) pouvait se permettre de telles saillies. Lévesque l'irrégulier, le sans diplômes, le mal enraciné dans la réalité québécoise (n'avait-il pas fait la guerre avec les Américains?), le journaliste à l'emploi d'une institution fédérale et qui appartenait au milieu déjà suspect de la radio d'État, était plus vulnérable.

J'eus l'impression que cette rebuffade l'avait surpris. Ne disposant pas comme Filion d'un journal quotidien où expliquer son point de vue, il se retira sous sa tente.

Mais cette tente était un chapiteau de cirque!

En effet, quelques mois plus tard, il devenait avec *Point de mire* une vedette de la télévision et exerça désormais une influence majeure sur l'opinion publique au Québec. Cette influence toutefois portait presque exclusivement sur des questions de compétence fédérale, d'intérêt canadien. L'opposition locale au régime ne le laissait sans doute pas indifférent, mais il n'y était pas mêlé. Lévesque, pendant la décennie 50, fut marié à son métier, comme il l'a dit lui-même, davantage qu'à un combat. Et Gérard Bergeron devait noter avec justesse, plusieurs années plus tard: «Durant sa carrière de journaliste, il (René Lévesque) aura réprimé au maximum, jusqu'à la grève de Radio-Canada en 1959, sa faculté d'impatience et d'indignation[1]».

_____

1. *Ne bougez plus,* Éditions du Jour, Montréal, 1968, p. 148.

Il faisait métier de reporter, non pas d'éditorialiste. Pour lui, les mots honnêteté, compétence, fidélité au réel gardaient un sens très précis. Il avait une conscience aiguë du fait que Radio-Canada était un service public, propriété commune de tous les citoyens. Il ne tolérait pas qu'on mît cet instrument au service d'opinions privées. Il ne confondait pas reportage et prédication. Claude Sylvestre, son réalisateur de *Point de mire* (ou est-ce Judith Jasmin?) me raconta un jour que René venait de servir une sévère algarade à un apprenti reporter. Ce dernier s'étant mis à prêcher sans vergogne ses opinions très personnelles, au cours de je ne sais plus quelle émission d'information:

«Holà! lui cria René. Sais-tu à qui appartient le micro dans lequel tu parles? Pas à toi ni à moi: à tout le monde. Et tout le monde n'est pas intéressé à ce que tu penses: tout le monde veut savoir ce qui s'est passé, ce que tu as vu!»

Dans le même esprit, Lévesque se sentait lié à la Société. Tout pigiste qu'il fût (ayant abandonné la condition de salarié au moment où il lançait *Point de mire*), sa conscience professionnelle d'informateur lui interdisait de participer par ailleurs, même à titre privé, aux rudes batailles de l'époque. Il lui semblait que sa *crédibilité* de journaliste (on ne connaissait pas encore cet anglicisme, on employait le mot *objectivité*) en eût souffert. Même au début de la grève des réalisateurs, René hésiterait un bon moment avant de plonger dans l'action. Il faudrait le tirer un peu par la manche... Mais j'anticipe.

Pour le moment, retenons qu'entre 1950 et 1959 il fut absent de la mêlée, de la nôtre en tout cas. Nous nous retrouverons au coude à coude en janvier 59; d'ici là nous le rencontrerons souvent dans les studios de Radio-Canada et dans des réunions d'amis, mais jamais parmi les piquets de grève ni dans les assemblées publiques.

Jean Marchand, au contraire, passera chaque jour de ces dix années sur la ligne de feu, sans un moment de répit. À trente-deux ans, il était déjà un militant chevronné, expérimenté. Il commandait, au sein du mouvement ouvrier, un immense respect, aussi bien parmi ses camarades dirigeants qu'auprès des militants de la base.

Ayant quitté le *Devoir,* au printemps de 1950, pour devenir permanent syndical de la C.T.C.C. (devenue plus tard la C.S.N.), je fus en mesure d'observer Marchand de très près.

Au sortir du conflit de l'amiante, nous avions tous appris, à dure école, ce que nous réservait la décennie à venir. Mais Jean le comprenait plus clairement que personne. Ce diable d'homme m'a toujours étonné par sa perception aiguë des réalités sociales et politiques. Il ne fut jamais un théoricien, ni un idéologue, encore moins un songe-creux. Il ne décolle jamais de la réalité. Quand il dit d'un homme: «Il n'a pas les pieds sur terre», c'est le jugement le plus dur qu'il puisse prononcer.

Lui ayant un jour demandé ce qu'il avait appris à l'Université (je n'avais fait pour ma part, tout en gagnant mon pain, que de pâles études de Lettres, tandis que Marchand était diplômé de la prestigieuse École des Sciences sociales de Laval) je reçus la plus laconique des réponses:

«Rien!»

Bien entendu, il devait nuancer par la suite cette négation. Mais le fatras intellectuel des salles de cours et les spéculations de haute volée avaient laissé peu de traces dans son esprit. Ce qu'il retenait de ses années à l'École (on disait alors: l'École du père Lévesque) c'est une certaine problématique du changement, une certaine façon d'appréhender la réalité sociale dans sa complexité. Tout le reste (on bavardait beaucoup, à l'époque, sur la *doctrine sociale de l'Église*), il s'était hâté de l'oublier. Il savait encore parler ce langage, quand les circonstances le lui imposaient. Mais ce n'était pas *son* langage.

Le sien, il l'avait forgé au contact des ouvriers, au plus profond de la base. C'était une langue riche mais simple, directe et remarquablement concrète.

Marchand est l'un des hommes que j'ai écoutés le plus longuement et avec l'attention la plus passionnée. Je ne parle pas seulement de ses harangues syndicales dont j'ai entendu quelques centaines et qui ont nourri, pendant vingt-trois ans, la vie et la pensée du mouvement ouvrier québécois. Je pense surtout aux interminables conversations nocturnes, sur la route, du temps où les hasards de l'action faisaient de nous des nomades. Jean avait pour système de travailler le jour, au bureau ou en comités restreints, d'adresser la parole, le soir, à des assemblées de masse, et de se déplacer la nuit d'une ville à l'autre. Je me souviens de périples qui nous conduisaient, en quelques jours, de Montréal à Louiseville, puis à Québec et à Arvida, pour nous retrouver en bout de semaine à Asbestos ou à Hull, après un arrêt à Sorel. Marchand ne prenait pas des bains de foule; il vivait dans la foule.

C'était exaltant, épuisant.

Mais en fin de journée, c'est-à-dire vers onze heures ou minuit, il avait l'esprit aussi clair, aussi actif qu'aux aurores. Et tandis que la voiture avalait la nuit par centaines de kilomètres, je faisais parler mon compagnon.

Il réfléchissait à haute voix, me faisait part de ses observations de la journée, de ses projets et de ses craintes, me parlait des militants que nous allions rencontrer à la prochaine étape et que je ne connaissais pas encore.

Puis, sans transition, il se mettait à chanter. Défilaient alors les chansons de Ferré et de Piaf dont Jean connaissait par cœur couplets et refrains. Il préférait en général les plus nostalgiques et les plus populaires, celles qui parlaient des amours tristes, qui célébraient l'espérance et la révolte ouvrières ou raillaient la société. (Nous commencions alors à fredonner aussi les premiers succès canadiens: Félix, Petel, Raymond Lévesque. La voix de Monique Leyrac évoquant les *Lumières de ma ville,* reste associée dans ma mémoire à la grève de l'amiante, au petit café d'Asbestos où nous avalions à la hâte un sandwich, en écoutant un disque du *juke box,* avant de nous mettre en route.

Mais les grands *classiques* de Marchand, c'étaient l'*Accordéoniste, Que sont mes amis devenus, Padam, Le vaisseau espagnol,* et combien d'autres encore dont la poésie le ravissait.

Quand il cessait de chanter, nous roulions quelques minutes en silence. Après quoi je reprenais mon interrogatoire. De quoi est fait un «leader social naturel», étiquette que Gérard Bergeron, après tant d'autres, collait au dos de Marchand dans son portrait de 1968[1]? C'est cela que je tentais de cerner.

Je découvrais, bien sûr, une intelligence exceptionnelle mais qui aurait pu tout aussi bien aiguiller Jean vers la carrière scientifique dont il avait rêvé. Sauf qu'à cette époque, où rien n'était gratuit, il eût fallu, pour suivre cette voie, des moyens pécuniaires dont Jean ne disposait pas. Son père avait eu la mauvaise idée de mourir très jeune, laissant à sa femme toute une famille de gamins remuants, et fort peu d'argent pour les nourrir.

Je découvrais encore un goût passionné de l'action, un acharnement au travail vraiment peu communs. On ne pouvait s'empêcher, en voyant fonctionner cet homme, de se demander quelle angoisse il cherchait à conjurer en se jetant ainsi dans un mouvement perpétuel qui ne lui laissait ni loisirs ni vacances. À cette époque, Marchand avait un domicile légal, dans la ville de Québec. Mais il y passait, par mois, un

---

1. *Op. cit.,* p. 76.

maximum de trois ou quatre jours. Son adresse réelle, c'était la route et quelques douzaines de chambres d'hôtels, dans presque toutes les villes de la province. Tous les dirigeants syndicaux que j'ai connus, à deux ou trois exceptions près, travaillaient très dur. En dépit des légendes fort répandues sur les chefs ouvriers qui se la coulent douce aux dépens des travailleurs, l'action syndicale est sûrement l'un des métiers les plus exigeants qui soient. À voir Marchand plongé dans l'action, on eût pu croire que le sort de la classe ouvrière dépendait tout entier de ce qui allait s'accomplir ce jour-là même.

What makes Sammy run? C'est le titre d'un roman américain, *best-seller* des années 40. Je me posais la même question au sujet de Jean.

Sûrement pas l'argent, dont il gagnait fort peu et qui lui brûlait les doigts. L'ambition? Au sens noble, sûrement. Il était conscient de sa valeur et n'entendait pas rester inaperçu. Il fallait faire quelque chose de sa vie, et quelque chose d'utile, de sérieux, de conséquent.

Mais la passion profonde de Jean Marchand aura été la justice. Je sais bien ce qu'une telle affirmation peut avoir de banal. Personne n'aime l'injustice. Mais quand je parle ici d'une passion, c'est en pesant mes mots. Je ne connais pas à Jean de trait plus constant, de motivation plus profonde que l'amour de la justice et l'horreur de son contraire. Rien ne le choque plus violemment que l'écrasement des faibles, l'abus du pouvoir et surtout l'injustice massive et tranquille des privilégiés. Je sentais cette passion si forte en lui, si déterminante, parfois même si exaspérée que je m'étonnais de ne pas entendre Marchand prêcher la révolution. Qu'est-ce donc qui l'empêchait de franchir ce pas?

D'abord, une répulsion naturelle pour la violence. Combatif, fougueux, bouillant jusqu'à la pétulance et d'un courage physique hors du commun, l'usage de la force lui répugnait. À cause sans doute de ses convictions démocratiques mais aussi parce qu'il savait que la violence est aveugle. Il disait:

«Ceux qui parlent de révolution au Québec m'ont toujours fait suer. Ou bien ils en parlent pour se rendre intéressants ou bien, quand ils sont sincères, ils n'ont pas réfléchi, ils ne savent pas.

— J'en connais qui croient savoir. Daniel Johnson, par exemple, dont je me rappelle une boutade qui remonte à la crise de la conscription: «Les Québécois, faire une révolution? Voyons donc! Ils sont incapables de passer deux nuits blanches de suite!»

— Johnson ne connaît pas le milieu ouvrier. Moi, je le connais. Je t'assure qu'il ne faudrait pas pousser trop fort... Mais ce serait absurde. Quand on peut faire l'économie de la violence, il est criminel d'y recourir. Et nous pouvons l'éviter. Oh! ça ne manque pas d'attraits, la violence. Moi j'aime bien me battre. Mais au bout du compte, ceux qui paieraient la note, ce sont encore les travailleurs. On n'a pas le droit de tenir des discours révolutionnaires si on n'est pas prêt à se rendre jusqu'au bout.»

Marchand a toujours vu la transformation de la société comme une série d'*étapes* à franchir. Ce mot-là revenait sans cesse dans ses discours. C'est un mot qui lui plaisait, sans doute parce qu'il combine la notion de mouvement avec celle d'un objectif précis, et qu'il ne ferme pas l'avenir.

«Nous venons de franchir une étape importante. La prochaine, voici comment je la vois...»

Il la voyait, en général, clairement. Cocteau disait des poètes: «Ce sont des hommes qui trouvent d'abord et qui cherchent ensuite.» Marchand serait, à ce compte, un poète de l'action. Il *devine* ce qu'il faut faire; une espèce d'instinct l'en avertit. Un instinct qui le trompe rarement. Mais, une fois qu'il a trouvé, il doit chercher, c'est-à-dire mettre graduellement au point son argumentation, découvrir les *raisons* de ses intuitions. Curieuse alchimie! Chez tous les hommes d'action que j'ai connus, cet instinct-là existe. Il leur est même indispensable quand la pression des événements coupe court à toute analyse et exige une décision quasi instantanée.

Chez Jean, ce don s'accompagne d'une rare aptitude à percevoir, à *sentir* la réalité ambiante, et d'une forme de réalisme un peu cynique qui m'a longtemps étonné. Pour lui, toute morale est fondée sur la justice. Ce qu'on pourrait appeler les bienséances morales ne l'a jamais dérangé. L'infidélité conjugale, par exemple, ne faisait problème à ses yeux qu'à titre d'iniquité à l'égard de l'épouse ou des enfants. Il n'a jamais cru qu'il faille fermer les yeux sur les faiblesses de ses amis, encore moins sur celles de ses adversaires, ni sur leurs défauts.

Si je lui reprochais de n'épargner personne et de prononcer les jugements les plus froids sur ses plus proches associés:

«Ça ne m'empêche pas de les aimer, me répondait-il. Mais dans l'action, on ne peut pas se permettre de ne pas voir. Regarder les hommes à travers des lunettes roses peut coûter très cher.

— Mais l'indulgence...

— Ne pas voir, ce n'est pas de l'indulgence; c'est de l'aveuglement.»

Est-ce que la lucidité, chez un homme d'action, conduit toujours au cynisme? Par ailleurs, la froideur du jugement n'a jamais empêché Marchand de communiquer à son entourage une intense chaleur humaine.

Ce n'est pas, du reste, le seul paradoxe de sa personnalité. Car ce militant, cet animateur, ce brasseur de foules est aussi un pessimiste. J'entends par là qu'il retient toujours, au départ d'une action donnée, l'hypothèse la moins favorable sur le résultat éventuel de ses efforts. Combien de fois, avant le déclenchement d'une grève, l'ai-je entendu décrire aux travailleurs assemblés l'épreuve qui les attendait. Au risque de les décourager, il refusait de leur laisser la moindre illusion.

De même, à l'orée des années 50, Marchand savait parfaitement ce qui nous attendait tous à cause des choix que nous avions faits. Il avait pleinement conscience que le mouvement ouvrier ne pouvait conquérir sa liberté d'action (et la classe ouvrière ses droits les plus fondamentaux) qu'au prix d'une lutte ardue et très longue. Je doute fort que l'École des Sciences sociales lui ait donné toute faite cette conviction. C'est au terme d'une analyse personnelle qu'il l'avait acquise. Entre Sherbrooke et Québec, une nuit de grève, il m'en fit part, au printemps de 1949, avec une lucidité exemplaire:

«Vois-tu, Pelletier, jamais le régime actuel ne pourra reconnaître la légitimité de l'action syndicale. Pour Duplessis, nous serons toujours les ennemis. Pas les adversaires: les *ennemis*. L'adversaire, pour eux, c'est l'opposition libérale au Parlement. Elle veut arriver au pouvoir, changer le gouvernement, ce qui fait partie du jeu. Mais nous, et Duplessis le sait bien, ou du moins il le sent, c'est la société qu'on veut transformer. Ça, il ira jusqu'à la répression policière pour l'empêcher. Ce qu'on vient de vivre à Asbestos n'était qu'un début. Ça va continuer. Et puis, le régime ne manquera pas d'alliés, je te le jure.

— Tu penses aux patrons?

— Je pense à *tous* les notables. On vit sous le règne des notables. C'est sur eux tous que le régime est fondé, sur leurs intérêts, leurs préjugés, leur conservatisme aveugle. Et Dieu sait l'habileté que déploie le régime à flatter ces préjugés, à veiller sur ces intérêts.

« — Mais alors, Jean, c'est au niveau politique qu'il faudrait agir. On ne changera pas la société par des grèves!

— Non? Peut-être pas. Ça reste à voir. Ce que je sais, c'est la force actuelle du syndicalisme et la faiblesse de l'opposition parlementaire. Pour le moment, la force syndicale reste la seule que le régime ne puisse contrôler ni annexer. Il en a récupéré une partie mais le gros du mouvement ouvrier résiste. Il ne faut pas lâcher la proie pour l'ombre. C'est le syndicalisme qui rendra possible, éventuellement, une opposition parlementaire sérieuse. Mais les temps ne sont pas mûrs. Et puis, tu lâcherais des gars comme Rodolphe Hamel, Larivée, Daniel Lessard, pour te mettre au service d'un parti?»

Marchand connaissait d'avance ma réponse. En évoquant ces mineurs dont nous venions de partager la lutte, il personnalisait un débat que j'avais tendance à poursuivre dans l'abstrait. Il me mettait en présence d'une tâche syndicale immédiate, face à des besoins immenses et urgents, à des personnes en chair et en os, opprimées par la collusion permanente des employeurs, des notables et des gouvernants. Dans et par le syndicalisme, nous pouvions sans délai amorcer le changement, si modeste que pût nous paraître le résultat de notre action.

L'analyse de Marchand me paraissait singulièrement convaincante.

Que le régime Duplessis fût celui des notables, je venais d'en recevoir la preuve irréfutable. Tous les *professionnels* d'Asbestos: médecins, avocats, notaires, dentistes, s'étaient rangés d'instinct du côté des employeurs et du régime, dès les premiers jours du conflit.

«Tu comprends, me disait un médecin, je traite les dirigeants de la Compagnie...»

Il fallut plusieurs mois de grève et la chute verticale de leurs revenus pour les rendre conscients du fait que les mineurs — et non les seuls «dirigeants de la Compagnie» — assuraient leur train de vie.

Quelques années plus tard, en 1956, un ministre du régime, pilier de l'Union nationale, avouait à un ami, à la veille des élections:

«Cette fois-ci, ça va être plus difficile. *Nous ne pouvons pas nous payer le luxe de perdre l'appui d'un seul marguillier.*»

Avec les marguilliers, les notables de province, les évêques, les grands employeurs et les manipulateurs les plus divers, c'est tout un appareil clérico-nationaliste qui organisait sa défense et la perpétuation de son pouvoir. L'Union nationale n'avait pas d'autre philosophie que ce conservatisme efficace mêlé de nationalisme impuissant. Contester l'Union nationale en profondeur, Marchand le voyait bien, c'était contester l'idéologie dominante et la société québécoise elle-même. Quel parti politique eût suffi à pareille tâche? Lequel, à cette époque, était prêt à l'entreprendre?

En janvier 1978, le *Léon Blum* de Jean Lacouture m'apprenait que les animateurs du Front populaire français savaient distinguer, en 1936, entre la conquête du *gouvernement* et la conquête du *pouvoir,* entre projet politique et projet de société.

C'est cela sans doute que pressentait Marchand, même s'il n'avait pas encore les mots pour le dire. Et la suite des événements lui donna raison, au-delà même de ce qu'il avait deviné.

Sur la réalité de l'opposition extra-parlementaire, Trudeau devait écrire, dix ans plus tard, parlant des années 50:

«Quand le Parti libéral provincial n'était rien («Nous n'étions que huit...» — «Mais quelles huîtres!») et qu'il était annihilé sous la tutelle toute-puissante des gouvernements King et Saint-Laurent; quand c'était l'époque des pactes de non-agression avec le duplessisme, tant à Ottawa qu'à l'administration de Montréal; quand Saint-Laurent donnait sa bénédiction à la politique duplessiste en Ungava; quand le parti en bloc se prononçait contre l'impôt provincial sur le revenu; quand M. Lesage était un ministre fédéral centralisateur; quand M. Lapalme, imposé par Ottawa pour sortir Godbout, luttait encore désespérément pour se libérer de la clique réactionnaire; quand le progressisme d'un Jean-Louis Gagnon était considéré comme gênant; quand un Hector Langevin était mal vu par le parti de prêter son nom à la campagne de souscription du *Devoir;* quand la Fédération libérale était encore dans son enfance toussoteuse; quand le journal le *Canada* disparaissait, faute de lecteurs, faute de souscripteurs et faute d'idéologie; quand en somme — et il n'y a pas plusieurs années de cela — le Parti libéral provincial n'était encore qu'un lourd corps sans âme et qu'Isocrate parlait de son «Congrès de la dernière chance», il y avait quand même dans la Province une opposition au duplessisme. Mais ce n'était pas au Parlement ni au sein du Parti libéral qu'elle explosait avec véhémence, courage et entêtement[1].»

Elle explosa d'abord au sein du mouvement ouvrier. De cette explosion, Jean Marchand fut sans doute le principal responsable, le plus actif, le plus visible et le plus clairvoyant. Je veux dire qu'il perdit le premier toute illusion sur la possibilité d'une coexistence pacifique entre le régime et les syndicats. Il ne cherchait pas à engager le combat politique mais il le savait inévitable. Il avait compris que toute politique est le fruit d'un rapport de forces. Et comme il connaissait à fond la société québécoise, le jeu des

---

1. *Cité libre,* n° 29, août-septembre 1960.

forces en 1950 lui apparaissait clairement orienté vers une lutte à finir entre une classe ouvrière qui cherchait sa place au soleil et un pouvoir voué par sa nature même à empêcher cette émergence d'une volonté populaire qui venait bouleverser l'ordre traditionnel.

Marchand était l'interprète de cette force nouvelle. Il en fut aussi l'accoucheur. Il suffisait pour s'en convaincre de le voir à l'action, face à un auditoire de mineurs, de métallurgistes ou de tisserands. Ses discours n'étaient pas des morceaux de rhétorique mais la réflexion brute d'un homme qui pense tout haut.

Je revois les salles toujours enfumées, toujours surchauffées, bourrées de travailleurs dont la moitié devaient rester debout, faute de sièges. Je revois les chemises à carreaux, les blousons de cuir, les visages pâles ou rougeauds, salis de barbe ou rasés de frais selon l'équipe convoquée: celle qui sortait de l'usine ou celle qui devait y entrer après la réunion. J'entends les interpellations bourrues:

«De quoi tu vas nous parler, Jean?

— Pas trop long, le discours, la journée a été dure!

— As-tu des bonnes nouvelles, à soir?»

Je revois l'inévitable *fidèle* (il y en avait un au moins par usine) s'approcher de Marchand pour lui serrer la main, lui taper sur l'épaule, lui dire:

«Tu te rappelles, Jean, l'assemblée de grève à Thetford? Ou à Sorel, Sherbrooke, Chicoutimi...»

(Je fus bien étonné d'entendre sur scène, dans *Charbonneau et le Chef*[1], des ouvriers de théâtre parler de *Monsieur* Marchand. Jamais, dans la vie réelle, les travailleurs ne lui donnaient du Monsieur. Ils l'ont toujours traité comme un des leurs.)

---

1. Pièce de John Thomas McDonough jouée au Théâtre Port-Royal par la Compagnie Jean Duceppe de 1973 à 1975.

Je me souviens surtout du silence religieux qui s'établissait quand Marchand s'approchait du micro. Je revois sa silhouette costaude, sa chevelure toujours en bataille; j'entends sa voix au timbre clair, un peu cuivré, qui rejoignait jusqu'au fond de la plus vaste salle la toute dernière oreille; je guette sur des centaines de visages tendus, curieux, l'effet des paroles prononcées.

Le propos de Jean partait toujours des faits: contrat de travail à conclure, arbitrage, incident survenu dans telle usine, mais toujours il les dépassait, les replaçait dans le contexte plus large de la vie sociale, économique et politique. Marchand expliquait, démontait les jeux de forces, ces parties d'échecs dont les travailleurs étaient les pions. Il le faisait en termes simples, sans jamais un mot qui ne fît partie du vocabulaire le plus courant, et pourtant rendait compte des problèmes les plus complexes, avec une fougue, une passion qui se communiquaient à son auditoire. Car les discours de Jean n'étaient pas des cours universitaires. Ils élargissaient l'horizon, mais surtout ils remuaient, ils entraînaient à l'action, au combat, ils forgeaient les armes de tous ces travailleurs engagés de gré ou de force dans une lutte à laquelle rien ne les avait préparés, hors la misère et l'humiliation.

Quinze ans plus tard, je verrais à la Chambre des Communes les mines effarouchées des députés anglophones soumis au traitement de choc que constitue un discours de Jean. Surpris, remués, ils ne manquaient pas d'être choqués par l'*indécence* d'une parole qui ne cadrait guère avec les usages un peu gourmés de cette institution très britannique... Ils reprochaient à Marchand (tout haut, du côté de l'opposition, tout bas sur certaines banquettes gouvernementales) ses interventions *emotional,* ce qui dans leur vocabulaire est une injure à peine voilée. Jusqu'au jour où un député néo-démocrate de

Toronto, Peter Harney, imposa la distinction entre
emotional et *impassioned*...

Mais ce langage allait droit au cœur et à l'esprit des
travailleurs. Du reste, le syndicalisme se révélait une
forme d'éducation civique remarquablement efficace.
Grâce à lui, les ouvriers québécois acquirent
rapidement une culture démocratique dont les autres
groupes restèrent longtemps privés. Nos écoles,
collèges et facultés s'inspiraient alors dans leur
fonctionnement d'un modèle autocratique de vie
commune. On y apprenait à obéir comme des soldats
ou comme des moines, non comme les membres d'une
société libre.

Dans le mouvement ouvrier, grâce au jeu des
assemblées délibérantes, des commissions, des
élections à tous les paliers, la vie ressemblait
davantage à cette liberté organisée qui constitue la
démocratie. On pouvait donc espérer que la
conscience politique s'y éveillerait plus tôt qu'ailleurs.

C'est un espoir que Pierre Trudeau, à l'instar de ses
nombreux amis syndicalistes, partageait entièrement.

Était-il déjà, au début des années 50, engagé dans
l'action? Intellectuellement, il l'a toujours été. C'est
l'engagement concret, le point d'intersection entre ses
idées et la réalité sociale qu'il mettra encore quelques
années à découvrir. Dès 1950, il devait tâter de la
Fonction publique fédérale, au Conseil privé
d'Ottawa. Je doute fort qu'il ait jamais songé
sérieusement à faire carrière comme serviteur de
l'État. Bien entendu, il se plongea dans le travail
jusqu'au cou, puisqu'il n'a jamais rien fait à moitié.

À n'importe quelle heure du jour, parfois même de la
nuit, on le trouvait sous les combles de l'édifice de
l'Est, dans le bureau poussiéreux qu'il partageait avec
un jeune collègue. Entouré de dossiers, il couvrait
page après page de son écriture de fourmi. Pour quel
lecteur éventuel? Je n'en savais trop rien et ne m'en

souciais guère. Au vrai, je ne comprenais pas grand-chose au rôle qu'il jouait là. J'étais trop ignorant des mécanismes gouvernementaux pour saisir l'importance de son travail. Lui-même d'ailleurs n'en parlait guère, lié par le secret professionnel. D'une longue conversation que nous eûmes à l'époque, un jour d'été, en pique-niquant sur les pelouses bien léchées de la colline parlementaire, je retiens surtout qu'il n'était pas à l'aise au service d'une politique dont il n'approuvait pas la timidité.

Je me souviens aussi que cet emploi de conseiller l'isolait trop, à son gré, de l'action concrète à laquelle il aspirait. Ou bien, serais-je en train d'interpréter ses propos dans le sens de mes préjugés? Trudeau fonctionnaire, cette équation me paraissait fausse. Et fonctionnaire à Ottawa constituait à mes yeux une circonstance aggravante. Il y avait tant à faire au Québec et nous étions si peu nombreux pour mener le combat, je me résignais mal à admettre que Pierre dût s'en absenter. Je mettais toute mon ardeur à le persuader que sa place était à Montréal, au service du mouvement ouvrier. Je lui parlais aussi de l'entreprise qui prenait corps dans notre groupuscule, qui n'avait pas encore de nom mais qui allait devenir la revue *Cité libre*. À ce dernier projet, Trudeau mordit aussitôt. Dès le printemps de 1950, chaque week-end le retrouverait parmi nous, à Montréal, pour les réunions préparatoires dont je parlerai plus loin.

Mais j'ignore toujours ce qui le décida, un an plus tard, à quitter le Conseil privé. Ce n'est pas l'attrait d'un emploi précis dans la métropole puisqu'il n'en tiendra aucun dans les dix années qui suivirent. Il fera beaucoup de choses et de très importantes mais toujours comme pigiste, à la carte, et selon l'inspiration ou les besoins du moment. Il fut longtemps question, par exemple, que Trudeau se joigne à nous comme conseiller technique de la C.T.C.C. Marchand lui avait fait des ouvertures en ce sens mais le projet n'aboutit jamais. Pierre devait, au cours de la décennie, plaider plusieurs dossiers pour le mouvement syndical mais à contrat, sans jamais devenir l'employé d'aucune centrale ni l'associé d'aucune firme spécialisée dans le droit du travail.

Tout au cours de ces dix ans, Trudeau aurait pu se définir comme un marginal engagé.

Ses options de base ne faisaient de doute pour personne. On savait très bien à quelle enseigne il logeait. Mais son indépendance de fortune le dispensait de se lier à un emploi précis. Il gardait sa liberté entière et si jalousement que d'aucuns le prenaient pour un mondain, un *playboy* qui n'accomplirait jamais rien de sérieux. Un de ses plus anciens camarades de collège exprima un jour ce sentiment par une question humoristique: «Qu'est-ce que tu vas faire, Trudeau, quand tu seras grand?» Je ne suis pas certain que Pierre (il passait déjà la trentaine) ait goûté cette plaisanterie. Car, en dépit de son loisir apparent, il était de toutes les luttes et de toutes les corvées. Il ne restait pas sous sa tente quand une cause le sollicitait. Mais entre deux batailles, il s'échappait sans prévenir vers l'Europe, l'Asie ou l'Afrique pour un temps indéterminé. C'est un luxe qu'aucun de nous, bien sûr, ne pouvait s'offrir. Jean-Paul Desbiens écrira un jour: «On croit Trudeau paresseux parce qu'il ne prend pas ses vacances en même temps que tout le monde!»

Cette disponibilité ne servait pas seulement les caprices du globe-trotter. Elle permettait également à Trudeau de s'engager dans n'importe quelle affaire qu'il jugeait importante, sans autre préavis qu'un simple coup de fil. Mais il refusait systématiquement de se laisser embarquer s'il subodorait qu'on le prenait pour un homme inoccupé.

En me remémorant ses actions de l'époque, je retrouve les trois axes principaux de ses interventions dans les affaires publiques du Québec. Le premier regroupe les tâches nombreuses, mais toujours ponctuelles, qu'il accomplit au service du mouvement ouvrier ou des droits de la personne. Qu'il s'agît de représenter telle centrale dans un arbitrage important, de rédiger pour telle autre un mémoire sur la péréquation des ressources fiscales entre les provinces du Canada, ou de manifester en Gaspésie, à Murdochville, avec les piquets de grève des métallos, Pierre était au poste, le temps qu'il fallait.

De même, sa réponse était spontanée quand une occasion se présentait à lui d'agir dans le domaine juridique. Il ne songea jamais, je pense, à la pratique conventionnelle du droit. Mais il avait gardé de ses études un sens aigu des prérogatives du citoyen en démocratie. Rien ne le faisait bondir comme un abus de pouvoir, particulièrement dans l'administration de la justice. Il se paya souvent le luxe de plaider des causes qui ne le concernaient en rien mais qui soulevaient des questions importantes de droits civiques et de libertés personnelles. Il obéissait en cela à une logique solide dont il se sentait prisonnier. Lui aussi, comme Jean Marchand, était doué d'une pugnacité peu commune qu'il contenait difficilement. Ce n'est certes pas l'apathie qui lui faisait refuser la violence mais la conviction que celle-ci est injustifiable, comme moyen d'action, dans une société libre. Il se l'interdisait donc absolument mais non sans peine. Aussi le respect des recours démocratiques et des droits de la personne prenait-il à ses yeux une importance fondamentale. Si l'on ne voulait pas que les citoyens prennent les armes, il fallait respecter scrupuleusement leur droit d'agir, de protester et de réclamer légalement. Dans cette perspective, toute tentative pour réduire au silence une minorité ou pour faire rentrer dans le rang les non-conformistes pacifiques lui paraissait monstrueuse.

Le problème du terrorisme, de la violence organisée ne se posait pas encore chez nous, à cette époque. C'est seulement au début des années 60 que les premières bombes du F.L.Q. devaient exploser dans les poubelles, les boîtes aux lettres, puis au seuil des manèges militaires de la métropole. Mais ce problème se posait ailleurs dans le monde, notamment en Algérie, d'une façon qui ne pouvait pas nous laisser indifférents.

En dépit des distances, la lutte du F.L.N. algérien soulevait à Montréal des débats qui, même s'ils n'intéressaient pas les masses, n'en étaient pas moins passionnés. D'une part, les nationalistes québécois de l'époque n'éprouvaient aucune sympathie, en règle générale, pour des terroristes arabes en lutte contre la France officielle. Ils s'indignaient surtout non sans raison, de la terreur aveugle déchaînée contre la population civile d'Alger. Il n'était pas facile d'expliquer des massacres comme celui du Milk Bar: une bombe lancée de la rue, dans un restaurant familial, avait causé la mort de nombreux badauds, en train de siroter l'apéritif du soir, de leurs femmes et de tout jeunes enfants. L'attentat de la Corniche n'était pas moins barbare: une mitraillade dirigée contre les baigneurs d'une plage, par un après-midi de grand soleil, depuis une touffe d'arbres en surplomb de la mer. La seule défense des terroristes résidait dans le fait que ni les moyens paisibles ni ceux d'une action militaire réglée n'étaient à leur portée. Ils luttaient pour être libres, pour mettre fin à l'oppression coloniale qui leur interdisait justement toute démarche politique paisible. Leurs partis politiques avaient fait l'objet des condamnations les moins justifiées.

Leurs leaders nationaux *paisibles* étaient exilés ou emprisonnés. C'est cela que trop de nationalistes québécois ignoraient ou faisaient mine d'ignorer. Leur presse s'employait à condamner les violences atroces du F.L.N. et passait sous silence la misère non moins atroce des fellahin algériens. Elle condamnait le terrorisme et oubliait de condamner des massacres français comme celui de Sétif et la répression féroce de tous les mouvements pacifiques qui avaient tenté de mettre fin au régime colonial par la négociation.

En milieu syndicaliste, dans le Québec de l'époque, nous étions très sensibles aux mouvements de libération nationale qui sonnaient le glas du colonialisme. Que les colons algériens fussent français et appuyés par l'appareil militaire de la France, cela certes ne nous facilitait pas les choses. Mais dans le débat qui faisait rage à Paris, presque tous nos amis français, à commencer par ceux de la revue *Esprit* s'étaient rangés du côté du F.L.N. Nous devions nous livrer avec eux à une réflexion prolongée sur la légitimité du combat pour la décolonisation et sur le recours à la violence. Bientôt, nous prenions contact à New York avec Mohammed Yazid qui dirigeait le lobby du F.L.N. auprès de l'O.N.U. Après cinq années de guerre encore présentes à notre esprit, notre premier mouvement était de refuser tout recours aux armes, quelle que fût la cause à défendre. Je crois bien, par exemple, qu'André Laurendeau, sans en faire état dans ses articles, avait déjà embrassé le pacifisme absolu qu'il devait professer plus tard. Mais la guerre nous avait enseigné aussi le prix de la liberté, l'horreur de toute oppression et la nécessité de la lutte pour préserver la première et desserrer l'étau de la seconde. Nous avions conscience, en prenant fait et cause pour le F.L.N., d'admettre implicitement le recours à la violence. Dans certaines circonstances bien définies certes, et seulement sous l'excès de l'oppression. Mais nous y souscrivions quand même. Nous renoncions à la non-violence de Gandhi, par exemple, ce qui n'était pas un choix facile pour ceux de notre génération dont l'adolescence avait été touchée par la grâce du libérateur indien.

En traçant ces lignes, trente ans plus tard, je ne puis empêcher que me revienne à la mémoire un commentaire récent de Guy Cormier. Il nous comparait à l'arroseur arrosé parce que nous avions, de toutes nos forces et contre une opinion contraire à l'époque, souhaité la libération de l'Algérie... pour essuyer ensuite les assauts de l'indépendantisme québécois que nous refusions tout aussi résolument.

Arrosés? Certes oui, nous le fûmes, et sans mesure, d'abord par les prophètes, puis par les militants du *Québec libre*. Mais comment prétendre que les terroristes québécois aient jamais eu les mêmes raisons que les Algériens de recourir à la violence? Les deux situations n'avaient de rapport que dans l'imagination surchauffée des poseurs de bombes adolescents. Et si la première expliquait le recours au terrorisme (seule arme des Algériens) personne n'a jamais tenté de défendre nos militants exaltés. Le Parti québécois devait d'ailleurs établir la preuve qu'il était possible, au sein du fédéralisme canadien, de bâtir en moins de dix ans, sans violence aucune et par les seuls moyens démocratiques, une force électorale ouvertement fondée sur un projet de sécession, de porter ce parti au pouvoir et de tenir très légalement un référendum sur l'objectif souverainiste. Le F.L.N. algérien eût-il joui d'une liberté pareille, la guerre d'Algérie n'aurait pas eu lieu.

Du reste, notre «arrosage» relatif à la guerre d'Algérie n'était pas nationaliste d'inspiration. J'ai déjà dit comment les nationalistes québécois de l'époque, dans leur majorité et les nationalistes français plus encore, s'étaient spontanément portés à l'appui de la puissance coloniale française. Dans le débat que cette guerre provoqua chez nous, ce sont des droits humains fondamentaux que nous réclamions pour les Algériens, des droits que nous possédions, au Québec, depuis près d'un siècle. Et nous trouvions assez vains les efforts déployés par certains intellectuels montréalais pour établir que nous vivions une situation coloniale, au sein de la fédération canadienne. À grands coups de Jacques Berque et de Franz Fanon, ils échafaudaient des *analyses et des démonstrations* qui avaient peu de rapport avec la réalité, ni même avec les auteurs dont ils prétendaient s'inspirer[1].

* * *

Le deuxième axe, bien sûr, était politique et recoupait constamment le premier. Dès qu'il eut quitté le Conseil privé, Pierre Trudeau affirma sa présence dans le débat public québécois et ne s'en absenta plus jusqu'à son engagement dans la politique active, quinze ans plus tard.

Les joies de l'opposition, il les a goûtées peut-être plus profondément qu'aucun de nous.

À braver les puissants du jour, il prenait un plaisir non dissimulé. Il n'aimait guère, je l'ai déjà noté, paraître à la télévision. Doutait-il de ses moyens, face aux caméras? Ce n'est pas exclu. Trudeau n'a jamais eu de bagout et peut-être croyait-il, avant d'avoir fait lui-même la preuve du contraire, que la fameuse *présence* à la télé, dont on parle tant, était fonction de la loquacité. Mais il ne ratait jamais l'occasion de confondre un porte-parole du pouvoir sur une question qui lui tenait à coeur.

Je ne retrouve pas, dans mes trop nombreux papiers, un article que le chroniqueur André Roche consacra, à la fin des années 50, au débat télévisé qui opposa Trudeau à deux militants de l'Union nationale dont l'un devait porter plus tard la robe des magistrats.

---

1. «...*Les Damnés de la Terre* dont(...) nos contre-révolutionnaires disent que c'est leur livre de chevet. Ce qui me donne à penser qu'ils ne lisent pas au lit plus qu'ailleurs...» (Pierre Elliott Trudeau, *Les séparatistes: des contre-révolutionnaires, Cité libre*, n° 67, mai 1964, pp. 2-6.)

«Ils ne se méfiaient pas, écrivait en substance le journaliste. Mais quand Pierre Trudeau prit la parole, on vit s'accumuler sur leurs fronts de lourds nuages menaçants. Et la foudre leur tomba dessus vers la fin de l'émission.» Pierre maîtrisait déjà l'art du débat parlementaire, du piège logique tendu à l'adversaire, de l'argument inattendu qui s'abat sur lui au moment où il se croit sauf.

Davantage que les autres membres de notre équipe, soumis pour la plupart au devoir de réserve qui obligeait les permanents syndicaux, Trudeau devait se compromettre, de façon épisodique, dans l'action proprement électorale. À plusieurs reprises, il prit la parole à l'appui du N.P.D., lors d'élections fédérales et provinciales. Mais il ne consentit jamais à devenir membre du parti, malgré les instances répétées de Thérèse Casgrain qui en était le leader québécois au début des années 50. Non seulement voulait-elle l'enrôler dans sa formation, elle eût voulu qu'il la remplaçât elle-même à la tête du groupe.

Mais quel groupe! Il fallait la passion militante, l'indignation soutenue et la foi aveugle de Thérèse pour accepter un tel poste. Le parti n'avait au Québec qu'une existence larvée, voire théorique: pas l'ombre d'une base en milieu populaire ni aucun moyen d'action. Et pour couronner le tout (j'y reviendrai dans un autre chapitre) il tenait, sur certaines questions politiques vitales, des positions incompatibles avec certaines de nos convictions les plus profondes. Mais Thérèse Casgrain ne désespérait pas de persuader Trudeau. Elle convoquait notre petit groupe à des colloques intimes, dans son appartement de la Côte Saint-Luc. On y discutait ferme. Thérèse commençait par décrire la situation politique du jour qu'elle trouvait toujours «abominable» (c'était son épithète préférée) et finissait invariablement par supplier Pierre: «Prenez-le donc! Vous êtes le seul à pouvoir le faire. Prenez-le, Pierre!»

«Le», dans cette objurgation, désignait le parti lui-même dont elle rêvait que Trudeau fît son affaire, la soulageant du même coup d'une charge qui commençait à lui peser. Mais Pierre se contentait de sourire, mesurant la vanité d'une chefferie qu'on lui offrait ainsi toute cuite. Et c'est Michel Chartrand qui devait éventuellement «le» prendre, succédant ainsi à Thérèse comme leader du N.P.D.

Sur le troisième axe, enfin, gravitent les travaux d'écriture et de réflexion qui occupaient dans la vie de Pierre Trudeau une place privilégiée. Quand je lis aujourd'hui sous la signature de Pierre Bourgault: «Trudeau a son dictionnaire de citations à côté de lui et il n'a aucune culture»[1], je crois rêver. Un rêve triste, d'ailleurs, à cause de l'amitié que je porte à Bourgault dont la générosité naturelle me paraît, en l'occurrence, jugulée par la passion politique, ou par une conception fort étrange de la culture!

Inculte, Pierre Trudeau? Sa culture politique, à elle seule, ferait l'envie de Bourgault s'il en avait la moindre connaissance. Trudeau avait lu et approfondi Tocqueville, Gibbons, Marx, Acton, sans parler d'Aristote ou des penseurs contemporains, avant même que son détracteur n'eût soupçonné leur existence. Et ce qui frappe, justement, dans les nombreux essais qu'il a signés au cours des années, c'est sa profonde connaissance des auteurs dont il parle. Il n'utilise presque jamais les citations de tout le monde, c'est-à-dire du dictionnaire. À combien de lecteurs n'a-t-il pas révélé des ouvrages dont nos écoles de l'époque, même celles de haut savoir, n'avaient pas encore soufflé mot? (Mais Pierre Bourgault, quand il parle de Trudeau, est à peine cohérent. À trois lignes de distance l'une de l'autre on

---

1. Andrée LeBel, *Le plaisir de la liberté,* Éditions Nouvelle Optique, Montréal, 1983, p. 157.

découvre, dans la page déjà citée, les trois affirmations suivantes: «Je le méprise. (...) Quand Trudeau décide d'aller quelque part, il y va. (...) C'est ce qui fait qu'il gagne et moi je respecte les gagnants.» Étrange mépris, en vérité, qui à peine formulé s'épanouit aussitôt en respect!)

Je ne crois pas que Pierre Trudeau ait jamais écrit quoi que ce soit pour son plaisir. Même ses textes vengeurs (je pense par exemple à certaines polémiques avec ses anciens maîtres les Jésuites de *Relations*) lui coûtaient un travail ardu. Il savait manier les mots mais sans facilité. Ses proses les plus limpides (je ne pourrais en citer qui semblent couler de source) exigeaient de lui des efforts pénibles. À la moindre de ses chroniques hebdomadaires pour le journal *Vrai,* il consacrait des heures. Et souvent, j'en fus témoin, il se précipitait à l'imprimerie, au tout dernier moment, pour changer un mot ou une tournure de phrase dont il n'était pas satisfait. Jacques Hébert et moi, journalistes professionnels et polygraphes sur les bords, nous regardions en souriant...

Mais quand je relis aujourd'hui ces petits textes, je leur découvre avec surprise une qualité qui résiste au temps. C'est que Trudeau journaliste ne faisait pas de journalisme mais de la théorie et de l'analyse politiques auxquelles l'actualité servait de prétexte.

Quand il publia, en 1956, sa longue introduction à *la Grève de l'amiante*[1], cette vigoureuse mise en cause de notre pensée socio-économico-politique traditionnelle fit un beau tapage dans notre landerneau intellectuel! Comme toujours, ceux qui firent entendre les protestations les plus outragées n'avaient pas lu l'ouvrage. Ce qu'ils condamnaient, c'était l'entreprise elle-même, la démarche d'un homme qui osait s'en prendre aux idées reçues, dont certaines étaient tenues

---

1. *La Grève de l'amiante,* Éditions de Cité libre, Montréal, 1956.

pour sacrées. Il osait même remonter dans le temps et secouer sur leurs socles des monuments coulés depuis longtemps dans le bronze de notre histoire officielle. Il fallait donc flétrir le geste sacrilège sans même en examiner les motifs.

D'autres critiques avaient lu l'essai et n'en étaient que plus furieux parce qu'ils mesuraient la profondeur à laquelle Trudeau avait largué ses mines. Peu leur importait que cet iconoclaste attaquât leurs idoles dans un style et une démarche hautement civilisés. Parlant des maîtres de la pensée nationaliste, il écrivait: «Je crois donc nécessaire de déclarer que presque sans exception ces hommes méritent le respect. Ils n'ont manqué ni de droiture dans leurs intentions, ni de courage dans leurs entreprises, ni de fermeté dans leurs propos, ni même toujours d'invention dans leurs résolutions. Au sein d'une civilisation matérialiste et contre des politiciens souvent sans pudeur, l'école nationaliste fut à peu près seule à dresser une *pensée*[1].»

Mais de cette pensée, Trudeau dégageait «ces éléments surtout qui encombrent maintenant le présent et nuisent à une action droite et libre». Le réquisitoire était rigoureux mais serein. On s'étonne, en le relisant aujourd'hui, qu'il ait pu déchaîner tant de réactions outrées. Même le chanoine Groulx, qui n'avait guère jusque-là accordé d'importance à *Cité libre,* sortit de sa réserve pour nous servir à la radio une semonce indignée. Je me souviens de l'avoir écoutée, cette diatribe, au volant de ma voiture, un soir, en rentrant du travail. Je n'en ai jamais vu le texte mais l'impression qui m'en reste est celle d'un homme qui dissimulait mal son désarroi. Il était trop intelligent pour ne pas saisir que sa citadelle était sapée à la base même par un homme qui avait lu et analysé aussi bien

---

1. *Op. cit.,* p. 13.

Garneau, Étienne Parent, Edmond de Nevers au XIXe siècle, que Bouchette, Paquet, Montpetit et Minville au XXe, sans parler de l'œuvre torrentielle de Groulx lui-même. Ce qu'il prononça ce soir-là, c'est ce qu'il appellera dans ses *Mémoires:* «Mon jugement impitoyable d'une certaine jeunesse»[1].

Mais tous les jugements, même chez les nationalistes, ne furent pas aussi courroucés. Certains commençaient à comprendre, et sans doute la critique serrée de Trudeau les y aida-t-elle, qu'un certain idéalisme abstrait avait fait son temps comme du reste le monolithisme de la pensée sociale au Canada français.

Quelques semaines après la parution du livre, André Laurendeau me passa un coup de fil pour me communiquer ses impressions. Je savais d'avance qu'il n'appellerait pas le feu du ciel sur la tête de Trudeau, mais l'enthousiasme de sa réaction m'étonna tout de même.

«Tu soupçonnes, me dit-il en substance, que je ne suis pas d'accord avec toutes les opinions de Pierre. Mais tu ne saurais croire à quel point son entreprise me plaît. Il est temps que des critiques, chez nous, aillent au bout de leur pensée, qu'ils abordent *tous* les problèmes, qu'ils disent *tous* leurs désaccords, sans ménagements. Trudeau n'y va pas par quatre chemins et j'ai lu son essai avec un intérêt qui n'a pas fléchi une seconde. Je l'ai lu d'un trait. Bien sûr, ce n'est jamais agréable de voir mettre en cause ce dont on n'a jamais ou rarement douté tout au cours d'une vie. Mais je me répétais à chaque page qu'il est salutaire de se faire secouer dans ses certitudes et ses habitudes de pensée, surtout par un esprit de cette qualité. Tu comprends? Je voudrais que tous ceux parmi nous qui ont quelque chose à dire le disent avec cet élan, cette

1. Lionel Groulx, *Mes Mémoires,* Fides, Montréal, 1974, vol. IV, p. 302.

franchise et cette clarté-là. Peu importent les clameurs indignées: un climat intellectuel véritable, c'est à ce prix-là qu'on le crée.»

Laurendeau admettait d'être contesté et voyait en Trudeau un contestataire de classe. Pour terminer ce chapitre, je ne saurais mieux faire que de transcrire ici les tout derniers propos d'André, sur un sujet qui revenait fréquemment dans nos conversations. Ils remontent au 16 février 1968, trois mois à peine avant sa mort. Trudeau, le matin même, avait annoncé sa candidature à la chefferie du Parti libéral. André se trouvait à Ottawa et nous avions pris, quelques jours plus tôt, rendez-vous pour ce midi-là. Je retrouve dans mes papiers les notes qui suivent, rédigées à chaud le jour même.

«Tout à l'heure, rencontre avec A.L. au Cercle universitaire, pour le déjeuner.

«Bien entendu, il n'est question que de la candidature de Trudeau. André n'est pas d'accord. Ni son amitié ni son admiration pour Pierre ne sont en cause. Ses objections portent sur trois points. Et comme toujours, son analyse est pénétrante; elle va au fond des choses.

«*Je suis né,* me dit-il, *de parents qui s'étaient nourris de Maurras et de l'Action française. C'est pourquoi je redoute, en politique, un homme de haute intelligence dont la logique ne dévie jamais. J'ai peur que l'antinationalisme de Pierre ne soit devenu un dogmatisme.*

«Encore:

«*On dirait que pour Trudeau, le sociologique n'existe pas. Je sais bien que c'est une dimension confuse, épaisse et opaque; je sais aussi dans quel jargon les sociologues s'expriment. Mais enfin, cette dimension existe. Or j'ai l'impression que la rigueur intellectuelle de Trudeau n'en tient aucun compte, ne lui ménage aucune place dans ses calculs politiques.*

135

«Et enfin:

«*C'est prodigieux ce que Trudeau peut ressembler à Henri Bourassa: son culte de l'intelligence, sa pensée aristocratique, son impatience devant certaines attitudes (impatience qui confine à l'intolérance) et son incapacité de retenir les boutades qui lui viennent, quel que soit le prix qu'elles doivent lui coûter. Bourassa était ainsi; je me demande si l'on peut être chef de parti (et surtout chef de gouvernement) avec un esprit ainsi fait.*

«Par ailleurs, André Laurendeau comprend d'emblée l'attraction que Trudeau exerce. Il a lu d'une traite: *le Fédéralisme et la société canadienne-française.* Il y a pris le plus vif plaisir. *Même quand on n'est pas d'accord,* dit-il, *on ne peut s'empêcher d'admirer. Et cet animal-là écrit si bien! Mais surtout, quelle absurdité chez ceux qui l'accusent de s'être fait endoctriner par les Anglos, depuis qu'il est à Ottawa. Cet homme-là n'a pas dévié d'une ligne depuis vingt ans. Et quelle sottise de la part de René Lévesque quand il traite Trudeau de «roi nègre en veston sport». Pierre est le contraire de cela. L'expression «roi nègre» n'a aucun sens dans son cas.*

«Le témoignage est valable: c'est A.L. lui-même qui a imaginé cette fable ou plutôt cette parabole du roi nègre, pour faire comprendre l'attitude des capitalistes anglophones à l'égard de certains hommes politiques québécois.»

Chapitre V

La naissance de *Cité libre*

*Mon ami, dit-il en me reconduisant
par delà le vieux poirier non moins
blanc, pour plaire à vos beaux esprits,
vous parlez un peu légèrement de
votre première philosophie. Je plains
tout jeune homme qui ne s'est pas
alors passionné pour ou contre la
liberté.*

Charles Péguy

Quand je m'interroge sur les motifs qui nous ont poussés, voilà trente ans, à créer une revue, alors que mille autres besognes nous sollicitaient déjà, ce sont quelques lignes de Pierre Trudeau, rédigées onze ans plus tard, qui me reviennent en mémoire.

Pourquoi *Cité libre?*

Parce que «nous étions douloureusement conscients des insuffisances du Québec dans tous les domaines: il fallait déboulonner les superstructures, désacraliser la société civile, démocratiser la politique, pénétrer dans l'économique, réapprendre le français, sortir les primaires de l'Université, ouvrir les frontières à la culture et les esprits au progrès[1]».

Comme on le voit, le programme ne péchait pas par modestie. Se fût-il agi d'une publication à grand tirage, dotée des plus puissants moyens de diffusion et rédigée par une phalange de grands spécialistes, cette liste de tâches et la prétention de les remplir eussent paru démentielles. Or *Cité libre* n'était qu'une idée vacillante, assez mal définie, partagée par une équipe

---

1. Pierre Elliot Trudeau, *De l'inconvénient d'être catholique, Cité libre,* n° 35, mars 1961, pp. 20-21.

minuscule. À l'origine, nous ne savions pas nous-mêmes exactement ce que nous voulions faire: une revue, un mouvement, un bulletin ou les trois à la fois?

Mais nous savions qu'un certain silence devait être rompu, que trop de questions graves et urgentes restaient sans réponse parce que personne n'osait même les poser. Ce silence nous pesait; il durait depuis trop longtemps. La nécessité d'une nouvelle tribune s'imposait comme une évidence au sein de notre groupuscule. Mais au dehors, tout le monde ne partageait pas notre avis! Une revue de plus, à l'usage d'un milieu qui faisait un sort médiocre aux publications déjà existantes, ça n'allait pas de soi...

Mes premiers sondages auprès de quelques amis furent assez décevants.

J'en parlai, par exemple, à Claude Ryan, en dégustant un spaghetti-à-trente-cinq-cents, dans un petit restaurant minable, rue Sainte-Catherine. L'accueil fut plus tiède encore que le spaghetti. «Ça relève d'un prurit d'écriture dont vous devriez vous méfier, toi surtout», me déclara-t-il en ces termes mêmes, sans lever les yeux de son assiette. Et Gérard Filion, directeur du *Devoir,* mon patron de l'époque, qualifia le projet d'*adolescent,* mais je ne sus jamais s'il s'agissait là d'une condamnation ou d'une plaisanterie. L'intérêt qu'il porta par la suite à notre aventure m'incline vers la seconde hypothèse. Filion se montrait volontiers sceptique devant les projets de ses journalistes, mais pour en éprouver le sérieux, non pour décourager les auteurs. En bon «habitant de l'Île-Verte», comme il aimait se décrire lui-même, il se méfiait des grandes idées trop séduisantes.

La grande idée en l'occurrence était plutôt un grand rêve assez vague, entretenu depuis longtemps par les membres de notre équipe, mais qui n'avait pas pour tous la même origine.

La faction majoritaire, si je puis dire, de cette équipe était issue de la Jeunesse étudiante catholique. Guy Cormier, Réginald Boisvert, Pauline Lamy, Jean-Paul Geoffroy, Renée Desmarais, Pierre Juneau, Fernande Saint-Martin, Alec Leduc et moi avions tous séjourné à la centrale de ce mouvement où nous avions rempli diverses fonctions. Mais nous y avions surtout vécu une intense camaraderie et mené une action importante (à nos yeux du moins) en milieu étudiant. Il s'était forgé entre nous un esprit d'équipe et d'entreprise commune auquel nous trouvions difficile de renoncer. Très jeunes, nous avions partagé l'ambition et possédé les moyens d'agir sur nos contemporains, non seulement à Montréal mais dans l'ensemble du Québec et du pays tout entier. Nous étions venus de l'Estrie, de la Mauricie, de Rigaud, du Saguenay, des Bois-Francs; les *provinciaux,* parmi nous, étaient plus nombreux que les Montréalais. C'est la J.E.C. qui nous avait réunis dans la métropole comme permanents de la centrale; c'est elle aussi qui nous avait permis de voyager d'Halifax à Vancouver et de prendre contact, au sud de la frontière, avec les jeunes Américains de notre génération, depuis New York jusqu'à Chicago, en passant par Cleveland et Notre-Dame (Indiana). À la fin de la guerre, nous avions fait connaissance, au sein du même mouvement, avec nos camarades français, belges, suisses et latino-américains; nous avions fondé la J.E.C. internationale.

Nous n'avions pas voulu, cependant, nous attarder dans les mouvements de jeunesse, une fois parvenus à l'âge adulte. Gardions-nous la nostalgie de ce premier apprentissage? Je ne le crois pas. Nous étions trop impatients d'accéder à la maturité. Mais nous voulions également poursuivre l'action entreprise. La J.E.C. nous avait donné le goût de transformer la société où nous vivions. Elle nous en avait révélé les besoins, les retards, les faiblesses, mais également les possibilités, les forces en sommeil que nous rêvions d'éveiller. Nous nous consolions mal, non pas d'avoir quitté le berceau, mais de nous retrouver sans moyens devant les tâches urgentes qui s'imposaient. Nous faisions de l'enseignement, du syndicalisme ou du journalisme, à l'échelle modeste que commandait notre âge. La plupart d'entre nous avaient déjà charge de famille. Comment retrouver le rayonnement que la J.E.C. nous avait permis d'exercer? Comment reprendre contact avec notre génération pour assurer le prolongement de l'action naguère amorcée au sein du mouvement étudiant?

À l'évidence, il s'agissait de donner un sens à nos vies. C'est le souci majeur de la trentaine. Il prenait pour nous une acuité particulière à cause de ce que nous avions vécu ensemble. Allions-nous désormais nous disperser, chacun se cloisonnant dans le domaine d'activité qu'il avait choisi? L'équipe allait-elle se rompre à jamais et nos idées disparaître avec elle?

On s'expliquerait mal que ces préoccupations nous aient conduits à publier une revue, si n'intervenait ici l'influence d'Emmanuel Mounier et de la revue *Esprit*. Notre découverte de l'un et de l'autre tient du hasard. Elle remonte à 1942, alors que Mounier ne comptait à Montréal qu'une minuscule poignée de lecteurs et que sa revue n'arrivait plus au Canada, partageant ainsi le sort de tous les autres périodiques français.

Où donc Alec Leduc s'était-elle procuré le numéro d'*Esprit* déjà ancien qu'elle me mit sous les yeux, quelques mois seulement avant notre mariage? Elle-même ne s'en souvient plus. En revanche, je garde pour ma part le souvenir du rare talent qu'elle avait alors (et qu'elle garde aujourd'hui) de découvrir, sous les tas de paperasses les moins invitants, des trésors insoupçonnés.

Esprit? Cela ne me disait rien. Nous connaissions les *Études* et la *Vie intellectuelle,* publiées en France, l'une par les Jésuites, l'autre par les Dominicains, et diffusées au Canada par ces deux ordres religieux. La revue *chrétienne* de Mounier se voulait au contraire farouchement laïque. Elle ne disposait à Montréal d'aucun groupe clérical pour la faire connaître. En feuilletant le numéro qui lui était tombé sous la main, c'est un article d'Henri Marrou, consacré à l'Histoire, qui retint l'attention d'Alec. Nous étions loin de soupçonner que Marrou deviendrait pour nous un maître et un ami mais son texte nous fit une impression considérable, comme d'ailleurs plusieurs autres articles. Ce que nous découvrions ainsi, n'ayant guère connu l'hebdomadaire *Sept* ignoré dans nos collèges, c'est l'existence d'une famille d'esprit qu'on devait désigner plus tard, après la guerre, sous le nom de gauche chrétienne. Du reste, cette étiquette eût-elle existé déjà en 1942, n'eut rien évoqué pour nous de bien précis. Non seulement notre ignorance politique demeurait insondable mais la politique elle-même, au Québec, était encore dans l'enfance; elle ne savait pas distinguer sa droite de sa gauche, pour peu que cette dernière existât... Ce qui nous était révélé, dans ces pages, dépassait en importance tous les vocables inspirés de la politique.

Nous y découvrions une ligne de pensée que nous cherchions obscurément depuis que la J.E.C. avait fait irruption dans notre adolescence. Nous apprenions que les chrétiens ne recevaient pas tous en héritage un conservatisme rivé aux traditions. Nous y apprenions aussi que la pensée chrétienne n'est pas, par nature, hostile aux innovations ni aux valeurs du monde moderne, qu'elle n'explore pas l'Histoire les yeux braqués sur le rétroviseur mais dans une démarche soutenue vers l'avenir. La réflexion passionnée qui remplissait les pages d'*Esprit* répondait à des questions encore mal formulées dans nos consciences mais qui nous tourmentaient quand même à notre insu. Elle ouvrait pour nous des horizons jusqu'alors inconnus.

D'autres vieux numéros de la revue (nous en retrouvâmes plusieurs) se mirent à circuler dans la centrale de la J.E.C., rue Sherbrooke. Des articles déjà parus depuis plusieurs années faisaient entre nous l'objet de débats interminables. Peu nous importait que les textes ne fussent pas récents ni connus dans notre entourage; la pensée était vivante, neuve, et cela seul comptait à nos yeux. Plus tard, abordant Paris libéré, nous devions constater qu'*Esprit* et l'œuvre de Mounier exerçaient, en France et bien au delà des frontières françaises, une influence considérable. Les tirages qu'atteignit alors la revue, tout à fait inédits pour un périodique de ce niveau, témoignaient du fait que les articles de Mounier lui-même, de Marrou, de Jean Lacroix de Domenach, de Ricœur et de plusieurs autres ne répondaient pas seulement à nos questions personnelles mais aux préoccupations les plus vives de nos contemporains.

L'un de nos premiers soucis, en arrivant en France, fut d'approcher la revue et le mouvement *Esprit*. Avec quelles précautions toutefois et quel respect! Je me reproche encore, pour ma part, la timidité absurde qui me retint alors de me rendre carrément rue Jacob rencontrer Mounier, l'un des hommes du monde que j'admirais le plus. Je l'admirais trop, justement, pour lui dérober le temps d'une rencontre, fût-ce seulement quelques minutes. Je me contentai d'aller l'entendre en conférence, de lire religieusement tout ce qu'il publiait, et d'approcher certains de ses jeunes collaborateurs. Heureusement, d'autres camarades de la J.E.C. canadienne, par exemple Guy Rocher, ne furent pas victimes de cette révérence outrée. Pierre Trudeau non plus. Il n'était pas de la J.E.C. mais il se livrait alors à une exploration de Paris qui ne se limitait pas aux vieilles pierres ni aux seuls musées.

144

Quand nous nous retrouvâmes à Montréal, nous avions en commun une solide estime non seulement pour les idées d'*Esprit* mais pour l'audace de Mounier. Cet homme nous émerveillait qui, sans plus de moyens matériels ni plus de prestige, en 1932, que nous n'en possédions en 1950, avait tranquillement décidé de *Refaire la Renaissance*[1].

Bien entendu, nul d'entre nous ne se prenait pour Emmanuel Mounier. La renaissance dont nous rêvions était plus modeste: il s'agissait de susciter au Québec une pensée vivante accordée aux besoins de notre milieu, et d'y faire renaître une liberté à ce moment-là fort malmenée.

Pour certains d'entre nous, la préoccupation dominante était religieuse ou plus exactement ecclésiale. Nous avions milité dans la J.E.C. Nous avions rêvé d'un renouveau chrétien. Nous remettions en cause une conception figée du christianisme. Mais *Cité libre* n'a jamais eu une vocation théologique. Les problèmes d'Église dont nous voulions traiter se situaient à la périphérie, à la frontière qui sépare l'institution religieuse de la société civile. Au temps de la J.E.C., nous avions revendiqué la place et le rôle qui revenaient de droit aux simples fidèles, dans la vie quotidienne de l'Église. Nous avions découvert du même coup l'ambition qui portait les clercs à tout régenter, jusqu'à maintenir sous leur coupe des pans entiers de l'activité purement séculière.

Avec une belle inconscience, ils perpétuaient ainsi, dans la société québécoise, un infantilisme qu'ils reprochaient eux-mêmes à leurs ouailles. Nous nous étions juré de mettre fin à ces abus. Non certes par hostilité envers l'Église mais par amour et par attachement. Il nous paraissait évident que les clercs abusifs et les prélats installés dans leurs privilèges

---

1. Titre du manifeste qui ouvrait le premier numéro d'*Esprit*.

conduisaient notre communauté chrétienne à la catastrophe. Sans s'en rendre compte, bien entendu. Comment eussent-ils pu en prendre conscience puisque personne n'osait élever la voix?

Cité libre, dans notre esprit, devait en priorité s'attaquer à pareil état de choses. Aussi longtemps que nous avions vécu dans les cadres de l'Action catholique, nous n'avions abordé ces problèmes qu'en privé, rongeant notre frein. Mais le temps, nous semblait-il, était désormais venu de poser carrément et publiquement la question du cléricalisme. C'était pour nous, de la J.E.C., une résolution déjà ancienne, un projet depuis longtemps formé. Mais aucun de nos nouveaux camarades ne pouvait y être indifférent. «Omniprésent et omnipotent», comme on le chuchotait alors avec une pointe d'exagération (mais légère!), le clergé du temps affectait par son action la vie de tous les citoyens. On pouvait certes échapper à son influence spirituelle, mais on ne coupait pas facilement à l'autorité qu'il exerçait sur les institutions civiles et politiques, voire sur le domaine des affaires.

La bourgeoisie s'accommodait assez bien de cette tyrannie. À condition d'être fortuné, on trouvait le salut dans la fuite. On jugeait étouffant le climat intellectuel du Québec, on en souffrait, mais on se gardait bien d'élever la voix sur un tel sujet. Pourquoi compromettre son entreprise, sa situation dans l'Université ou sa prochaine élection, quand on pouvait s'offrir chaque année quelques mois de *décompression* à Paris ou à New York? Il existait aussi d'autres soupapes de sécurité, telles les dénonciations à voix basse et les milliers d'anecdotes anticléricales colportées sans risque dans les cocktails.

Cité libre voulait mettre fin à l'anticléricalisme de salon. Nos dénonciations seraient publiques et clairement formulées, au nom des principes que l'Église elle-même nous avait enseignés. Ceux de notre équipe qui n'étaient pas issus de la J.E.C. partagèrent d'emblée cette résolution. Ils partagèrent aussi nos «préoccupations sociales», comme on disait alors. La promotion ouvrière ne laissait indifférent aucun membre de l'équipe. Avec le sens de la liberté, elle constituait, je crois, le terrain d'entente, l'accord préétabli qui ne fit jamais entre nous l'objet d'aucune divergence.

Quand Trudeau parlait de politique, Maurice Blain de culture, quand Roger Rolland s'indignait de l'état où stagnait l'enseignement, quand Charles Lussier exposait ses points de vue de juriste et Jean-Paul Geoffroy ses projets syndicaux, nous assistions à de saines engueulades. D'accord sur le fond des choses, nous nous offrions le luxe de robustes désaccords sur la forme. Et Pierre Vadeboncœur, occupé déjà à creuser patiemment le sillon mystico-politique dont personne ne savait encore où il allait conduire son auteur, fascinait les uns et irritait les autres par ses outrances, ses paradoxes et ses ambiguïtés. Si un lecteur se cabrait devant ses textes, nous évoquions le jeune Péguy des *Cahiers* qui, lui aussi, avait rebuté son public... Dans la défense de nos collaborateurs, nous ne nous sommes jamais fait faute de choisir généreusement les termes de comparaison...

Mais j'anticipe. Il s'agit d'abord, à ce point de mon récit, de fonder la revue. Ce n'est pas encore fait.

En janvier 1950, nous en parlons tout de même depuis près d'un an. Tantôt, c'est Geoffroy que je relance à ce sujet et tantôt Réginald Boisvert; tantôt, Guy Cormier s'impatiente et nous adresse de Moncton, où il enseigne chez les Acadiens, des lettres qui nous somment de nous commettre ou de nous démettre. Elles sont quasi pathétiques ces lettres par lesquelles il s'efforce bravement, malgré la distance, de réunir le premier numéro d'une revue «qui n'est pas encore née, précise-t-il, ne présumons de rien».

Mais qui donc a présumé que Cormier pourrait seul, par le truchement de la poste, accomplir cette tâche ou, disons mieux, réussir ce tour de force? Apparemment, tous les camarades susmentionnés doivent être tenus responsables d'une décision qui relève de la folie douce. À l'occasion du Nouvel An, Guy nous a rendu visite à Montréal et, d'un commun accord, nous l'avons désigné comme secrétaire de rédaction. Depuis, il multiplie les efforts épistolaires.

Voici quelques extraits d'une lettre du 20 janvier 1950 adressée à Réginald Boisvert: «J'écris à Pierre Trudeau. J'ai trouvé dans Harold Laski un texte sur lequel je l'invite à méditer. (...) J'ai écrit (c'est déjà fait) une lettre aux époux Sauvé. Je leur ai demandé une lettre pour la revue[1].(...) J'ai pensé que tu pourrais peut-être présenter *Esprit* à ceux qui ne connaissent pas *Esprit*. Dans le premier numéro du bulletin, la chose ferait un peu symbolique et ce serait bien. (...) Nous comptons toujours sur Pelletier pour écrire ce que nous appellerons pompeusement un manifeste... mais qui en sera un! (...) Geoffroy, prénommé Jean-Paul, devait écrire une «Lettre à un jeune bourgeois». Je te supplie de lui téléphoner.(...) J'écris aussi à Fernand Cadieux. Je doute beaucoup, toutefois, que ma lettre le trouve à Montréal. (...) Je prépare quelque chose de mon côté. Il y a aussi les Flèches de tout bois. Vous ne pensez pas que je vais faire cela seul? Ça reste encore pauvre, dans l'ensemble. Du moins quant à la quantité. (...) Notre bulletin n'a pas de titre. Je fais une dernière proposition: *Exercices.*»

Il appert aujourd'hui que la question du titre n'était pas de la dernière urgence puisque la revue n'allait paraître que plusieurs mois plus tard. Mais Cormier réclame la copie pour le 1er mars, à la fin de sa lettre,

---

1. Jeanne et Maurice Sauvé sont alors aux études à Londres.

«afin de pouvoir l'expédier à l'imprimeur le 20 mars au plus tard». Or le 23 avril, il n'aura encore rien reçu et se trouvera toujours aux prises avec les problèmes combinés de notre indiscipline chronique et de retards postaux qui ne manquent pas de pittoresque.

«Ta lettre ne m'a été remise que samedi soir, écrit-il. Elle a évidemment perdu du temps au bureau de Postes. Quand les lettres destinées à l'Université sont adressées à Saint-Joseph, elles s'y reposent quelques jours avant de poursuivre leur chemin. Le maître de Postes attend que le «tas» soit assez gros avant de procéder à l'expédition vers l'Université...»

On voit que le projet n'était pas encore au point, c'est le moins qu'on puisse dire! S'agissait-il d'une revue ou d'un bulletin ronéotypé? La publication aurait-elle pour titre *Exercices,* selon la *dernière* proposition de Cormier? (Il y en avait eu plusieurs autres, dont *Terre promise, Lest, Raccordements* et *Ville ouverte;* j'en retrouve la trace dans un vieux dossier.) Le «bulletin» porterait-il l'adresse de la centrale de la Jeunesse étudiante catholique?

Il restait, c'est évident, plusieurs décisions à prendre, mais certains éléments étaient déjà acquis: Trudeau tiendrait la chronique politique, Boisvert et Geoffroy se partageraient les *affaires sociales,* Cormier lui-même exercerait son esprit caustique sous la rubrique *Flèche de tout bois* qu'il avait déjà mise au point, et j'écrirais un manifeste...

Dans les mois qui suivirent, tout devait tomber en place. L'équipe de la revue commença à se rencontrer à Montréal, plus ou moins régulièrement, et le projet prit forme... loin de notre ami Cormier.

La revue s'appellerait *Cité libre;* c'est Alec Pelletier qui avait trouvé ce titre, variante de la *Ville ouverte* proposée par Jean-Paul Geoffroy. Ce dernier, chargé avec sa femme, Renée, de diffuser la revue, prêterait à celle-ci l'adresse de leur appartement: 3834, rue Prud'homme, à Montréal.

Enfin, au printemps de 1950, l'embryon d'une équipe de rédaction était en place. Un an plus tard, avec l'addition de Charles Lussier et de Pierre Vadeboncœur, elle atteindrait le nombre de dix rédacteurs envisagé depuis le début.

Pourquoi dix?

Sans doute parce que les chiffres ronds sont rassurants pour l'esprit, mais pour d'autres raisons encore. Tous les collaborateurs frisaient la trentaine. Ils étaient donc très occupés à gagner leur vie. Il fallut compenser par le nombre l'effort mesuré que chacun pouvait consacrer à la revue. Et puis, le même principe s'appliquait à l'aspect *financier* de l'entreprise. Comme nous étions tous fermement décidés à ne dépendre ni des Jésuites, ni des Dominicains, ni des Oblats, ni d'un quelconque mécène pour publier cette revue, mais de nous-mêmes et de nous seuls, il fallait bien en faire les frais.

Dans la note liminaire du premier numéro (qui ne fut pas un manifeste, malgré la prédiction de Guy Cormier) nous annoncions: «Chacun des collaborateurs de *Cité libre* participera à la propriété de la revue. Pour connaître les propriétaires, il suffira donc de lire les signatures au bas des textes. Revue coopérative? Non: communautaire.»

En clair, cela voulait dire qu'il nous avait fallu, pour faire tirer la première édition à cinq cents exemplaires, allonger à l'imprimeur deux cent cinquante dollars. Les dix fondateurs s'étaient donc cotisés à vingt-cinq dollars chacun. Et comme le numéro se vendait cinquante cents, l'économie du projet rappelait à s'y méprendre les méthodes commerciales du légendaire marchand de pipes de plâtre. Ce dernier, qui vendait ses pipes au prix coûtant, prétendait se rattraper sur les pipes cassées: nous nous rattrapions sur la remise de 30% exigée par les libraires...

Mais l'absurdité commerciale du projet nous importait bien peu. Il s'agissait avant tout d'éviter que notre revue ne fût récupérée par le *clergé clérical* (comme on dit aujourd'hui: la politique politicienne) ou par quelque autre parti de l'époque. Or, de ce point de vue, nos étranges méthodes de financement se révélèrent efficaces.

D'ailleurs, il faut avouer que *toutes* nos méthodes, quand j'y repense aujourd'hui, m'apparaissent bien singulières.

Cité libre n'avait pas alors de directeur. La revue était rédigée par une équipe et comme l'opération garda toujours les dimensions très modestes du début, notre horreur commune de tout caporalisme pouvait sans danger se donner libre cours.

En revanche, cet esprit d'équipe dont nous nous réclamions devait nous imposer une gymnastique intellectuelle peu commune. Personne, bien entendu, ne détenait l'autorité sur les textes. C'est l'équipe, et l'équipe seule, qui décidait d'écarter un article ou de le publier. Il fallait donc en faire la lecture (et la critique) collective, en présence de toute la rédaction. D'où la nécessité de fréquentes réunions de *Cité libre* qui tinrent beaucoup de place dans nos vies, à compter de 1950... sans assurer jamais la parution régulière de la revue.

Mais nous nous sommes bien amusés!

Chaque quinzaine (ou presque) le groupe se retrouvait, chez l'un ou l'autre de ses membres. Ce n'étaient pas des réunions d'hommes: les épouses et les amies faisaient partie de l'équipe et certaines collaboraient à la revue.

Au printemps de 1950, c'est à l'île Perrot que fut préparée la première livraison. Les deux familles

Geoffroy et Pelletier venaient d'y aménager ensemble, dans une grande maison de pierre louée pour la saison. Nos fenêtres ouvraient sur une immense pelouse, au bord du lac des Deux-Montagnes. Nos enfants y gambadaient au soleil, en toute liberté, de sorte qu'à la tombée du jour, quand l'équipe arrivait de Montréal, ils dormaient déjà à poings fermés. Ni la motocyclette de Trudeau (lui venait d'Ottawa), ni les discussions les plus vives ne risquaient de les réveiller: recrus de fatigue et de grand air, ils roupillaient, indifférents aux distractions des adultes, plus intellectuelles peut-être que les leurs mais guère moins bruyantes.

Car on discutait ferme, dans ces réunions qui, selon un mot de Jean Le Moyne, «n'obéissaient à aucun ordre du jour mais seulement au désordre de la nuit». Au cours de la première heure, quand tout le monde avait trouvé place dans les sièges et fauteuils plutôt rudimentaires de la maison, nous procédions chaque fois ou presque à la réinvention de la roue...

Qu'est-ce qu'une revue? Voulions-nous réaliser un périodique de type classique ou bien mettre au point une formule nouvelle? Et d'ailleurs, en avions-nous les moyens? (Je parle, bien entendu, des moyens intellectuels.) Une revue était-elle concevable sans la figure de proue, type Sartre ou Mounier, qui nous manquait? (Les grands modèles français nous obsédaient encore[1].) Enfin, étions-nous certains d'avoir quelque chose à dire?

En avons-nous perdu des soirées à discuter des évidences! Et pourtant, ce travail ne fut pas inutile. L'aventure de *Cité libre* a duré quinze ans. Pour une revue de ce type, au Québec, c'est une longue vie.

---

1. Ils obsédèrent de même, treize ans plus tard, les fondateurs de *Parti pris*: «André Brochu connaissait Pierre Maheu dont il disait: lui, c'est le Sartre du Québec. Il rêve de faire les *Temps modernes* ici.» — Jean-Marc Piotte, *Perspectives,* 7 octobre 1978.

N'eût été du patient calibrage, de l'interminable mise au point qui en marqua le départ, il est probable qu'elle aurait tourné court. Il ne s'agissait pas d'une entreprise «principalement littéraire», quoi qu'en dise Guy Cormier[1].

La réflexion collective y tenait beaucoup plus de place que l'écriture, et la littérature proprement dite y faisait figure de parente pauvre, comparée à la politique, aux questions sociales et aux problèmes religieux.

«*Cité libre,* disait la note liminaire déjà citée, aura des groupes d'étude, des sessions de travail: elle est au point de départ d'une action.»

Je retrouve, dans mes vieux papiers, un document qui explique cette phrase. C'est le compte rendu d'une rencontre de juin 1950, rédigé ou mieux noté sur le vif par Alec, à mesure que se déroulait la discussion. Le premier numéro de la revue est déjà bien en route, à ce moment-là, comme en font foi les titres de plusieurs articles consignés en tête de ces notes. Viennent ensuite, en regard du nom de chaque intervenant, quelques phrases qui résument son propos.

Ce qui nous préoccupe alors, c'est l'isolement dont nous sommes menacés, non pas comme groupe mais à titre personnel, chacun dans son métier, dans son ghetto professionnel. Nous voulons développer une perspective commune plus large et plus accueillante que le métier de chacun.

«GEOFFROY: Si tu veux que cette idée prenne forme, il faudra établir des liaisons réelles avec d'autres personnes et d'autres organisations en dehors de notre équipe.

---

1. *Un théâtre d'ombres,* Guy Cormier, le *Devoir,* 14 janvier 1978.

«PELLETIER: C'est bien ce que je vois. Il faut des groupes, partout, qui participent à notre effort: à Sherbrooke, à Trois-Rivières, à Québec, comme au temps de la J.E.C.

«GEOFFROY: Il ne faut pas fonder une revue pour le plaisir de fonder une revue, et c'est ce qui arrivera si nous ne sommes pas liés à des groupes qui auront des exigences.

«BOISVERT: Mais alors, ça suppose tout un mouvement, un programme, une technique...

«GEOFFROY: Oui, avec des rencontres, tous les étés, à partir d'un programme tracé par le groupe central.

«PELLETIER: Tu penses au mouvement *Esprit,* en France.

«GEOFFROY: C'est nécessaire à une génération qu'un groupe la représente — comme les Jeune-Canada ont représenté la génération de Laurendeau. Ça permet ensuite une action commune. Les Jeune-Canada, pour la plupart, occupent aujourd'hui des postes stratégiques.

«TRUDEAU: Eh bien! Moi, qui suis un *naveau* dans votre groupe, je ne comprends pas très bien ce que vous avez en tête, quand vous parlez de vos réunions d'été. Nous écrivons d'abord pour nous-mêmes, pas vrai? C'est d'abord nous, le public. Ensuite, d'autres se reconnaîtront dans ce que nous aurons publié et viendront à nous. Le groupe s'agrandira par osmose. Mais il faut d'abord qu'il existe. Il est faux que nous soyons profondément d'accord sur tout. Pour cet été, le groupe, ça devrait être nous, au travail, en train d'explorer à fond nos affinités et nos divergences.»

Trudeau voyait juste. D'une part, il était vraiment *naveau* parmi nous, encore mal accepté dans notre équipe dont plusieurs membres le connaissaient à peine. D'autre part, il était vitalement intéressé à notre entreprise qui allait lui permettre, après plusieurs années d'absence, de se réintégrer dans sa génération et dans un milieu plus large que le sien propre. Mais sa personnalité ne facilitait pas toujours les choses. Moi qui le connaissais un peu mieux, je n'enregistrais pas sans inquiétude les réactions de mes plus anciens camarades. Ils étaient séduits par Trudeau, conscients de sa force, souvent éblouis par son intelligence. Mais quelque chose en eux résistait. Les origines outremontaises de Pierre, la rumeur qui le voulait *très* riche (le premier millionnaire sûrement, que nous ayons jamais côtoyé!), le fait que sa pensée religieuse s'inspirât de Newman davantage que de nos auteurs familiers, faisaient de lui, non pas certes un intrus (c'était le meilleur camarade du monde) mais une espèce de *survenant*. Il dérangeait, comme il continuera de le faire tout au long de sa vie.

Dans un article récent[1], Guy Cormier fait écho à ce malaise qui fut heureusement de très courte durée.

«Le premier numéro (de *Cité libre*) fut distribué le soir du 14 juillet 1950, dans un chalet de l'île Perrot. Vers minuit éclate une discussion courtoise mais très vive à propos de la participation de Pierre Elliott Trudeau.

«Le noyau originel de *Cité libre* était constitué d'anciens jécistes. L'un d'eux prononça les paroles suivantes: «Je ne veux pas voir Trudeau dans l'équipe. Il n'est pas avec notre peuple, ne sera jamais avec notre peuple.»

«Le point de vue de Pelletier, qui disait en avoir assez des cénacles et des chapelles, qui voulait une équipe tous azimuts, l'emporta, si bien que Trudeau resta.»

Si je me souviens de cette discussion! Ce fut la seule du genre, entre nous, car nous n'avions pas la triste manie des procès et des exclusions.

---

1. *Ibidem.*

Bien entendu, Trudeau avait quitté les lieux quand le sujet fut abordé. Nous étions quatre ou cinq debout, le verre à la main, au milieu de la grande cuisine. Il passait largement minuit: le jour allait se lever. Nous épiloguions tranquillement sur les propos de la soirée quand, tout à coup, ce qui couvait depuis plusieurs mois fit prendre à la conversation un tour inattendu. Ce n'est pas la pensée de Trudeau que mes amis mettaient en cause, mais ses origines, son milieu, ses relations mondaines. Il n'était pas l'un de nous. Il sortait d'une boîte de Jésuites où jamais la J.E.C. n'avait pénétré!

Sur un point capital, la mémoire de Cormier lui a fait défaut. En effet, nous ne parlions pas entre nous de *notre* peuple, en 1950, mais du peuple tout court. Notre vocabulaire n'était pas nationaliste (nous laissions ce langage à Duplessis, au chanoine Groulx, à François-Albert Angers, à la Société Saint-Jean-Baptiste). Nos manies, à nous, étaient plutôt ouvriéristes, comme nos convictions et nos sentiments. Aussi les reproches faits à Trudeau s'inspiraient-ils du socialisme diffus qui nous tenait lieu de pensée politique. Et le camarade craignait que Trudeau ne trahît une classe sociale, non une ethnie. «Nous voulons être avec le peuple. Trudeau aussi. Mais ses origines l'en empêcheront toujours. Quand on est né grand bourgeois, on le reste, on n'a pas le choix.»

Voilà ce qu'il disait, le camarade. Et c'est inconsciemment, sans doute, que Guy Cormier dénature ses propos en donnant à nos préoccupations d'alors une couleur d'aujourd'hui.

De même, certains ont déduit de la date du 14 juillet choisie pour le lancement de *Cité libre* je ne sais quelle nostalgie de la France qui aurait fait de nous, à cette époque, des immigrés de l'intérieur. Rien de plus faux. Au contraire, c'est la théorie du paradoxe fécond qui nous inspira ce choix. Célébrer la prise de la Bastille, c'était tourner le dos à toute une éducation clérico-nationaliste, la nôtre, qui ne tarissait pas d'injures contre la Révolution française, responsable de tous les maux de l'Occident, et faisait de la Déclaration des Droits de l'Homme un document des plus suspects. Nos célébrations n'étaient pas nostalgiques mais tournées vers l'avenir. Nous montions à l'assaut d'une censure qui n'épargnait aucune forme de la liberté. (Je rappelle qu'en 1950 le Québec mit sa fierté à interdire l'hommage qu'on voulait rendre à un *mauvais* auteur, à l'occasion du centenaire de sa mort: Balzac.)

Mais nous menions cet assaut dans la bonne humeur, un verre de rouge à la main. Chaque année, pendant vingt ans, un groupe toujours plus nombreux se retrouverait au milieu de l'été, d'abord au Lac-en-Cœur, ensuite au lac Ouareau, pour une nuit entière de chants, de danses et de beuverie, close à l'aurore par un bain dans l'eau glacée des Laurentides...

Ce matin du 15 juillet 1950, nous n'avions sûrement rien de très redoutable. Notre troupe n'était pas nombreuse. La fabrication du premier numéro de *Cité libre* avait été laborieuse: pour chaque texte publié, il avait fallu de longues tractations avec l'auteur et, entre nous, des discussions interminables. Heureusement, l'enthousiasme de l'équipe était à la mesure de ces obstacles et l'avenir n'allait pas tarder à nous révéler que la revue arrivait à point.

À peine nos cinq cents malheureux exemplaires furent-ils distribués (et encore, au beau milieu de l'été) que les réactions commencèrent d'affluer. Rien ne pouvait plaire davantage à des hommes jeunes et impatients. Ils luttaient depuis toujours contre la grisaille, l'ennui et l'atmosphère suffocante d'un milieu régenté par trop de pions et comptaient bien éveiller des échos multiples. Les premiers mots de notre première livraison étaient, de ce point de vue, très révélateurs:

«Nous sommes là, des centaines, depuis quelques années, à souffrir d'un certain silence; et c'est pourquoi *Cité libre* vient au jour.»

Nous avions rompu le silence. On nous répondait de partout. Peu importe que ce fût par la louange, la contradiction ou l'insulte. Nous avions atteint notre but. Seule l'absence de toute réaction, voire le silence organisé dont quelques prédécesseurs avaient fait l'expérience, eût pu nous décourager. Au contraire, nos lecteurs répondaient comme des êtres touchés au plus profond de leur sensibilité ou de leurs convictions. Les réactions étaient de deux types: accueil enthousiaste ou désapprobation courroucée.

Un étudiant nous écrivait de Paris où il poursuivait ses études:

«J'ai reçu le numéro ce matin, je l'ai parcouru et je me suis mis à aimer mon pays comme je ne me pensais plus capable de l'aimer. Parce que notre Québec est un pays douloureux.(...) Quand est-ce qu'un grand observateur de la chose sociale nous donnera une psychanalyse du Québec, comme un grand sociologue vient de faire la *psychanalyse de l'Alsace?* En attendant que paraisse ce grand guérisseur, je pense que *Cité libre* peut nous entraîner à quelques exercices respiratoires qui nous sauveront peut-être de l'asphyxie.»

Je comprends mieux, en relisant cette lettre retrouvée, que M. Georges-Émile Lapalme déclare aujourd'hui: «*Cité libre* n'a joué aucun rôle, nulle part[1].» Car la réaction de notre correspondant n'est pas ce celles que pouvait comprendre un homme politique de 1950.

Mais un bon Jésuite orthodoxe, solidement installé au cœur de l'immense pouvoir qu'exerçait son ordre dans

---

1. Georges-Émile Lapalme, *Si l'Union nationale m'était contée,* par Mario Cardinal, Vincent Lemieux, Florian Sauvageau, Boréal Express, Montréal, 1978, p. 236.

la société québécoise de l'époque, enregistrait l'impact de la revue d'une façon toute différente. Pour lui ce n'est pas le Québec qui était malade: c'était nous! Dans la revue *Relations* [1], le R.P. Joseph-Marie d'Anjou se *pencha* en effet sur *Le cas de Cité libre.*

En relisant aujourd'hui son article, on croirait rêver. L'auteur n'a vu dans nos propos que «... remous d'âmes inquiètes, en proie à de lointains complexes et à une aveuglante agressivité. Le lecteur le moins psychologue pourrait avoir l'impression, pendant un gros quart d'heure, qu'on lui présente le dossier d'un cas psychologique...» Malgré ce diagnostic, ce n'est pas une psychanalyse que prescrivait le P. d'Anjou. Moins soucieux de traiter notre «cas» que de sauver le dogme et la morale menacés par nos attentats impies, il mobilisait à la file indienne saint Paul, Boniface VIII, Mgr Léger (qui n'était pas encore cardinal), Borromée, Pie V et saint Ignace de Loyola...

Comment faire comprendre aujourd'hui que nos articles au demeurant fort sages (et que nous savions tels) aient pu irriter si prodigieusement des prêtres instruits, intelligents, au faîte même de la puissance cléricale dans notre milieu?

C'est André Laurendeau (toujours lui) qui donna à cette question la réponse la plus claire, en notant simplement dans l'*Action nationale* l'existence de certains «problèmes que *Cité libre* n'a pas inventés mais qu'elle a pour mission de porter au grand jour». Il avait d'abord souligné: «...comme plusieurs sujets paraissent plus ou moins tabous, vous n'en trouverez d'échos nulle part, ou des échos tellement assourdis qu'on n'y discerne plus rien».

Mais si nous étions des centaines à déplorer «qu'on n'y discerne plus rien», d'autres étaient des milliers,

---

1. *Relations,* mars 1951.

non seulement à s'en réjouir mais à faire en sorte que les plus faibles échos fussent encore assourdis. Quand, par exemple, l'archevêque de Montréal fut *démissionné* par le Vatican sans même avoir été entendu, la consigne du silence s'appliqua d'elle-même. Personne ne l'imposa formellement mais personne n'osa l'enfreindre. La version officielle de la «démission pour raisons de santé» s'étala dans toute la presse, alors que tout le monde et son père savaient qu'elle était fausse.

Pis encore, quand Mgr Charbonneau lui-même exilé à Vancouver, eut assuré la *Presse Canadienne* qu'il se portait à merveille, *personne* n'eut le courage de relever publiquement cette flagrante contradiction, sauf *Cité libre*. Mais le ton de notre propos ne reflétait guère l'aveuglante agressivité que *Relations* devait y discerner.

Qu'on en juge.

«Pourquoi, demandions-nous, fallait-il entourer le départ de notre archevêque de ce silence honteux et de ces mensonges gauches qui ne trompent personne? Est-ce vraiment là une nécessité de la politique ecclésiastique? N'importe quelle vérité, si pénible qu'elle fût, nous aurait semblé préférable...[1]»

«Le Québec, disait alors notre camarade Guy Cormier, c'est un collège; Montréal, c'est les externes.» Nous avions résolu d'exploiter à fond notre liberté d'*externes* pour nous exprimer, alors que l'immense majorité des Montréalais continuaient de se comporter comme des *pensionnaires*. Pensez! Notre première livraison faisait l'éloge de Léon Blum et de Harold Laski. Dès la livraison suivante, parlant de politique, Trudeau évoquait un «Québec où l'on nous éduque à avoir des réflexes d'esclaves devant l'autorité établie. Il faut nous-mêmes redevenir l'autorité, disait-

---

1. *Cité libre,* vol. I, no 1, janvier 1950, p. 39.

il, et que les préfets de discipline et les agents de police reprennent leur place de domestiques. Il n'y a pas de droit divin des premiers ministres, pas plus que des évêques: ils n'ont d'autorité sur nous que si nous le voulons bien.»

Ce «droit divin» devrait du reste nous conduire directement à l'archevêché de Montréal. Mgr Léger, par secrétaire interposé, me fit savoir qu'il désirait nous rencontrer, Trudeau et moi, «pour aborder certains sujets relatifs à *Cité libre*».

L'été de 1951 tirait à sa fin. Nous avions rendez-vous en début de soirée. Je nous revois tous les deux traversant à pied la Place du Canada, après un dîner rapide dans je ne sais plus quel *barbecue* de la rue Sainte-Catherine. Nous n'étions pas inquiets mais stimulés plutôt par la perspective d'une discussion serrée que nous souhaitions depuis toujours. Nous ne savions pas toutefois comment se présenterait l'entretien; nous savions seulement que notre revue à peine née pouvait en crever. Si l'humeur du cardinal se révélait aussi courroucée que nous le redoutions et que nous l'annonçait la rumeur, l'irréparable pouvait se produire car nous n'avions pas la moindre intention de rétracter quoi que soit. Voulait-il aborder certains sujets sur le mode de la discussion, de l'échange d'idées, ou bien nous annoncer tout de go le coup de crosse qui mettrait fin à *Cité libre*? L'un ou l'autre était possible, dans le climat de l'époque, et ce que nous savions alors du tempérament cardinalice n'avait rien de rassurant. Paul-Émile Léger n'appartenait pas à la race des agneaux ni même à celle des bergers timides. Rien n'indiquait depuis son arrivée à Montréal, qu'il voulût desserrer l'emprise cléricale, bien au contraire. Qu'est-ce donc qui nous attendait, de l'autre côté de cette porte où nous sonnions maintenant?

D'abord un vieux portier bougon qui nous fit passer dans un parloir et disparut aussitôt. «Nous v'là revenus au collège!» me souffla Trudeau, en jetant un regard circulaire sur le mobilier vieillot qui nous entourait. Du haut de leurs cadres, plusieurs pontifes morts et vivants jetaient sur nous des regards froids. Les fauteuils étaient laids, solennels et inconfortables comme ils le sont inévitablement dans tous les parloirs de la chrétienté...

Le cardinal entra. Salutations et poignées de main d'usage puis... rien. Un silence embarrassé de part et d'autre. Mauvais départ. Pourquoi donc notre hôte, à son ordinaire si loquace, se contentait-il de nous regarder en souriant? Attendait-il, sans même les avoir demandées, des explications de notre part? Comme Trudeau non plus ne pipait mot, je pris mon courage à deux mains:

«C'est vous, Éminence, qui nous avez convoqués...»

Il bougea dans son fauteuil.

«*Invités,* précisa-t-il. Il ne s'agit pas d'une convocation. Je vous ai invités, d'abord pour faire connaissance, ensuite pour attirer votre attention sur certains points... de doctrine, soulevés par vos articles. Voyez-vous...»

Il était lancé. La glace était rompue. Qualifier de cordiale la conversation qui suivit serait une grave exagération. Il restait tendu, nous aussi. Mais l'entretien prit le tour d'une discussion raisonnable et polie. Évidemment, le «droit divin des évêques» en constitua le sujet principal. Trudeau resitua la phrase dans son contexte et défendit si vivement sa position que le cardinal en vint à dire:

«Si je devais condamner la revue pour cette proposition... et aussi pour quelques autres... je le regretterais beaucoup, croyez-moi.

— Et nous, coupa Trudeau, nous en appellerions à l'Église universelle, comme c'est notre droit.»

Le cardinal, interloqué, posa, sur Pierre un curieux regard, hésita un moment puis passa au sujet suivant. Je garde un souvenir très vif de ces quelques secondes où se joua, je crois, le sort de *Cité libre,* dans une incroyable atmosphère de querelle médiévale!

Tel était le Québec du temps. Il faudrait encore plusieurs années avant que l'autorité religieuse accepte pleinement notre rôle critique[1].

Pendant dix ans, nous allions aborder tour à tour presque toutes les questions que tout le monde trouvait plus *convenable* de passer sous silence, et en priorité celles qui avaient trait à la liberté d'expression, à la liberté religieuse, à la liberté politique, à la liberté tout court...

Si nous avions suivi notre pente naturelle, sans doute aurions-nous cédé à la provocation ouverte qui avait valu à de grands prédécesseurs comme Olivar Asselin les foudres épiscopales, voire cardinalices. Mais nous étions des hommes d'action. Nous voulions atteindre un objectif bien défini: l'assainissement du climat intellectuel au Québec. Et nous savions qu'une condamnation par les autorités religieuses mettrait fin à l'aventure. Il importait donc de savoir jusqu'où aller trop loin.

Deux amis français, les professeurs Henri Marrou et Paul Vignaux, nous furent précieux sous ce rapport. Car, bien entendu, l'équipe de *Cité libre* ruait souvent dans ses propres brancards. La tentation était forte d'oublier toute prudence et de nous mettre à hurler contre l'oppression cléricale, au lieu de nous en tenir au langage rationnel que nous avions adopté au point de départ. Mais nos deux aînés, qui venaient de Paris

---

1. Dix ans plus tard, en janvier 1961, Mgr Léger nous invitait à dîner, dans sa maison de Lachine, Pierre Trudeau, Jacques Hébert et moi. Ce fut une rencontre amicale. La tension avait disparu de nos rapports; à compter de ce jour-là, ils furent de plus en plus confiants jusqu'au départ du cardinal pour l'Afrique.

chaque automne pour des séries de cours à l'Université de Montréal, nous protégèrent contre nous-mêmes.

Marrou, l'historien, nous rappelait le désastre du Sillon, ce mouvement de jeunes chrétiens progressistes dont la condamnation par Rome, au début du siècle, avait retardé d'une génération, en France, l'émergence d'une gauche chrétienne.

Vignaux, le philosophe syndicaliste, nous proposait des exemples plus séculiers. «Rappelez-vous, nous disait-il, mi-sérieux, mi-badin, la question de Lénine, au temps de Brest-Litovsk. À ceux qui refusaient la honte d'une paix séparée entre l'Allemagne impériale et la Révolution russe, Lénine demandait: «Sommes-nous ici pour mourir avec honneur ou pour sauver le prolétariat?» Mourir avec honneur, poursuivait Vignaux, c'est facile, dans votre cas. Vous cédez à votre impatience, vous publiez quelques textes imprudents, les autorités ecclésiastiques prononcent contre vous une condamnation quelconque et le tour est joué. Ou bien vous cessez d'exister, ou bien vous êtes marginalisés à un point tel que vous ne comptez plus.

«Le difficile, pour vous, c'est de durer. À cette fin, il faut prendre certaines précautions. Ce n'est pas commode, je le sais bien. Feutrer son langage quand on aurait envie de vociférer, garder le ton de la raison quand on est travaillé par la colère... Non, ce n'est pas facile. Mais à cette condition seulement vous atteindrez vos objectifs.»

Marrou renchérissait: «*Ce* que vous avez d'original, ce pourquoi *Cité libre* inquiète, c'est que vos critiques sont formulées par des chrétiens. Vous élevez la voix *à l'intérieur* de l'Église, et cela fait toute la différence. Qu'on vous repousse vers l'extérieur et personne ne vous écoutera plus, sauf le groupe infime des incroyants déclarés.»

Jacques Perrault[1] nous tenait le même langage. Et certains clercs aussi, tels le P. Germain Lalande, un ami de toujours, et le Dominicain Louis Régis, connaissance de plus fraîche date. Mais le prestige de Marrou et Vignaux, compagnons de lutte d'Emmanuel Mounier depuis les premières heures de la revue *Esprit*, nous impressionnait encore davantage.

Bien entendu, «le groupe infime des incroyants déclarés» ne se privait pas, lui, de jouer auprès de nous les provocateurs. Il n'avait à craindre aucune condamnation de notre part!

Toujours dans le même vieux dossier, je retrouve un étrange document dont j'avais oublié l'existence. C'est une lettre de l'écrivain Claude Gauvreau. Elle porte la date du 27 janvier 1951.

«Mon cher Gérard Pelletier,

«Croyez-vous à la liberté de parole? Non, bien sûr. Et en voici la preuve. L'article que je vous communique, un autre journal a refusé de le publier. Et vous n'aurez pas non plus l'indépendance, la vigueur et le courage moral de le publier.

«Ce qu'un journal moins inimical que le vôtre a eu la lâcheté de ne pas m'accorder, votre journal l'interdira consciencieusement à un ennemi.

«Les idées contenues en cet article, vous ne vous reconnaîtrez ni la compétence ni la responsabilité de les discuter en plein air.

«Bien sûr.

«Les excuses ne vous manqueront pas: longueur, mauvais style, pléonasmes, etc.

---

1. Éminent juriste montréalais, conseiller juridique du *Devoir,* Jacques Perrault avait mis au point, en souriant, une théorie du «paradoxe fécond». Avocat de l'archevêché, il soutenait d'autre part la cause de la *gauche.*

«Ayez le cynisme de les énumérer.

«En toute conscience de mon
inaliénable supériorité,

«Claude Gauvreau».

Il avait raison sur un point: *Cité libre* n'a jamais
publié le texte qu'il nous adressait. Je pense bien que
cet article est resté inédit jusqu'à ce jour. Il s'intitule:
Spellman, Rossellini et la censure. Il commence par
les deux paragraphes que voici:

«Le cardinal Spellman — cet individu gras aux petits
yeux sournois et acerbes — a eu la nostalgie, sans
doute, des réflecteurs publicitaires. On ne parlait plus
de lui; les cajoleries professionnelles des journalistes
américains détournaient de son auréole leur satin
filial; il s'est senti lésé. Le cardinal Spellman — cet
individu gras au faciès buté de Tartuffe machiavélique
— a déclaré la guerre à Roberto Rossellini.

«Le boycottage du film *Le Miracle* a été ordonné.

«*The Legion of Decency* — cet organe de chantage
reptatoire, fabricateur de refoulements multiformes
exploitables en sublimation mystique — a commencé
d'agiter toutes ses pattes d'araignée: hystériques,
hallucinés, faibles d'esprit, ambitieux, cocus, joueurs
misant sur l'autel, spéculateurs, tous ont coordonné le
rythme de leur branlement malsain. C'est par
l'obscurantisme que l'évidence se combat!»

Tout le texte est dans cette veine.

Je n'arrive plus à comprendre pourquoi Claude
Gauvreau se concevait (ou croyait que nous le
considérions) comme un ennemi. Cela n'avait effleuré
l'esprit d'aucun de nous. Je m'étais bien permis, dans
une chronique du *Devoir,* de me moquer un peu de
lui, mais non sans bonne humeur, il me semble. Le
plus curieux passage de sa lettre reste pourtant celui
où il prévoit, de notre part, des reproches de
«longueur, mauvais style, pléonasmes, etc.» Il n'entrait

pas dans nos habitudes de jouer les cuistres ni les professeurs de grammaire. Et si nous avions le culte de la correction linguistique (grâce à Pauline Lamy qui veillait sur nos participes), il ne nous serait pas venu à l'esprit de servir des leçons aux autres ni surtout d'utiliser les fautes de grammaire comme excuse, quand nous avions d'autres raisons de refuser un article.

Je ne me souviens plus de la réponse que nous lui avons faite et je n'en retrouve aucune trace dans mes dossiers. Mais si nous n'avons pas publié le texte de Claude Gauvreau, malgré notre accord avec lui contre toute censure, c'est que nous en refusions la violence verbale. *Cité libre* n'était pas un pamphlet.

Par ailleurs, nous n'avions ni le loisir ni la compétence qui nous eussent permis d'en faire une revue vraiment sérieuse. Nous étions pleins d'envie à l'endroit de nos amis français, anglais et américains qui pouvaient en un clin d'œil rassembler trois économistes, six politologues ou douze psychiatres prêts à rédiger un article de fond sur n'importe quel sujet donné. De qui disposions-nous pour traiter des problèmes graves et complexes dont souffrait notre société? D'une poignée de jeunes gens dévorés par l'action et qui n'étaient même pas tous passés par l'université.

L'inquiétude engendrée par cette conscience de nos faiblesses devait trouver son expression dès le deuxième numéro de *Cité libre*.

Beaucoup de lecteurs, écrivions-nous, «se méfient de notre aventure; certains vont même jusqu'à nous refuser tout crédit et tiennent pour condamnée d'avance une recherche où, d'après eux, nous remplacerons fatalement la compétence par de bonnes intentions.

«C'est sûrement l'objection qui nous touche le plus. (...) À chaque pas, dans notre travail, nous constatons l'absence d'un spécialiste vraiment au fait de telle ou telle question. (...)

«Il serait donc très facile de quitter la partie. (...) Nous aurions pu constituer de *Cité libre* une livraison unique, toute remplie d'une démonstration prouvant qu'il est impossible, au Canada français, de rédiger une revue vraiment sérieuse.

«Mais nous avons cru meilleur de tenter le coup[1].»

Dans l'épisode relaté plus haut sur les hésitations de l'équipe, au moment d'intégrer Trudeau, le sentiment de notre insuffisance joua un très grand rôle. Et quand Guy Cormier écrit que «le point de vue de Pelletier (...) l'emporta, si bien que Trudeau resta», il me fait trop d'honneur. C'est le bagage intellectuel de Pierre qui lui servit finalement de passeport et lui mérita très tôt la confiance du groupe.

Au milieu de septembre 1950 (notre deuxième livraison ne paraîtrait qu'en février 1951!), je recevais d'Ottawa une lettre de lui au sujet d'un numéro spécial dont l'équipe lui avait confié l'élaboration. Trudeau travaillait alors au Conseil privé, d'où les scrupules dont il fait état et qui entraîneront, un an plus tard, son retour à Montréal.

«Ottawa, 17 septembre 1950.

«Mon cher Gérard:

«Je t'envoie le plan, en 4 parties, d'un numéro sur la guerre et la paix. Toutes sortes de préoccupations réelles m'ont empêché de le faire avant, et même de mettre à ce que je te livre la réflexion qu'il aurait fallu.

«Examinez-le le plus tôt possible. Il faudra du reste vous résigner à ce que beaucoup de réunions se tiennent sans moi, à l'avenir. Je suis prêt à y aller

---

1. *Cité libre confesse ses intentions,: Cité libre,* no 2, février 1951, p. 7.

aussi souvent qu'avant, mais cela n'est pas assez, d'autant plus que le samedi n'est pas souvent le jour qui vous convient le mieux.

«Je ne sais pas si vous jugerez le plan que je vous soumets réalisable. Les quatre articles demanderont beaucoup de travail et pourtant c'est un minimum si on veut faire un numéro sur le sujet.

(...)

« Avant de décider de la tâche qui devrait me revenir, je vous engage à songer que mon rôle ici devient de plus en plus délicat. Tant que je serai au service civil (Fonction publique), il me faudra observer les règles du jeu. Or j'ai eu cette semaine de longs entretiens avec un avocat de la Commission du service civil pour m'éclairer là-dessus. Il appert que je serais extrêmement imprudent d'écrire quoi que ce soit qui toucherait à la controverse politique.

(...)

«Donc, bref, en somme, pour tout dire en un mot..., le seul article qu'on pourrait me donner (confier) serait le premier, sur la théorie de la paix, et encore il faudrait que je demeure très théorique.

(...)

«Je ne comprends pas d'ailleurs que je ne vous aie pas expliqué cela samedi dernier. C'était pourtant évident que, de tous les sujets possibles, la politique extérieure de notre gouvernement était celui que je devais le moins discuter à ce stade-ci des événements internationaux. Que je n'y aie pas pensé tout de suite, voilà une indication sûre que je n'ai pas encore les réflexes d'un rond-de-cuir.

«S'il y a réunion samedi, fais-le moi savoir. Si c'est à l'île Perrot, j'arrêterai en route d'Ottawa. Et merde! tâchons de commencer avant dix heures.

«Paix et fraternité,

«Pierre.»

Le numéro spécial ne parut jamais. Seul Trudeau lui-même devait rédiger son texte, d'ailleurs remarquable, qui fut publié en mai 1951 et signé *Cité libre*. Bien entendu, c'est la guerre de Corée, prélude à la guerre froide, qui en fait l'objet. Après cet article, non seulement Pierre fut intégré de plein droit à la rédaction de *Cité libre* mais il en devint un animateur indispensable. Un numéro de la revue qui n'affichait pas son nom au sommaire paraissait terne à nos lecteurs les moins exigeants.

Je dois noter aussi qu'il fut plus fidèle à *Cité libre* qu'à n'importe quelle autre entreprise de sa vie... sauf, tout de même, le projet politique qui l'occupe depuis bientôt vingt ans!

À la fin de 1951, la revue était bien en vie. Elle commençait l'existence agitée, chaotique qui fut la sienne. Une revue vraiment pas comme les autres!

J'ai déjà noté qu'en huit ans nous n'avions publié que vingt numéros, au lieu des trente-deux attendus d'un trimestriel. Pourquoi cette irrégularité? Il existe sans doute une explication différente pour chacune de ces années, par exemple une grève à Louiseville, une longue absence de Trudeau en Europe, l'avortement d'un numéro spécial (trop de collaborateurs nous ayant fait faux bond), et que sais-je encore? Nos structures, comme on dirait aujourd'hui, étaient si fragiles que le moindre incident suffisait à les ébranler.

L'étonnant, c'est que la revue ait provoqué tant de remous en dépit de ses mauvaises habitudes de parution. Un camarade qui enseignait à l'étranger, dans les années 50, m'écrivait à ce sujet: «Vraiment, je n'y comprends rien. Tous les journaux québécois que je reçois ici font à *Cité libre* des allusions si fréquentes qu'on vous prendrait pour un quotidien, alors qu'en réalité vous n'êtes pas foutus de paraître quatre fois l'an!»

L'explication de ce phénomène, c'est sans doute que nous refusions le jeu du silence obéissant. Il suffit d'une voix pour rompre le silence. Les balbutiements de *Cité libre*, malgré notre tirage restreint, suffisaient à poser un problème devant l'opinion. Une fois le problème posé, tout le monde sentait le besoin d'en discuter. Les publications conservatrices ou carrément réactionnaires, comme l'*Action catholique* de Québec ou *Notre Temps* à Montréal, volaient au secours de l'Église, voire de l'ordre public qu'ils croyaient menacés! Les autres périodiques profitaient souvent d'une brèche ouverte par *Cité libre* pour y glisser leurs propres commentaires. Et comme ils nous laissaient toujours l'entière responsabilité du silence rompu, ou disons mieux: comme ils se défendaient sur nous d'aborder à leur tour les sujets tabous, nous devenions l'objet de très nombreux articles.

Enfin, le bouche à oreille avait encore, dans nos milieux religieux, l'extraordinaire efficacité du téléphone arabe.

Dès sa deuxième livraison, *Cité libre* commença de circuler dans les collèges, couvents et maisons de formation du clergé où s'éduquait alors notre intelligentsia tout entière. Clandestinement, bien sûr! Un copain avocat desservait, par exemple, le scolasticat des Jésuites, fréquenté à cette époque par quelques centaines d'étudiants en théologie. Comme il s'agissait d'un internat, il fallait attendre le premier congé pour que des courriers viennent cueillir au bureau du camarade les deux exemplaires de la revue déposés là à leur intention...

Quant au clergé diocésain, nous y comptions de nombreux amis à cause de nos années dans la J.E.C. Ils s'abonnèrent en toute bonne foi, ce qui ne manqua pas d'irriter plusieurs évêques. Plus prompt à la riposte que la plupart de ses confrères, Mgr Philippe Desranleau, archevêque de Sherbrooke, nous fit l'honneur de quelques phrases dans l'un de ses mandements. Il y déconseillait aux prêtres la lecture de *Cité libre* et demandait à ceux qui auraient déjà souscrit des abonnements de les annuler sans délai. Or la vérification soigneuse de nos listes, dans les mois qui suivirent, se révéla intéressante. Non seulement les lecteurs déjà acquis nous restèrent fidèles mais plusieurs curés sherbrookois, jusque-là indifférents, devinrent nos abonnés dans les semaines qui suivirent. Sans bruit.

Dire que l'influence de la revue ne nous préoccupait pas, ce serait mentir. Pourquoi diable, dans cette hypothèse, nous serions-nous donné la peine de la publier? Mais nous n'étions pas non plus maladivement soucieux de son rayonnement. Aucun de nous ne comptait sur *Cité libre* pour se faire connaître; nous avions accès à d'autres journaux, à la radio, à la télévision. Nous n'étions ni en mal de notoriété, ni candidats à aucune élection. Nos énergies étaient déjà requises par d'autres tâches.

Mais les dates fantaisistes de parution, le désordre de l'administration et de la diffusion s'expliquent par une autre raison encore: *Cité libre* était le lieu privilégié de notre réflexion. Nous pouvions peut-être bâcler certains articles de journaux mais, pour la revue, nous ne donnions rien moins que le meilleur de nous-mêmes. Ce *meilleur* peut paraître navrant, aujourd'hui, à ceux qui se relisent. Mais quand ils se reportent à ce temps-là, ils peuvent se rendre le témoignage rétroactif d'une vigilance sévère. Nous retardions sans complexe la parution d'un numéro dès qu'il se révélait possible d'en améliorer la teneur par quelques semaines de travail additionnel.

Ce scrupule étonnait certes nos contemporains et davantage encore nos cadets. Je revois une expression de surprise effarée sur le visage d'un très jeune homme, invité par hasard à l'une de nos rencontres.

Ce garçon était de passage à Montréal, entre deux semestres de ses études à Paris. Je ne sais plus qui l'avait convié ce soir-là chez Charles Lussier, rue Rockland, dans le vaste sous-sol où nous nous retrouvions souvent. Il y avait là notre groupe habituel mais aussi Anne Hébert qui venait de publier dans *Cité libre* son poème *Le Tombeau des Rois*. Tandis que chacun prenait place, je surveillais du coin de l'œil notre jeune invité qui nous avait apporté un texte mais ne savait à qui le remettre et le tenait gauchement sur ses genoux, comme impatient de s'en débarrasser.

La réunion commença.

C'est Maurice Blain, si mon souvenir est exact, qui nous proposait ce soir-là un long article pour la livraison suivante. Après un bref préambule, il en entreprit la lecture à haute voix, selon le rite désormais établi. Tout le monde écoutait dans un silence religieux, y compris notre invité qui n'avait pas l'air de comprendre le sens de cet exercice. Il promenait son regard autour de la pièce, plus intéressé au comportement de l'assemblée qu'à la lecture de Blain.

Mais c'est au terme de cette lecture qu'il faillit perdre contenance quand chacune et chacun, tour à tour, se mit à faire la critique de ce que nous venions d'entendre. Déjà, à cette époque, l'équipe était rodée. On n'y allait pas par quatre chemins pour formuler son point de vue et les commentaires fusaient de toutes parts, blâmes et louanges mêlés, avec un minimum de précautions oratoires.

Mon jeune voisin n'en revenait pas. Est-ce que Maurice Blain allait se lever, remettre son texte dans sa serviette et quitter la pièce en claquant la porte?

Mais non. L'exercice se poursuit. L'auteur accueille avec bonne humeur les remarques les plus abruptes.

Parfois il note un propos, dans un carnet qu'il appuie sur son genou. Parfois il argumente, défend son texte, refuse nos interprétations. Sur certains points, ce sont les critiques qui battent en retraite, persuadés par Maurice et ses explications patientes, exprimées sur un ton calme, d'une voix douce.

Après une bonne demi-heure de cet échange sur *Une dynamique de notre culture,* c'est moi qui entreprends la seconde lecture. Mon texte s'intitule, je crois: *Crise d'autorité ou crise de liberté?* Il passe au crible. J'entends encore Trudeau qui ouvre le feu en se demandant tout haut d'où me vient la manie des points d'interrogation à la fin de mes titres. Et tout à l'heure, quand chaque page aura fait l'objet d'une contestation en règle, c'est encore Trudeau qui me reprochera de tuer ma pensée dans ma conclusion, «comme nous avons tous tendance à le faire, comme si, en cours de route, nous perdions le courage de nous rendre jusqu'au bout, comme si nous refusions les conséquences de nos prémisses».

Le visiteur n'en revient pas. Une fois le travail terminé, alors que s'amorce la modeste beuverie non moins rituelle qui termine toutes nos rencontres, je le vois venir vers moi, son verre à la main, timide et de toute évidence très préoccupé. Il me demande:

«Vous travaillez toujours ainsi?

— Oui. Toujours.

— Et chaque texte de la revue est aussi férocement décortiqué?

— Tous les textes importants, oui. Mais parfois, ils sont meilleurs que le mien et n'appellent pas autant de réserves.

— Quand même... dit-il d'un air rêveur. Je me demande si je pourrais me soumettre à cette règle. Et l'amitié, entre vous, n'en souffre pas trop?

— L'amitié, non. La vanité, parfois. Mais on s'en remet vite, parce que nous sommes des amis, justement.

— Quand même...» répète-t-il en s'éloignant.

Et je note qu'il a remis dans sa poche l'article qu'il nous apportait.

Ce garçon s'appelait Hubert Aquin.

Chapitre VI

Vox populi

*L'Histoire ne fait pas de pauses.
Jamais on ne peut se mettre en
dehors du jeu.*

P.-L. Landsberg

«Paname, dimanche 16 mars 1952.

«Cher ami, c'est-à-dire Monsieur,

«Tu as pu me poser une question fort précise, parce que tu n'y ajoutais aucun des éléments qui me permettraient d'y répondre intelligemment. Par contre, cette carence dans ta lettre d'hier me permet de répondre immédiatement, car c'est la réflexion qui aurait pris du temps.

«Eh bien! oui, «l'idée (me) séduirait d'une candidature au provincial, probablement *dans l'amiante,* avec l'*entier appui* des forces syndicales et des copains, bien entendu.» Elle me séduirait parce que de ma vie je ne me suis jamais trouvé dans un état d'aussi grande disponibilité physique et morale; parce que je suis prêt aux pires bêtises; parce que, somme toute, je suis actuellement plutôt pitoyable. J'allais partir vers la mi-avril pour aller végéter et écrire au soleil de Sicile, un temps indéfini; mais somme toute, ça me serait égal d'aller végéter là-bas, où brille le Duplessis-Soleil. L'avantage de la Sicile est que le nombre de bêtises que je pourrais y commettre est limité. Tandis que l'aventure que tu proposes — si elle est mal conduite — peut compromettre un certain nombre d'idées, en même temps que l'avenir de plusieurs hommes.

«Je compte sur ton amitié pour ne pas me faire faire de bêtises tandis que je suis en état d'hypnose. Ne te demande pas si je suis sérieux — je le suis. Tout ce qui me permet de répondre affirmativement à ton «feeler» est un acte de foi en ton jugement. Mais si vous voulez autre chose qu'un homme de paille; si vous voulez un candidat qui l'est devenu librement et se conduit intelligemment, il faut me faire une proposition intelligente.

«1- S'agit-il d'une élection générale ou complémentaire?

«2- Y aura-t-il plusieurs candidats syndicaux? Qui?

«3- Dans quels comtés? Est-ce qu'on a commencé à *travailler* ces comtés?

«4- Qu'est «l'entier appui des forces syndicales»? C.C.T., C.M.T., C.T.C.C.?

«5- La C.T.C.C. abandonne-t-elle officiellement sa constitution apolitique?

«6- Y a-t-il un programme électoral précis? Y travaille-t-on?

«7- Y a-t-il une machine électorale à la disposition des candidats (e.g. les chefs syndicalistes seront-ils encouragés officiellement à faire de la politique?).

«8- D'où viendront les finances?

«9- Qui sont les 4 ou 5 copains dans le complot, à qui «l'affaire paraît très sérieuse»?

«10- Ma candidature (heureuse ou malheureuse) exclut-elle la possibilité que je devienne «aviseur technique» de la C.T.C.C. (la job que Marchand m'offrait jadis)?

«11- M'as-tu écrit surtout parce que «Marchand veut savoir...», ou parce que tu te sens toi-même vitalement engagé dans la combine?

«Je te laisse en souhaitant que ta prochaine lettre soit moins simpliste. Puis dis donc à Alec de m'écrire dix lignes amicales. C'est quand, la première communion d'Anne-Marie? Si c'est bientôt, je ne pourrai pas rapporter à temps les choses demandées.

(...)

«Si la Conférence économique à Moscou marche, je
quitterai peut-être Paris dans six jours pour
m'attarder en route en Autriche et en
Tchécoslovaquie. Je ne reviendrais donc à Paris que
vers la mi-avril, et je veux de tes nouvelles avant ça.

«Zig heil! Skalski!

«Trudienko.»

Je n'ai aucune peine, aujourd'hui, à me remémorer la
genèse de cette lettre postée de Paris, par Pierre
Trudeau, en réponse à la mienne.

«Si vous tenez tellement à faire de la politique, nous
avait dit Daniel Johnson, trois ans plus tôt, pourquoi
pas vous faire élire?» À la vérité, nous ne tenions pas
du tout à «faire de la politique», mais nous refusions
de vivre dans une société bloquée. Or, il devenait
évident, au début des années 50, que tous les milieux
du Québec étaient mûrs pour le changement, à
l'exception du milieu politique.

Le patronat, par exemple, commençait à évoluer. Si les
petites entreprises et les secteurs industriels en
difficulté cherchaient encore abri sous l'aile de
l'intégrisme religieux, du conservatisme et de la
réaction, les grands employeurs, au contraire,
redoutaient une explosion et cherchaient à la prévenir.
Sans doute épuiseraient-ils tous les bénéfices qu'un
régime rétrograde leur assurait encore, mais ils
comprenaient désormais que cette exploitation ne
pourrait pas durer toujours. Ils entrevoyaient la fin de
certains privilèges. Ils se disposaient à traiter avec le
syndicalisme québécois qui s'affirmait de plus en plus.
Il y aurait encore des grèves très dures, des attentats
multiples contre le droit d'association; rien n'était
encore gagné, mais le changement s'amorçait.

De même, en dépit de ses structures vieillottes, le
système d'enseignement commençait à bouger. L'école

obligatoire et la multiplication brusque des naissances, dans l'après-guerre immédiat, produisaient leur effet. Les établissements scolaires étaient physiquement débordés par l'affluence des élèves — et les communautés religieuses, à court d'adhérents, sentaient leur monopole compromis par l'arrivée en masse des enseignants laïques. Au niveau des collèges et de l'université, certaines revendications prenaient forme en faveur d'un enseignement secondaire gratuit, d'un accès plus ouvert à l'enseignement supérieur, d'un renouveau des méthodes pédagogiques. Certes, les vieilles structures résistaient. Il faudrait encore une décennie pour que ces réformes s'imposent. Mais déjà le mouvement était engagé. Non seulement des voix laïques se faisaient entendre mais beaucoup d'esprits ouverts, au sein même du vieux système clérical, amorçaient le virage.

Le clergé, dans son ensemble, se posait de sérieuses questions: sur son rôle, son pouvoir usurpé, sa traditionnelle omnipotence qu'il sentait désormais fragile. Le ferment de l'action laïque, au sein même de l'Église, avait remis en cause la confiscation par les clercs de responsabilités qui ne leur appartenaient pas.

Le changement prit d'abord la forme de controverses byzantines dont on a peine à croire aujourd'hui qu'elles aient pu passionner des hommes raisonnables, en plein mitan du XXe siècle! Elles ne portaient pas, ces controverses, sur des questions théologiques. Il n'y était pas question du *filioque* mais de problèmes résolus depuis belle lurette dans l'immense majorité des sociétés occidentales.

On se querellait, par exemple, sur la confessionnalité des coopératives et des syndicats ouvriers. Les traditionalistes dénonçaient violemment la neutralité de ces institutions (c'est-à-dire, en langage clair, leur liberté par rapport à l'autorité directe du clergé) comme une trahison de la foi chrétienne! Ils prétendaient aussi que l'Église avait défini pour les croyants une doctrine sociale aussi contraignante que les principes religieux les plus sacrés et qui leur dictait d'avance certaines options politiques.

Dans le domaine de l'enseignement, fallait-il ouvrir aux jeunes filles l'accès aux humanités classiques ou bien confiner toutes les étudiantes à l'apprentissage de la maternité, des «sciences familiales»? L'épiscopat pouvait-il admettre que le Québec se dotât, comme tous les autres États, d'un ministère de l'Éducation? Était-il concevable que nos universités pontificales (elles l'étaient toutes) eussent jamais à leur tête des recteurs laïques?

Non seulement ces questions se posaient mais elles faisaient l'objet d'interminables débats entre évêques. Et les grands ordres religieux y participaient avec fureur: Jésuites à droite, Dominicains à gauche. La discussion, en général, n'atteignait pas le grand public. Il était rare que la presse quotidienne y fît écho, sauf par quelque référence oblique au détour d'un éditorial.

Mais, parfois aussi, un évêque plus irritable que les autres se permettait un éclat. Ainsi Mgr Philippe Desranleau, archevêque de Sherbrooke, publia un jour une lettre dans laquelle il dénonçait les clubs sociaux non confessionnels et interdisait à ses diocésains d'en faire partie. Apparemment, sa ville épiscopale était infestée de Lyons, de Mooses et autres Elks. Il n'est pas chrétien, remarquait au passage le pontife, de donner à des personnes humaines de tels noms d'animaux. Cela relevait, d'après lui, d'une mentalité païenne. Bien entendu, il ne manqua pas de clercs malicieux pour relever dans la Bible le Lion de Juda, le Cerf altéré, l'Agneau de Dieu... Mais cela ne réglait pas un autre aspect de la question: les Clubs Richelieu, d'inspiration chrétienne, devaient-ils, oui ou non, demander à leurs évêques de leur désigner des aumôniers?

Que faire, devant ces controverses? En observer le déroulement d'un air goguenard? Les écarter du bout du pied? S'en amuser, aux dépens des protagonistes? Ç'eut été une erreur.

Certes, nous n'avions guère le goût de nous en mêler. Mais l'importance du phénomène nous paraissait considérable. Il fallait que ce déblayage fût entrepris, si jamais les vrais problèmes devaient être abordés. Et puis, ces débats ébranlaient les colonnes du temple clérical. Le monolithisme étant l'ennemi, dès qu'on cessait de penser à l'unisson la liberté retrouvait un peu de vie. La moindre fissure dans le bloc massif de l'idéologie dominante créait un espoir. La suite des événements devait montrer que ce bouillonnement, si grotesque qu'il eût pu paraître à certains, annonçait des évolutions d'une extraordinaire ampleur.

En revanche, aucune hirondelle n'annonçait le plus timide printemps politique. Au contraire, le gouvernement Duplessis durcissait ses positions. Il se retranchait dans un refus féroce de tout changement, fondé sur une apologie constante de nos traditions, des pires comme des meilleures, mais surtout des pires. On nous répétait sur tous les tons, avec l'emphase caractéristique du régime, que nous avions le meilleur système d'enseignement du monde, que la paix sociale régnait au Québec comme nulle part ailleurs dans l'univers, que nous étions exempts des maux dont les États-Unis et la France se mouraient, que nous seuls avions gardé les valeurs chrétiennes partout ailleurs bafouées, et quoi encore?

Nous en avions la nausée. Mais la question commençait de se poser, obsédante: comment diable aboutirions-nous jamais aux mutations sociales qui s'imposaient, si Maurice Duplessis restait rivé au pouvoir? Car c'est bien lui qui bouchait l'horizon. Et son régime ne donnait encore aucun signe de faiblesse. Sérieusement secouée par la grève de l'amiante en

1949, l'Union nationale s'était vite ressaisie. Un an à peine après la fin de ce conflit, la population de Thetford reportait au poste de maire un député duplessiste qui n'avait pas levé le petit doigt, tandis que la grève affamait cette ville minière, si ce n'est pour appuyer la répression gouvernementale. À travers le Québec, les notables de tous poils serraient les rangs autour du *Chef*. L'opposition parlementaire à l'Assemblée cherchait encore son programme et sa position de combat. Le gouvernement fédéral, sauf en matière d'autonomie, semblait s'accommoder fort bien d'une dictature larvée qui empêchait le Québec d'entrer dans le XXe siècle.

Bref, les forces nouvelles ne trouvaient d'expression politique que marginale et confuse. À l'approche d'une élection générale, nous cherchions désespérément le moyen de faire une percée, si modeste fût-elle, dans le secteur politique. Nous savions désormais qu'il faudrait en venir là, que l'action syndicale ou sociale ne pouvait pas aboutir, aussi longtemps que les leviers du pouvoir politique restaient aux mains d'une clique principalement soucieuse de se perpétuer elle-même.

De quels moyens disposions-nous?

Il n'était pas question d'entreprendre une action d'envergure. Le Parti libéral de l'époque n'était pas encore celui de la Révolution tranquille. Son libéralisme, écrivait Pierre Vadeboncœur dans *Cité libre,* «n'est pas révolutionnaire: il est révolu». Fallait-il y entrer pour le transformer de l'intérieur? Peut-être avons-nous eu tort de ne pas choisir cette voie qui devait, en 1960, réussir à René Lévesque. Mais cela nous parut impossible, non seulement parce que cette formation, à l'époque, n'était guère plus accueillante à des gens de notre espèce, ni plus ouverte à la démocratie que l'Union nationale elle-même, mais surtout parce que nos *forces,* une poignée de militants, étaient engagées à fond dans un mouvement ouvrier qui se voulait strictement apolitique. Quant à la C.C.F., le Parti travailliste du temps, il n'avait même pas d'appellation française et ne disposait au Québec ni de la moindre audience, ni de l'organisation la plus embryonnaire.

«Quand même, répétait Jean Marchand au terme de nos analyses les plus sombres, il ne faut pas rester là les bras croisés. Les gars de l'amiante ne se sont pas battus pour rien. Il faut trouver le moyen de prouver que tout le monde ne marche pas avec Duplessis. Le mouvement ouvrier a besoin d'une voix au parlement de Québec.»

De là était née l'idée (qui mourra dans l'œuf) de trois ou quatre candidatures syndicales aux élections de l'été. Pierre Trudeau, dans sa lettre, réagissait de Paris à la proposition que Marchand m'avait chargé de lui transmettre. Je ne me souviens plus des termes exacts de mon épître. Et sans doute le Trudeau nomade de l'époque a-t-il abandonné celle-ci dans la corbeille à papier de quelque chambre d'hôtel.

Mais j'ai retenu les grandes lignes du projet. Il s'agissait de choisir quelques circonscriptions ouvrières où le syndicalisme était déjà musclé (par exemple Asbestos, Shawinigan et Thetford) et d'y mettre sur les rangs des candidats syndicalistes qui ne se réclameraient d'aucun parti. Marchand se faisait fort de libérer une équipe de permanents pour faire la campagne et de mobiliser en sous-main les troupes syndicales à l'appui de cette entreprise.

Comme on le voit, il ne s'agissait pas de battre le gouvernement en place. Les libéraux eux-mêmes, dans le secret de leur cœur et de leurs confidences, reconnaissaient la chose impossible. Mais si nous parvenions à faire élire quelques hommes, ou même un seul, les travailleurs auraient une voix à Québec. Ces représentants, M. Duplessis ne pourrait pas les charger de tous les péchés accumulés en quarante ans de pouvoir par les gouvernements libéraux d'avant-guerre! Il ne pourrait pas les écarter du revers de la main, comme il avait écarté les députés nationalistes du défunt Bloc populaire, en proclamant que «seule l'Union nationale peut se prétendre l'héritière des grands patriotes du passé». Derrière ces quelques hommes se dresserait la force croissante du mouvement ouvrier; on ne pourrait pas les bafouer sans qu'il se passe quelque chose dans la rue. Asbestos l'avait prouvé.

Nous rêvions.

Et quand je dis nous, je ne parle pas seulement de Marchand et de moi mais de toute l'aile marchante de la C.T.C.C. Gérard Picard nous écoutait avec intérêt. Jean-Paul Geoffroy et Jacques Archambault poussaient à la roue. Et parmi les autres militants syndicaux d'alors, Rodolphe Hamel, le vétéran d'Asbestos, Daniel Lessard, de Thetford, Lavergne et Brûlé, de Shawinigan, Adrien Plourde, d'Arvida, Marcel Pépin à Québec étaient de la partie avec beaucoup d'autres. Hors du mouvement ouvrier, l'idée séduisait quelques journalistes (dont toute l'équipe de *Cité libre*) et plusieurs professeurs d'universités. Mais que de réserves s'exprimaient, au moment de passer à l'action concrète!

De Paris, Pierre Trudeau les avait devinées. Sauf la première question de sa lettre (élection générale ou complémentaire?) qui semble posée du point de vue de Sirius, étant donné l'échéance du mandat gouvernemental, les autres interrogations de sa lettre sont d'une rare pertinence.

Je ne sais plus ce que je pus lui répondre, mais la rédaction de ma seconde lettre fut sans doute assez laborieuse.

Oui, nous songions à plusieurs candidats mais aucun autre que lui ne se profilait à l'horizon. Non, personne ne s'était encore mis à la tâche pour «travailler» les circonscriptions choisies. Savions-nous, du reste, en quoi consistait ce *travail?* Je crains bien que non. Nous manquions totalement d'expérience électorale, nous n'avions que mépris pour les *travailleurs d'élections* classiques dont l'Union nationale avait fixé le type, à mi-chemin entre l'escroc et le fier-à-bras. Peut-être avions-nous tendance à confondre organisation syndicale et travail électoral, sans faire les distinctions que la réalité commandait.

Mais là où Pierre touchait le vif du sujet, c'est en demandant avec une fausse candeur si «l'entier appui des forces syndicales» incluait la participation des *internationaux* américains, affiliés à l'American Federation of Labor et au Congress of Industrial Organizations. Car il régnait au Québec une atmosphère carrément schismatique dans le mouvement ouvrier. À la rigueur, C.T.C.C. et C.T.C. (C.I.O.) pouvaient envisager une action commune. Mais les affiliés de l'A.F.L. (F.T.Q.) vieux syndicats de métiers, entretenaient avec Maurice Duplessis et son gouvernement un flirt à peine dissimulé. Ils se rangeaient sans honte sous la bannière du *syndicalisme d'affaires.* Leur président me déclara un jour, à l'occasion d'un débat public auquel nous participions tous les deux: «Il n'y a pas de principe que je ne suis pas prêt à troquer, en négociation, contre une augmentation horaire de dix ou quinze cents.» De plus, la montée spectaculaire de la C.T.C.C., au cours des années 40, et son militantisme nouveau inquiétaient vivement une A.F.L. québécoise depuis longtemps *rangée des voitures* ou *tranquille aux portes,* comme on disait alors. Pouvait-on croire qu'elle s'engagerait dans une aventure politique pour le moins hasardeuse et qui viendrait interrompre un hyménée encore jeune avec le gouvernement au pouvoir?

D'ailleurs, au sein même de la C.T.C.C., il ne manquait pas de vieux militants pour se voiler la face à la simple évocation d'une action électorale. Car, si le syndicalisme hésitait à *travailler* des circonscriptions, les hommes de Duplessis *travaillaient* depuis longtemps les milieux syndicaux, sans le moindre scrupule. À coups de faveurs modestes et d'infimes privilèges (on gardait les grosses sommes et les vraies sinécures pour les notables) le parti au pouvoir avait noyauté certaines fédérations professionnelles. Il comptait dans leurs rangs des amis sûrs qui résistaient de leur mieux à tout effort de renouveau. Le débat sur l'action politique, ouvert au sein de la C.T.C.C. après la grève de l'amiante, n'avait encore abouti qu'à des mesures timides. Nous étions loin de pouvoir compter sur un engagement du mouvement lui-même, avec ses hommes et ses ressources, dans une entreprise électorale. Si l'équipe dirigeante de la C.T.C.C., sans parler de la F.T.Q. (A.F.L.) ni du C.T.C. (C.I.O.), avait encouragé officiellement ses membres à faire de la politique, il en eût résulté de sérieux contrecoups au sein du mouvement.

On pouvait certes attaquer ouvertement telle ou telle mesure gouvernementale et les dirigeants ne s'en privaient guère. Mais franchir le pas vers un appui déclaré à tel ou tel candidat était une autre affaire.

Ce que Trudeau appelle «la combine» que nous cherchions à mettre au point visait justement à franchir cette étape mais en évitant de provoquer un ressac susceptible de ruiner l'entreprise. C'est pourquoi nous avions imaginé d'agir hors des partis, de provoquer des candidatures spécifiquement syndicales. Mais alors, sur quel programme précis s'engageraient ces hommes? Pouvaient-ils faire abstraction de tous les autres problèmes et centrer leur action sur les seuls aspects ouvriers ou syndicaux de la politique québécoise?

Trudeau revint au Canada. La discussion amorcée par sa lettre se poursuivit pendant quelques semaines. Mais le projet tourna court. Si j'en parle ici, c'est qu'il fut l'occasion d'une réflexion en profondeur, non plus seulement sur les fins générales de l'action politique mais sur les moyens concrets et pratiques d'en assurer l'aboutissement. Pour la première fois peut-être, des hommes de notre génération et de notre famille d'esprit envisageaient sérieusement de se faire élire. Et pour la première fois aussi, Pierre Trudeau et Jean Marchand se trouvaient associés dans la mise au point d'un projet commun. C'était le début d'une longue association. Il se passerait encore treize ans avant qu'elle n'aboutisse à l'engagement définitif des deux hommes, à leur ferme résolution de se faire élire.

Si je me souviens mal des circonstances exactes qui entourèrent l'abandon du projet, c'est qu'il y en eut tant d'autres par la suite dont la vie fut aussi brève! J'ai parlé plus haut des joies de l'opposition; nous devions en faire une très longue expérience...

Je revois toute cette période jalonnée de *victoires triomphales* pour les forces duplessistes et d'humiliations pour tous leurs adversaires. Au palier fédéral, le paysage n'était guère plus réjouissant. Comment eut-il pu l'être, pour nous? Notre idée du fédéralisme impliquait la participation d'un Québec moderne et vivant. Aussi longtemps que la principale composante francophone du pays restait en veilleuse, repliée sur elle-même, aussi longtemps qu'elle refusait de suivre l'évolution de son temps, comment pouvait-elle jouer son rôle au sein du Canada et imprimer, sur ce pays en plein devenir, sa marque propre, comme le faisait par exemple l'Ontario? Et privées de l'indispensable *leadership* québécois, comment les autres communautés françaises dispersées à travers le territoire pouvaient-elles résister à la pression, aux préjugés, à l'intolérance culturelle de la majorité anglophone?

Mobilisés pour la lutte au Québec, nous n'avions guère le temps de songer à l'ensemble du Canada. Sans renoncer aux réformes qui s'imposaient dans le gouvernement central, il nous paraissait impossible de les réaliser jamais si le Québec ne sortait pas d'abord de l'immobilisme. C'était là, pour nous, la priorité absolue et le préalable indispensable.

Par l'action syndicale toutefois, nous étions en contact fréquent avec le gouvernement d'Ottawa. Chaque année, la C.T.C.C. présentait un mémoire aux autorités fédérales et les nécessités du quotidien nous amenaient aussi à visiter tel ou tel ministre pour des représentations ponctuelles commandées par l'actualité.

Alors que nos visites à Québec étaient dominées par les rebuffades grossières, les calembours[1] et les plaisanteries bouffonnes de M. Duplessis, nos pèlerinages à Ottawa se déroulaient dans l'atmosphère guindée, solennelle et froide d'un culte protestant. La traduction simultanée n'était pas encore en usage, dans la capitale fédérale. Les quelques ministres anglophones qui entouraient M. Saint-Laurent fixaient sur nous des yeux de poissons morts, tandis que nous leur exposions en français nos revendications annuelles. Seuls les membres francophones du cabinet avaient l'air de nous suivre. Et c'est le premier ministre lui-même, bien entendu, qui dirigeait le débat, bien qu'il parût souvent mal renseigné sur les problèmes qui nous préoccupaient.

Une année, comme nous avions déploré le marasme de l'industrie textile, M. Saint-Laurent se mit en frais de nous expliquer les causes profondes de ce déclin.

---

1. Gérard Picard était président de la C.T.C.C. et le chanoine Henri Pichette en était l'aumônier. Au terme d'une discussion, le *Chef* conclut: «Pour interpréter les principes sociaux de l'Église, je préfère me fier à Pie XI et Pie XII plutôt qu'à Pichette et Picard!»

Dans le français rocailleux qui était le sien, il commença par évoquer la baisse de la consommation:

«On achète moins de tissus qu'on en achetait autrefois, nous dit-il d'abord sur le ton appuyé de l'adulte qui expliquerait à un enfant les mystères du bouton à quatre trous. Les gens ne s'habillent plus aujourd'hui comme ils s'habillaient autrefois. On dit, par exemple, que les jeunes femmes ne *portent plus de chemises.*»

J'observais, pendant ce monologue, nos militants de la base. Ils n'avaient pas l'air de comprendre, n'ayant pas lu *Madame Bovary*. Et le premier ministre ne soupçonna jamais qu'il nous avait révélé, ce matin-là, un secret inattendu touchant les habitudes vestimentaires désuètes de Mme Saint-Laurent...

L'attitude officielle du gouvernement fédéral à l'égard du syndicalisme était polie, nullement agressive, mais lourdement paternaliste, ce qui contrastait vivement avec les criailleries brouillonnes et méprisantes du premier ministre québécois. Mais le calme bon enfant, ou mieux bon papa, de M. Saint-Laurent n'était pas le fait de tous ses ministres. Une visite à M. C.D. Howe, par exemple, me reste en mémoire. Des dirigeants de la C.T.C.C., s'étaient joints à leurs camarades du C.T.C. pour présenter au ministre de la Production de Défense certaines requêtes relatives aux usines de guerre qui produisaient encore assez rondement au début des années 50. Pat Conroy, l'un des plus remarquables dirigeants du C.T.C., se chargea de l'exposé. M. Howe l'écouta, lourdement appuyé à sa table de travail, les yeux mi-clos.

Conroy s'exprimait avec une précision rare et toute l'éloquence de la conviction. C.D., comme on l'appelait, ponctuait l'exposé de grognements sourds dont le sens échappait à tout le monde. Mais il devint clair, le sens, quand notre camarade eut fini son plaidoyer et formulé ses conclusions. Sans bouger, M.

Howe articula, péremptoire: ««*The answer is no. Thank you, gentlemen!*» Et se leva de son fauteuil pour signifier leur congé à ses visiteurs.

Au plan politique, ce sont nos contacts avec la C.C.F. qui maintenaient en nous des préoccupations fédérales, parce que nous tentions alors d'intéresser ce parti aux réalités québécoises. Le groupe, je l'ai noté, avait au Québec l'existence d'un fantôme. Je ne crois pas me tromper en affirmant qu'il y comptait plus de membres anglophones que d'adhérents francophones. Comme sa constitution de l'époque en faisait une formation fortement centralisée, ses militants québécois avaient toujours l'impression désagréable que leur action, même provinciale, était en permanence télécommandée d'Ottawa.

Il s'est raconté beaucoup de sottises sur l'appartenance à la C.C.F. des hommes dont je parle ici.

À la vérité, aucun d'eux n'a jamais été membre de ce parti. S'ils lui furent tous associés au yeux de l'opinion (sauf peut-être René Lévesque qui restait hors circuit), c'est pour des raisons qui ne manquent pas d'intérêt puisqu'elles tiennent à la situation politique de l'époque.

Seul parti de gauche sur la scène canadienne, honni depuis toujours par le clergé québécois le plus autoritaire[1], il était normal que la C.C.F. attirât tous les esprits que le mot socialisme n'effrayait plus. J'avancerais même que l'unanimité de la répulsion qu'elle inspirait à nos réactionnaires de tous bords suffisait à nous attirer vers elle. Le phénomène est connu de tous les hommes d'action: on se porte spontanément, sans même les connaître, vers ceux qu'un adversaire commun persécute. Un cas extrême

---

1. Mgr Georges Gauthier, archevêque de Montréal, avait condamné la C.C.F. dans les années 40.

de cette aimantation vers les contraires me revient à l'esprit.

Au temps de l'éphémère Fédération des mouvements de jeunesse du Québec qui réunit dans son sein *tous* les groupes de jeunes, vers la fin des années 40, je fis la connaissance d'un Beauceron costaud, cordial et direct, fils de cultivateur, qui représentait parmi nous... le Parti communiste québécois. Flanqué d'une jeune Française, qui lui soufflait parfois les réponses à nos questions, il nous provoquait volontiers aux discussions les plus passionnées sur la révolution universelle, la dictature du prolétariat et l'influence du stalinisme en Europe de l'Est. Le militantisme de la camarade ne m'étonnait pas. Fille de médecin, vaguement amazone et remarquablement cultivée, cette belle fille à l'éloquence passionnée me renvoyait à certains prototypes de militantes communistes avec lesquelles j'avais frayé, dans l'Europe de 1946.

En revanche, le *cas* du Beauceron restait pour moi un mystère. Où diable ce garçon fruste, issu d'un milieu campagnard ultra-catholique, *canayen pure laine* comme on n'en fabriquait déjà plus, avait-il attrapé le virus marxiste-stalinien? Dans le Québec d'alors, qui ne comptait guère plus d'une poignée de communistes, pourquoi lui? Après une assemblée, un soir, vidant un verre à la taverne Ontario, je lui posai la question de but en blanc. Il n'en fut pas étonné. Il rit, me regarda droit dans les yeux, bougea un peu sur sa chaise et dit:

«Ça fait longtemps que tu veux me poser cette question. Je le sais. Mais la réponse est plus simple que tu penses. Tu connais ça, Pelletier, une paroisse rurale? La grand-messe obligatoire tous les dimanches? La retraite du carême? Des sermons d'une heure et demie? Moi, je connais ça. Et le curé autoritaire, le maire intolérant. Bonne Vierge! qu'ils m'ont écœuré, tous ensemble. Et puis, tu t'en doutes, ils parlaient tous contre les communistes: le curé, le vicaire, le notaire, le député, tous! Le communisme, moi, ça me disait rien, tu penses: à Saint-X de Beauce! Mais quand je me suis révolté, j'ai fait un raisonnement bien simple. S'ils sont tous contre, ceux-là, que je me suis dit, ça doit être bon, ce parti! C'est comme ça que je suis devenu communiste. Pas en Beauce: y'avait pas un communiste par chez nous. A fallu que je vienne à Montréal pour en rencontrer.»

Nous n'abordions pas la C.C.F. dans une démarche aussi simpliste. Mais quand la C.C.F. venait vers nous, à la recherche de militants francophones, un déclic analogue jouait pour nous aussi. Et si d'autres facteurs n'étaient pas venus mêler les cartes, peut-être notre génération tout entière se serait-elle engagée dans ce parti dont le programme travailliste était fait pour nous plaire.

Qu'est-ce donc alors qui nous rebutait? Rien d'autre que l'incompréhension dont la C.C.F. faisait preuve face à des questions pour nous tous très importantes. Nous n'étions pas d'accord avec elle sur la nature du fédéralisme canadien ni sur la complexité fondamentale du Canada comme pays. De plus, ses chefs fédéraux connaissaient très mal le Québec, et plus mal encore les Québécois francophones.

À l'automne de 1947, frais émoulu de mon expérience européenne, je rencontrai David Lewis, chez le professeur Frank Scott, à Montréal. De cette longue conversation avec David, je n'ai retenu qu'une seule de ses réponses aux questions dont je débordais. M'étant enquis de la position du parti sur les attitudes autonomistes de M. Duplessis (le seul point qui me rapprochait du *Chef* je reçus une réplique tranchante: «*We don't cater to Québec nationalism!*»

Ma mémoire peut d'autant moins me trahir, au sujet de cette courte phrase, que j'entendais ce jour-là pour la première fois le verbe anglais *to cater*. Je dus, le même soir, en chercher le sens exact dans mon dictionnaire. Cette vérification me révéla que David Lewis ratait le coche. Ainsi le respect de la constitution par les autorités fédérales relevait exclusivement, selon lui, d'un nationalisme québécois dont il ne fallait pas se faire les pourvoyeurs. Le partage des compétences entre paliers de gouvernement, clé de voûte du système canadien, ne méritait même pas un examen attentif. Et par implication, moi qui avais soulevé cette question, je devenais un de ces *Québec nationalists* à la Duplessis dont il refusait de faire le lit.

Dire que je fus rebuté serait une litote. Si cet incident s'était révélé par la suite un malentendu ou une attitude toute personnelle de David Lewis, j'aurais volontiers révisé mon jugement. Au contraire, la direction fédérale de la C.C.F. et de ses héritiers, le Parti social démocrate puis le Nouveau parti démocratique, ne rata jamais une occasion de manifester à quel point le nœud du problème canadien, tel en tout cas que nous le comprenions, lui échappait. Le Parti a suivi sur cette question une ligne en dents de scie, depuis le centralisme obtus de l'après-guerre immédiat jusqu'au quasi-sécessionnisme de l'aile québécoise, au début des années 60 — mais cela aussi est une autre histoire.

Le lecteur peut se demander pourquoi, devant une incompréhension aussi évidente et aussi fondamentale, nous avons plus tard accepté à quelques reprises de nous associer publiquement aux initiatives de cette formation politique.

Sans doute n'étions-nous pas dénués de présomption, péché mignon des hommes jeunes qui se croient capables de tout changer, de plier tout ce qui leur résiste. Nous n'étions pas assez présomptueux, tout de même, pour nous engager à fond avant d'avoir dissipé le malentendu. Et notre échec à cet égard explique les distances que nous avons toujours gardées par la suite.

Ces réserves, toutefois, ne nous empêchaient pas de collaborer, aussi longtemps que nous gardions l'espoir de nous entendre un jour. Et puis, en période de dictature larvée, d'opposition réduite et malmenée, on ne fait pas la fine bouche. Il y avait si peu d'alliés possibles que tous les démocrates sentaient le besoin de se serrer les coudes, en dépit des divergences qui pouvaient subsister entre eux.

Seul, le parti C.C.F. était incapable de recueillir au Québec, en milieu francophone, plus de quelques centaines de voix par circonscription et pas dans toutes, tant s'en faut. Au soir d'une élection provinciale (était-ce en 52 ou en 56?) il arriva même à plusieurs candidats d'en retrouver *moins d'une douzaine.* Pierre Juneau, je me souviens, soutenait avec humour que voter dans de telles conditions exigeait de l'héroïsme. «Il devrait exister une décoration, disait-il, pour récompenser tous les électeurs dont le candidat préféré reçoit moins de dix voix!»

Mais la C.C.F. constituait tout de même une tribune. Il n'était pas déshonorant de l'appuyer à l'occasion. L'accord sur la généralité de son programme était acquis. C'est pourquoi sans doute Pierre Trudeau fit campagne à quelques reprises pour des candidats C.C.F., P.S.D. ou N.P.D. mais sans illusion, j'en suis témoin, et sans jamais devenir membre d'un parti qui, pourtant, l'aurait accueilli avec joie.

Au plan électoral, c'était donc l'impasse.

De cette constatation naquit en 1956 un mouvement qui ne retiendra pas, j'en suis sûr, l'attention des historiens: le Rassemblement. Au soir de sa fondation, David Lewis en avait prédit l'avenir en quatre mots accompagnés d'un sourire: «*It will peter out...*»

Et Trudeau, Marchand, Laurendeau et moi avions ri avec David. Car nous savions tous, je pense, que le

Rassemblement aurait la vie brève. Aucun de nous n'a jamais cru qu'il résisterait à l'usure des siècles ni qu'à lui seul il transformerait en profondeur la vie politique du Québec.

Quelques centaines de femmes et d'hommes se sont pourtant consacrés à mettre ce mouvement sur pied. Ils y sont allés de leurs énergies et de leur bourse, de leurs loisirs aussi. Tout simplement parce que c'était à ce moment-là la chose à faire, la seule possible, la plus immédiatement nécessaire. Ils ont donc accepté de mettre sur pied un organisme fragile mais qui leur permettrait d'agir malgré les contraintes du moment. Ils avaient compris qu'en politique l'inaction est le pire des maux, surtout l'inaction verbeuse et larmoyante d'une intelligentsia sans pouvoir.

Or, c'est cela qui nous menaçait, au Québec, vers le milieu des années 50.

D'une part, je l'ai déjà dit, la percée du syndicalisme se poursuivait, malgré les obstacles multipliés sur sa route par le gouvernement québécois. D'autre part, un nombre croissant d'*intellectuels:* professeurs, écrivains, hauts fonctionnaires, étudiants, membres du clergé et des professions libérales, prenaient conscience du marasme où nous étions et de l'urgence d'un déblocage.

Les plus éveillés, les moins timides, ceux qui n'avaient aucun lien personnel avec le régime venaient de mettre sur pied, en 1954, l'Institut des affaires publiques. Chaque année, grâce à une entente avec Radio-Canada, cet Institut réunissait dans un hôtel des Laurentides quelques centaines de personnes, pour un colloque, comme on dirait aujourd'hui, sur une question d'actualité. Pendant trois jours, on écoutait des conférenciers illustres, on discutait ferme et l'essentiel des travaux était diffusé à travers le pays, grâce au réseau français de la Société.

L'initiative ne manquait pas de mérite. Cette rencontre annuelle devait permettre à beaucoup de gens de se connaître, qui seraient autrement restés étrangers les uns aux autres et dépourvus de tout langage commun, de toute problématique commune. Dans le climat d'un combat pour la plus élémentaire démocratie, qui était celui de l'époque, il n'était pas inutile que les combattants de tous bords se retrouvent une fois l'an, toutes origines, toutes tendances et toutes générations confondues, pour faire le point sur l'état de la société québécoise et canadienne.

Les *nationalistes* du *Devoir* pouvaient s'y frotter aux *sociaux* de la Faculté des Sciences sociales de Laval; les *politiques* d'Ottawa et de Québec y rencontraient des dirigeants syndicaux, des journalistes, quelques écrivains. Marcel Faribault et Léon Lortie y croisaient Jeanne Lapointe, Jacques Hébert, Judith Jasmin. Maurice Lamontagne, Jean-Louis Gagnon et le P. Georges-Henri Lévesque, qui comptent parmi les fondateurs de l'Institut, n'en manquaient jamais une session. Et pour abaisser la moyenne d'âge des participants, des bourses assuraient la présence de délégations étudiantes venues de toutes les universités. Enfin, quelques semainiers venaient chaque année de Toronto participer à ces débats; ils représentaient l'organisme frère de langue anglaise, le Canadian Institute on Public Affairs.

Chaque année aussi apparaissaient des visages nouveaux. La rencontre avait l'aspect d'un festival intellectuel, d'une foire aux idées, non celui d'une chapelle. On y entrait comme dans un moulin. Je revois, par exemple, la silhouette sombre et très mince (eh oui!) du jeune Jacques Parizeau qui surgit à Sainte-Adèle, un automne, tout frais émoulu de ses études à Londres et à Paris. Il avait le verbe clair, élégant, précis, et l'intelligence aussi vive que tranchante; personne encore ne le connaissait, hors du cercle étroit de ses étudiants aux H.E.C. Je revois

Jean-Pierre Goyer, qui faisait ses premiers pas dans les affaires publiques, Robert Cliche, Bruno Meloche, combien d'autres... Je crois bien avoir rencontré là pour la première fois Léon Dion, dont la réputation de professeur commençait à s'établir.

La beauté de l'entente qui liait l'Institut à Radio-Canada, c'est que la Société libérait des crédits qui permettaient d'inviter à chaque session des conférenciers étrangers. Nous fîmes ainsi la connaissance des Raymond Aron, François Perroux, René Rémond, Hubert Beuve-Méry, Alfred Sauvy et de plusieurs autres maîtres de la pensée européenne du moment. Mais le mérite principal de l'Institut fut sans doute d'inaugurer chez nous la pratique du face à face public et civilisé entre tenants des opinions les plus contraires. (On peut se demander toutefois si cette tradition a survécu. L'Institut, pour sa part, a succombé vers la fin des années 60, victime du dogmatisme qui venait de resurgir, après dix ans d'absence dans notre vie politique. La trêve n'avait pas été longue.)

Au lendemain de chaque session, nous nous retrouvions tous mieux instruits de nos problèmes, moins dépourvus de solutions théoriques, mieux au fait de courants de pensée contemporains sur des questions aussi vitales que l'éducation, l'économie, l'évolution du Tiers Monde, les rapports internationaux. Ce n'était pas un mince résultat.

Mais au plan de l'action, le profit était négligeable.

L'effet le plus net de ces débats sur ceux qui s'y mêlaient était d'exaspérer le malaise de chacun. Les conservateurs, les partisans du régime et de l'ordre établi (ils ne venaient pas nombreux mais ils venaient tout de même) repartaient convaincus que des intellectuels dévoyés fomentaient la révolution. Et ces intellectuels crevaient de dépit, ayant mesuré leur impuissance. Certains déploraient naïvement l'apathie des masses, alors que celles-ci bougeaient bien davantage que les élites universitaires. D'autres désespéraient tout haut de voir jamais le Québec secouer le joug de la réaction, mais ils comptaient sur les mêmes «masses apathiques» pour donner le branle...

Il était grand temps d'ouvrir à ce mécontentement confus mais profond une autre soupape que la seule parole. À l'instar du milieu ouvrier, celui des intellectuels et des bourgeois libéraux n'était pas encore mûr pour une action carrément électorale. Il fallait donc assurer la transition, mettre au point une formule à mi-chemin entre le palabre et le militantisme partisan.

Il fallait aussi définir un objectif commun, susceptible de rallier les mécontents de tous bords qui composaient une faune extrêmement diversifiée. Comme toutes les oppositions, celle de l'époque était profondément divisée. Bakounine disait du mouvement révolutionnaire de son temps qu'il croissait comme la masse cellulaire d'un corps vivant, c'est-à-dire en se divisant à l'infini. Ainsi en était-il des antiduplessistes, au milieu des années 50. Sur quel programme pouvait-on rallier tout le monde? Quel but positif accepterions-nous de poursuivre ensemble et sans perdre trop de temps en discussions préliminaires?

Le problème était de taille. Ayant toujours eu le goût du concret, je m'appliquais pour ma part à personnaliser la question. Je me demandais par exemple, songeant à trois de nos amis: «Quel commun dénominateur existe entre Pierre Dansereau, Jean-Marie Bédard et Noël Pérusse?» Au premier regard on pouvait se croire aux prises avec la quadrature du cercle.

Grand universitaire, homme de science, issu du nationalisme des années 30 et des Jeune-Canada, mais nanti d'une grande expérience internationale, grâce à ses herborisations tout autour de la planète, Pierre Dansereau incarnait[1] éminemment les vertus de notre bourgeoisie intellectuelle. Il habitait Outremont. Son langage était châtié, teinté d'un accent outremontais un peu précieux. Son père était un ami de Duplessis. Lui ne s'était jamais identifié à aucune formation politique sauf peut-être furtivement au Bloc populaire de son ami André Laurendeau. Son milieu naturel était l'université. De fait, je ne lui connaissais pas d'opinions bien tranchées sur l'avenir (ou le présent) du Québec. Je savais seulement qu'il bouillait de rage à la seule pensée que nous gouvernait un homme totalement étranger aux réalités contemporaines qu'il avait observées, lui, Dansereau, sur les cinq continents, Océanie comprise.

Jean-Marie Bédard se situait aussi loin de Pierre Dansereau qu'il était possible. De ses origines rurales il n'avait rien gardé, mais rien du tout.

Courtaud, légèrement obèse, hirsute à l'occasion, permanent syndical au sein d'une *union* américaine, il incarnait déjà le type du gauchiste romantique que nous allions connaître à de multiples exemplaires, à compter des années 60. On aurait juré qu'il sortait tout droit d'une usine. Il habitait des logis modestes, affectait les manières de la base et l'allure d'un fier-à-bras de quartier. Doué d'une voix de stentor et d'une éloquence étrangement désuète mais tout de même efficace, il ne passait inaperçu dans aucune assemblée. Pour lui, le communisme était déjà démodé. «Jean-Marie, disait de lui son ami Marchand, est passé sans transition de Léon Bloy à Trotski!» Il prêchait un radicalisme absolu, se saoulait de chansons anarchistes, adorait la provocation sous toutes ses

---

1. Si je parle à l'imparfait des personnages en question, c'est uniquement pour marquer l'époque où je les ai connus. Ils sont tous, grâce à Dieu, bien vivants au moment où j'écris ces lignes.

formes et ne ratait pas une occasion de dénoncer «le régime» dans une langue dont la verdeur aurait suffi à faire évanouir un chanoine...

Quant à Noël Pérusse, il était de plusieurs années le cadet des deux précédents. Lui aussi était permanent syndical, mais dans un style tout différent de celui de Bédard. Fils de fonctionnaire, diplômé d'université, esprit vif et ton péremptoire, il avait tout du technocrate, y compris la mise soignée, la chevelure en ordre et la voix métallique. Il fut, je pense, le premier *intellectuel* à l'emploi de la F.T.Q. Lui avait fait son choix: il militait au sein du Parti social démocrate (ex C.C.F.) et comprenait difficilement qu'on entretînt des réserves à l'égard de son groupe. Il soutenait que tout devait partir d'Ottawa, à compter du jour où la C.C.F.-P.S.D. y aurait pris le pouvoir.

Je pourrais allonger presque indéfiniment la liste des personnalités disparates qu'attira le Rassemblement. Il serait facile de montrer que le mouvement était déjà mort de ses divisions internes avant même de voir le jour...

Et pourtant, il existait entre tout ce monde un dénominateur commun. Tous avaient conscience de la menace que le régime de l'Union nationale faisait peser sur la démocratie au Québec, une démocratie encore dans l'enfance, malgré un siècle de régime représentatif. Ils ne croyaient certes pas à un avènement du fascisme, encore moins à une dictature militaire. La seule évocation de Maurice Duplessis en uniforme, avec sa bedaine et ses bras courts, le nez pointé comme une baïonnette de 14-18, eut suffi à faire sombrer l'idée dans le ridicule.

Mais la dictature larvée, l'autoritarisme à la petite semaine, le détraquement des mécanismes démocratiques par la corruption, nous les avions déjà. C'est Pierre Trudeau, sauf erreur, qui développa le premier ce thème que le Rassemblement eut le mérite de populariser. Nous n'avons pas, disait-il, de véritable tradition démocratique. «L'histoire nous montre que les Canadiens français n'ont pas vraiment cru à la démocratie pour eux-mêmes et que les Canadiens anglais ne l'ont pas vraiment voulue pour les autres[1].

Avec des vérités hors contexte comme «Toute autorité vient de Dieu», un certain clergé nous a fait oublier que le peuple est souverain. Par un système d'enseignement fondé sur la théocratie, les citoyens du Québec sont préparés, conditionnés à vivre sous des régimes autoritaires. Le génie de M. Duplessis, c'est d'avoir compris cela. Et si nous ne prenons pas conscience de ce danger, nous serons lentement mais sûrement dépossédés de nos droits démocratiques pour avoir négligé de les exercer ou refusé de les défendre. D'ailleurs, l'opération est déjà très avancée[2].

Et Trudeau poursuivait en invitant tous les opposants au régime à oublier leurs divergences sur des problèmes importants, certes, mais qui ne présentaient pas un danger aussi grave que les attentats du régime contre les fondements mêmes de la liberté politique.

On croira peut-être qu'une proposition aussi simple, fondée sur des réalités aussi évidentes, rallia d'un coup et sans peine la quasi-totalité de l'opinion? Ce serait mal connaître le climat de l'époque.

Trois semaines après le congrès de fondation du Rassemblement, qui avait réuni à Montréal en

---

1. *De quelques obstacles à la démocratie au Québec, in Le fédéralisme et la société canadienne-française,* HMH, Montréal, 1967, p. 107.

2. C'est ce type d'analyse qui permettra à un certain Denis Monière d'affirmer en 1977 que Trudeau (et *Cité libre)* étaient conditionnés «par un postulat: nous (les Canadiens français) sommes *congénitalement* inférieurs et impuissants». Ce maquillage éhonté des positions d'autrui semble bien difficile à concilier avec la notion de *sciences* sociales... Et pourtant, ce Monière les enseigna naguère à l'Université d'Ottawa. (Denis Monière, *Le développement des idéologies au Québec,* Éditions Québec-Amérique, Montréal, 1977, p. 318.)

septembre 1956 quelques centaines de personnes, la presse du régime avait déjà ouvert le feu. On peut se demander quelle espèce de cible constituait pour l'artillerie duplessiste ce mouvement nouveau-né. Les fondateurs s'étaient contentés de définir le Rassemblement comme un organisme indépendant de tout parti, uniquement voué à la formation politique des citoyens, à l'assainissement du climat politique québécois par la promotion des valeurs démocratiques. Ils avaient adopté une déclaration de principes musclée mais que les politiciens les plus autoritaires auraient pu désamorcer aisément en y adhérant les yeux fermés, comme ils adhéraient, par exemple, à la doctrine sociale de l'Église. Pour M. Duplessis, quelques principes de plus ou de moins ne posaient aucun problème puisqu'il n'en respectait aucun.

Or, la réaction fut tout autre.

Dès le 2 octobre, M. Clément Brown écrivait dans le *Droit:*

«Le Rassemblement se donne comme une école vouée à l'éducation sociale et démocratique du peuple. La ronflante déclaration de principes dont il nous a gratifiés, le vague de sa doctrine, l'imprécision de ses attitudes, la pauvreté de ses cadres, le caractère inquiétant de certains de ses protagonistes, tout cela n'est pas de nature à favoriser l'adhésion de ceux qui souhaitent du «nouveau» mais ne veulent pas sacrifier l'acquis[1]»

Quelques jours plus tard, l'organe officieux de l'Union nationale, *Montréal-Matin,* reproduisait ces propos et le *Temps* de Québec, organe officiel, les commentait à tour de bras, en s'interrogeant: «S'en va-t-on vers la laïcisation et la démocratisation[2]?» Car

---

1. *Le Droit,* Ottawa, 2 octobre 1956.
2. *Le Temps,* Québec, 24 octobre 1956.

pour le *Temps,* qui s'en expliquait longuement, la démocratisation constituait un grave danger...

Quant à *Nouvelles et Potins,* autre organe de presse (si j'ose dire) voué aux plus basses besognes du parti duplessiste en même temps qu'au jaunisme le plus primaire et le plus éhonté, il tranchait sans autre examen: «Ce n'est pas un rassemblement mais un ramassis qui ne peut inspirer aucune confiance aux honnêtes gens du Québec[1].»

Par ailleurs, certains commentaires inattendus reflétaient l'évolution dont j'ai parlé au début de ce chapitre. Ainsi, la même revue *Relations* qui, six ans plus tôt, avait accueilli la naissance de *Cité libre* avec la fraîcheur que l'on sait, y allait cette fois-ci d'un commentaire plus favorable:

«...si ce mouvement devait échouer, dans sa campagne d'éducation et d'assainissement, l'œuvre à accomplir est tellement importante et urgente qu'il faudrait que d'autres se lèvent pour la reprendre et la mener à bon terme[2].» Et le *Globe and Mail* de Toronto résumait comme suit ce qu'il savait du mouvement: «Le Rassemblement n'a pas encore complété ni annoncé son plan de travail mais du moins sa constitution établit-elle clairement la philosophie du mouvement. Il ne s'agit pas d'un parti politique et le mouvement n'est ni sera jamais affilié à aucun parti.

(...) Le mouvement travaillera à l'établissement d'un climat politique dans lequel il deviendra possible aux politiciens de discuter des affaires publiques, non seulement avec honnêteté mais peut-être avec intelligence[3].»

---

1. *Nouvelles et Potins,* Montréal, 22 octobre 1956.

2. *Relations,* novembre 1956.

3. Robert Dufy, *Globe and Mail*, Toronto, 18 novembre 1956.

Peut-être ces approbations d'origine conservatrice, les premières qu'ait jamais reçues la gauche québécoise, eussent-elles dû nous inquiéter. Pourquoi des conservateurs, intelligents et honnêtes ceux-là, mais conservateurs tout de même, décidaient-ils brusquement d'appuyer notre initiative? Mais pourquoi nous-mêmes avions-nous mis sur pied le Rassemblement sinon pour y attirer *tous* les démocrates, y compris les conservateurs honnêtes?

Nous allions apprendre très tôt qu'il est plus facile d'attirer les gens sous une même bannière que de les y faire cohabiter en paix! Dès les premiers mois de son existence, le Rassemblement se heurta à cette difficulté. Comme il fallait s'y attendre, les partis politiques ne restèrent pas indifférents. Si l'Union nationale nous déclara la guerre, d'autres formations se prévalurent de leurs convictions démocratiques pour se rapprocher d'un mouvement qui rassemblait des centaines de militants non inféodés, c'est-à-dire éminemment recrutables...

Quatre mois après la fondation, la direction du Rassemblement devait faire, dans une déclaration publique, les précisions suivantes:

«Le recrutement a posé à votre exécutif général un certain nombre de problèmes, non parce que ce recrutement allait mal mais, dans un sens, parce qu'il allait trop bien. En effet, dès le début, l'exécutif a dû prendre position sur des demandes d'adhésion provenant de personnes plus ou moins actives dans des partis politiques.

«Il faut bien se rappeler que le Rassemblement a été fondé parce que, dans leur état actuel, et pour des raisons variant d'un parti à l'autre, aucun des partis politiques existants ne semblait capable d'entreprendre avec succès le travail d'éducation civique et d'action démocratique dont le Québec a un si pressant besoin.

«Tout le monde n'est évidemment pas obligé d'être d'accord avec un tel diagnostic; il peut se trouver des hommes parfaitement honnêtes qui estiment pouvoir créer dans le Québec une conscience démocratique évoluée par le seul truchement des partis existants. Mais leur place n'est pas dans le Rassemblement. Par définition, les membres de celui-ci croient que seul un mouvement nouveau, absolument indépendant des partis existants, des pratiques antidémocratiques qui les caractérisent ou des préjugés dont ils sont grevées, seul un tel mouvement peut permettre à la grande majorité des Québécois de faire l'apprentissage personnel de la démocratie.»

Mais leur place n'est pas dans le Rassemblement... Facile à dire! Les militants, voire les responsables du Parti libéral et du P.S.D. ne l'entendaient pas de cette oreille. Ils taxèrent le Rassemblement d'angélisme, ils l'accusèrent de prêcher une démocratie désincarnée. Comment pouvait-on détourner des partis les démocrates conscients? Quelle démocratie s'était jamais fondée sur les seuls principes? La chair et le sang de toute démocratie parlementaire, c'est la lutte partisane. Le reste n'est que rêve d'intellectuels!

Ce débat devait durer aussi longtemps que le Rassemblement lui-même, sans jamais être résolu.

Car la thèse des *partisans* ne manquait pas de vraisemblance. On pourrait croire aujourd'hui que le mouvement ne fut qu'un alibi pour des hommes attirés par la politique mais incapables encore de faire le saut décisif. Et sans doute y aurait-il là quelque vérité. Mais l'explication véritable est plus complexe.

Il s'agissait, je l'ai dit, de grouper les forces éparses d'une opposition *non partisane*. Peut-être cette opposition avait-elle tort de bouder les partis, mais le fait est qu'elle s'en méfiait comme de la peste. Et je ne parle pas seulement des militants syndicaux dont j'ai expliqué déjà les réticences, ni des seuls intellectuels frileux: tout ce qui, à cette époque, s'occupait d'action sociale, sous quelque forme que ce fût, considérait encore les partis politiques comme une menace à l'intégrité des honnêtes gens! Nous avons vu que les partis traditionnels n'avaient pas volé cette réputation. La pratique du banditisme électoral, de la fraude et de la corruption créait autour d'eux une légende. Tout le monde se souvenait d'un candidat libéral des années 30 qui, au soir d'une élection, devant expliquer la présence dans les urnes d'un nombre de bulletins supérieur au nombre des électeurs inscrits sur les listes, avait eu ce mot historique: «Je ne sais pas, c'est sans doute l'enthousiasme...» Quant à l'Union nationale, son chef répétait avec délices une formule dont il était l'auteur: «Les élections, ça se fait pas avec des prières!»

Mais pis encore, les partis nouveaux, tels l'Action libérale nationale des années 30 et le Bloc populaire des années 40, avaient donné aux citoyens du Québec un bien triste spectacle. L'A.L.N. s'était décomposée sous nos yeux, tous ses élus ou presque ayant succombé l'un après l'autre aux séductions de M. Duplessis. (À son cabaret les Trois-Baudets, le chansonnier Jacques Normand saluera un soir l'entrée de M. Paul Gouin, ex-chef de ce parti, par l'interpellation suivante: «Mesdames, messieurs, voici un homme qui fut premier ministre du Québec pendant vingt minutes, — jusqu'à ce que M. Duplessis s'en rende compte!») Et personne n'avait oublié la fondation du Bloc populaire, en 1942: d'entrée de jeu, le mouvement s'était scindé en deux groupes rivaux, avant même d'être né pour de bon.

Si on remontait plus loin encore, on retrouverait dans l'enseignement de nos collèges une bien étrange dichotomie, touchant les partis politiques. D'une part, nos maîtres, en majorité nationalistes, dénonçaient comme *traîtres à la race* (c'était le vocabulaire de l'époque[1]) tous les *vieux* partis qui s'étaient succédé au pouvoir, à Ottawa comme à Québec, depuis le début du siècle.

Mais, d'autre part, rien ne les flattait davantage que de compter au nombre de leurs anciens élèves des hommes politiques issus de ces mêmes formations. À Nicolet, par exemple, il suffisait que Rodolphe Lemieux ou Hector La Ferté apparaissent à l'horizon pour que les prêtres du séminaire déroulent le tapis rouge! Je me souviens que leurs courbettes respectueuses me paraissaient difficiles à concilier avec leurs condamnations sans appel et sans nuances des politiciens, tous avachis, selon eux, devant les mots d'ordre des vieux partis. Et sans doute n'étais-je pas le seul adolescent à me poser des questions.

Le Rassemblement s'adressait à tous ceux qui refusaient non seulement le régime mais également les mœurs politiques de l'époque. Il devait tenir compte de ce double refus. Ses promoteurs savaient bien que la route du changement passait par l'action des partis, mais il fallait apprivoiser à cette nécessité des gens très nombreux qui ne l'acceptaient pas encore, qui se faisaient un mérite de la refuser. C'est pourquoi sans doute les premiers textes du mouvement évoquent à leur insu la corde raide et le funambule. Par exemple:

«...le Rassemblement *est plus qu'une simple fédération de cercles d'études.* En se définissant aussi comme un mouvement *d'action,* le Rassemblement entreprenait de dissiper une autre illusion accréditée chez nous, celle qui consiste à croire que l'élaboration mentale de schèmes idéaux suffit à l'instauration d'une société meilleure.

«Cette erreur est courante chez les intellectuels; mais elle est aussi le fait de certains syndiqués, coopérateurs, agriculteurs, commerçants et autres qui

---

1. Ressuscité par la S.S.J.B. en 1981-82.

s'estiment quittes de leurs obligations civiques quand les associations dont ils font partie ont présenté un Mémoire annuel à des gouvernements qui ont tôt fait de s'asseoir dessus.

«Les uns soutiennent que la politique est trop sale (...) mais ce qui leur manque — en même temps parfois que le courage — c'est de comprendre qu'en démocratie (...) il ne suffit pas de s'en remettre aux autres (...) car, sous une constitution démocratique, les «autres», c'est encore et toujours nous-mêmes.»

Le Rassemblement fut donc un effort pour créer un instrument d'éducation et d'action démocratique qui ne fut en rien assimilable à un parti. «La fièvre électorale, lit-on encore dans la déclaration déjà citée, est une maladie qui a tué en bas âge la plupart des mouvements qui, chez nous, se sont proposé de régénérer la société politique.»

On n'allait donc pas s'occuper d'élections. Mais de quoi, alors? En relisant le bulletin du Rassemblement, j'y retrouve l'esquisse d'une pédagogie populaire qui ne manque pas d'intérêt. Dès l'hiver de 1957, quelques sections commençaient à s'organiser à travers la province et la direction du mouvement mettait à leur disposition un premier instrument de travail sous forme de questionnaire. Il s'agissait de relever, dans chaque circonscription, certaines données de base: superficie du territoire, population totale, nombre d'inscrits. L'enquête, conduite par les membres, devait établir comment, à la dernière élection, avaient été dressées les listes électorales, comment on avait choisi et réparti les bureaux de vote. Il fallait établir ensuite le *profil* du député élu, analyser et faire connaître ses discours au Parlement, son action dans la circonscription, la composition de son équipe au sein de son parti. Puis la section devait procéder à la même analyse des réalités concrètes de chaque gouvernement municipal, de chaque commission scolaire. Quand on sait le niveau d'indifférence auquel l'autoritarisme de l'Union nationale avait réduit les citoyens, on comprend mieux que pareil inventaire, mené à bonne fin, aurait pu déranger sérieusement la quiétude béate des hommes au pouvoir.

Et ce travail de base était complété par des actions ponctuelles sur l'opinion. Le Rassemblement fut l'un des premiers organismes québécois à comprendre le parti qu'on pouvait tirer des médias. Les gouvernements n'étaient plus seuls à disposer de porte-voix. N'importe quel groupe conscient et organisé avait désormais accès à la radio-télévision, pourvu qu'il fît preuve d'un minimum d'intelligence. Radio-Canada (on ne peut pas en dire autant des postes privés) multipliait alors les émissions-tribunes où les uns et les autres pouvaient prendre la parole. Les services d'information de la Société se développaient. La presse écrite, stimulée par cette concurrence, emboîtait le pas. Des journaux comme la *Presse* et le *Devoir,* qui ne l'avaient jamais fait, durent ouvrir leurs colonnes aux lettres des lecteurs, voire à des tribunes libres où l'on put enfin s'exprimer. Des reporters *couvraient* désormais, non plus seulement les réunions officielles et les cérémonies de l'*establishment,* mais aussi bien les manifestations de groupes divers intéressés aux affaires publiques.

Quand les historiens commenceront à s'interroger sérieusement sur le déclin et la chute de l'Union nationale, je parie qu'ils en décèleront ici une des premières causes. Astucieux et roué comme trois singes, M. Duplessis était par ailleurs déphasé par rapport à son époque. Il ne vit pas venir le danger. Non seulement s'abstenait-il systématiquement d'apparaître lui-même à la télévision, il l'interdisait même à ses ministres. Daniel Johnson me l'avoua un jour. Ayant refusé sa participation à un débat télévisé dont j'étais l'animateur, il me dit: «C'est une erreur, je le sais. Mais le *Chef* ne l'entend pas de la même oreille. Il croit qu'en acceptant, nous contribuerions à bâtir la réputation de gars comme vous autres. Et ça, bien sûr...»

C'était mal comprendre l'ampleur du phénomène qui se produisait sous ses yeux. Je ne sais si M. Duplessis se crut assez puissant pour boycotter la télévision avec succès mais le plus clair résultat de cette tentative fut de marginaliser sa propre équipe. À la fin des années 50, quelques ministres seulement (je songe à Daniel Johnson lui-même et à Paul Sauvé) franchirent enfin le barrage. Mais il était trop tard. La vedette de la campagne électorale, en 1960, fut René Lévesque. À cause de la télé.

Déjà, bien avant la création du Rassemblement, des actions *ponctuelles* avaient été mises en route. La première dont je me souvienne remonte à 1953. Quatre personnes y furent mêlées à l'origine, dont trois se retrouvèrent en 1956 parmi les promoteurs du Rassemblement: Arthur Tremblay, Jean Marchand et moi.

Le *complot* fut ourdi dans un lieu bien singulier: le défunt Club de Réforme, rue Sherbrooke, sanctuaire du Parti libéral de l'époque. C'est la première fois que j'y mettais les pieds. Marchand et Tremblay ne le fréquentaient pas non plus. C'est le quatrième *complice,* Paul Gérin-Lajoie, qui nous y avait donné rendez-vous.

À peine étions-nous attablés, dans une petite pièce du sous-sol, qu'Arthur Tremblay posait la question: «Êtes-vous d'accord avec moi pour qu'à la prochaine élection générale l'enseignement fasse l'objet d'un débat public entre les partis?» Pour mesurer l'audace d'un tel projet, il faut se rappeler que l'éducation constituait alors un sujet interdit. Sauf exceptions, personne n'en discutait publiquement: ni dans les journaux, ni à la radio-télévision, encore moins dans les assemblées politiques. C'était une chasse gardée de l'épiscopat et quiconque s'aventurait à y braconner encourait les foudres des clercs[1]. La seule pensée d'en faire l'enjeu d'une campagne électorale côtoyait donc le sacrilège. Mais Arthur Tremblay, alors directeur de l'École de pédagogie à l'Université Laval, était déjà possédé par le grand dessein qui allait occuper toute sa vie: la réforme de l'enseignement. Et ses réflexions l'avaient conduit à penser que cette réforme serait démocratique ou ne serait pas, qu'il fallait avant toute chose abattre le mur du silence, violer résolument les frontières de la chasse gardée, forcer l'autorité civile à prendre ses responsabilités qu'elle abandonnait trop volontiers au monopole clérical.

Arthur Tremblay savait que l'opération ne serait pas facile à mener. Aussi prévoyait-il une longue préparation. À l'automne de 1953, il restait trois années à courir avant les élections suivantes. C'était à peine suffisant. Car il fallait pour réussir amener le Parti libéral à débattre le sujet tabou par excellence et forcer ainsi l'Union nationale à entrer dans la discussion. Bien entendu, c'est Gérin-Lajoie qui agirait sur les instances libérales dont il faisait partie. Mais il avait, au départ, peu de chance de réussir. Non sans une forte apparence de raison, les pontes libéraux identifieraient ce projet comme une tentative de suicide pour un parti que l'Union nationale accusait déjà de crypto-communisme, d'hostilité à l'Église et autres déviations doctrinales. Il faudrait donc les persuader qu'un tel débat répondait aux désirs profonds des Québécois. Il faudrait poser le problème devant l'opinion. De là la présence de Jean Marchand et la mienne à cette rencontre improvisée.

---

1. CT. Roger Rolland, *Cité libre*, n° 7, mai 1953, pp. 38-43. *Matériaux pour servir à une enquête sur le cléricalisme.*

Il n'entre pas dans mon propos de raconter en détail l'opération qui s'ensuivit. Je me souviens même assez vaguement de la partie du scénario à laquelle je fus personnellement mêlé: une série d'assemblées de masse, à travers tout le Québec, sur les problèmes scolaires. J'y prenais la parole avec beaucoup de conviction et pour cause: mes propres enfants, dans une proche banlieue de Montréal, n'avaient droit qu'à une demi-scolarité, faute de maîtres et de locaux suffisants. Comme cette situation était générale, au Québec, la tirade suivante de mon exposé avait beaucoup de succès: «Comment cela est-il possible en pays civilisé? demandais-je. Après tout, nous n'avons pas fait nos enfants en cachette des autorités. Ce n'était pas une activité illégale! Et nous avons déclaré immédiatement chaque naissance. Le gouvernement et les commissions scolaires savaient donc parfaitement, et cinq ans d'avance, ce qui les attendait. Or, ils n'ont pas été fichus de bâtir à temps les écoles nécessaires. Non seulement ils refusent aujourd'hui d'admettre nos mioches à l'école avant l'âge de sept ans mais des petits Québécois par milliers, garçons et filles, âgés des sept années réglementaires, n'ont droit qu'à une demi-portion d'enseignement!»

Dans ces assemblées, dans les débats organisés par nos soins, dans les comptes rendus et les commentaires auxquels ils donnaient lieu (l'action entreprise fit rapidement boule de neige) tous les aspects de la question étaient examinés: fréquentation scolaire, qualité de l'enseignement, gratuité, accès aux échelons secondaire et universitaire, rémunération des maîtres, etc.

Toujours est-il qu'à l'été de 1956, pour la première fois de mémoire d'homme, les questions d'éducation furent évoquées à plusieurs reprises au cours d'une campagne électorale mouvementée. Le résultat? Difficile à mesurer. Mais il fallait être modeste à l'époque. Amorcer une prise de conscience, compromettre un parti politique majeur au service d'une cause jusque-là interdite, entrouvrir une porte de plus sur l'avenir, c'était suffisant pour nous mettre en appétit de recommencer à la première occasion. Et le Rassemblement devait être une occasion permanente, pressante, institutionnalisée.

À relire les papiers du Rassemblement, c'est toute l'actualité politique du temps que je sens revivre et dont je m'émerveille (au sens de s'étonner).

Quels furent les thèmes du deuxième congrès, en décembre 1957? Liberté d'association, liberté académique et liberté politique. Or ces thèmes ne renvoient pas à des exposés théoriques; tous les trois font allusion à des problèmes très précis. Une résolution parle de la grève des métallos de Murdochville et de la situation en Gaspésie «où l'industrialisation s'accomplit dans des conditions injustes et inutilement pénibles», où «la compagnie Gaspé Copper prive ses employés de ce droit absolu de tout citoyen: le droit d'association». Un autre débat porte sur le fait que les Montréalais ne disposent d'aucun moyen d'action sur les autorités scolaires de leur ville, privés qu'ils sont depuis près d'un siècle du droit de les élire. Au chapitre de la liberté politique, ce sont les scandales de la loi et des circonscriptions électorales qui monopolisent l'attention. Ils rappellent qu'à ce moment-là le poids numérique de la métropole était tout bonnement escamoté, en faveur des régions rurales, par une carte électorale démodée jusqu'à l'absurde. Avec plus de *quarante* pour cent de la population québécoise, Montréal élisait à peine *seize* pour cent des députés provinciaux. En 1956, par exemple, la circonscription montréalaise de Laval comptait *cent trente-cinq mille* électeurs, tandis que celle des Îles-de-la-Madeleine en comptait à peine *cinq mille*. Et comme la population montréalaise boudait de plus en plus l'Union nationale, M. Duplessis n'allait pas corriger cette situation, quelque grotesque qu'elle fût, aussi longtemps qu'il en pouvait tirer un avantage quelconque. De même pour la loi qui régissait alors le processus électoral. Trouée comme une passoire, elle invitait aux malversations les plus grossières et garantissait presque l'immunité aux escrocs politiques.

Mais ce qui frappe davantage encore, c'est le sans-gêne dont le régime faisait preuve, violant jour après jour, sous le moindre prétexte, les règles les plus élémentaires de la démocratie. Le Rassemblement avait formé, en décembre 57, un comité d'information sur l'actualité. Quelques semaines plus tard, celui-ci publiait un premier communiqué dont le préambule est éloquent:

«Le Rassemblement signale à la population québécoise que, dès le premier mois de 1958, ses représentants élus ont restreint, à deux niveaux différents, ses droits démocratiques.

«1. — Le Conseil municipal de Montréal a adopté une résolution demandant à la Législature de modifier le pourcentage du vote requis pour rendre valides certaines décisions majeures dudit Conseil.

«(...) De la sorte, le législateur donnerait rétroactivement à l'élection montréalaise d'octobre 1957 un sens qu'elle n'avait pas alors (au moment du vote).

«2. — La Législature de Québec a adopté une loi aux termes de laquelle les procédures en contestation des élections municipales et scolaires seront entendues par la Cour du magistrat, plutôt que par la Cour supérieure, et cela sans appel.

«(...) Pareille législation est d'autant moins admissible que le même gouvernement, au cours de l'enquête Caron sur la corruption municipale à Montréal, a modifié la loi provinciale précisément pour donner un droit d'appel à ceux que l'enquête devait trouver coupables.»

Belle moisson pour notre comité[1], après deux mois seulement d'existence, et deux mois qui comprenaient la période des fêtes!

C'eût été une riche époque pour la contestation, si le mot avait existé. Mais il n'avait pas encore le sens qu'il a acquis depuis 68 et, surtout, les contestataires n'étaient pas nombreux. Devant nos protestations, l'opinion réagissait à peine, au début. Mais le climat se mit à changer, lentement d'abord, puis de plus en plus rapidement à mesure que se multipliaient les abus.

Car telle est la nature des gouvernements autoritaires: aveuglés par leur refus de toute critique, ils n'aperçoivent plus les dangers qui les menacent et courent littéralement à leur perte, en accélérant le pas au lieu de le ralentir...

De son côté, le Rassemblement était miné par l'ambiguïté qui avait présidé à sa naissance. En 1958, le président René Tremblay note, dans un message aux adhérents, qu'un choix s'impose entre les deux tendances qui tiraillent le mouvement: ceux qui tiennent mordicus à une action non partisane et ceux qui louchent du côté des partis, en prévision de la prochaine échéance électorale.

C'est la seconde tendance qui devait l'emporter.

Deux ans seulement nous séparaient alors de la Révolution tranquille *officielle*. Mais cette révolution, on l'a vu, était amorcée depuis fort longtemps. Les fissures dans la muraille devenaient chaque jour plus visibles et l'impatience plus vive chez les militants de tous bords. Nous comprenions enfin (et le Rassemblement nous y avait aidés) que le régime ne pouvait être mis en échec que par une lutte électorale. Nous sentions surtout que l'échéance de 1960 serait

---

1. Le comité d'information sur l'actualité était formé de Pierre Elliott Trudeau, Jacques Hébert, Paul King, Guy Lamarche et Gérard Pelletier.

décisive, qu'elle ne devait pas être, cette fois encore, un rendez-vous manqué. Comment envisager un nouveau mandat pour l'Union nationale, quatre années supplémentaires de stagnation pour le Québec, alors que notre retard historique prenait déjà les proportions d'un désastre?

Dans cette perspective, l'action non partisane apparaissait comme un exercice académique. Le cœur n'y était plus. Il fallait désormais s'occuper de l'immédiat. Et l'immédiat, c'était l'élection générale de 1960.

Il ne faudrait pas en conclure que l'opposition extra-parlementaire volait ainsi au secours de la victoire, car celle-ci paraissait encore très problématique. Le régime était ébranlé; il n'était pas condamné. Des scandales couvaient mais n'éclataient pas au grand jour. Le soutien clérical était mis en cause mais M. Duplessis continuait d'en bénéficier. Le patronat s'inquiétait du discrédit croissant qui entourait l'Union nationale mais il s'inquiétait plus encore à la pensée d'un changement politique dont on pouvait croire qu'il tournerait au bouleversement profond, après seize ans de politique répressive. Rien n'était donc gagné, loin de là.

Face au duplessisme encore sûr de lui-même, l'opposition partisane restait incertaine et dispersée. Jean Lesage, attiré à Québec par Jean-Louis Gagnon et Maurice Lamontagne, venait de prendre en main les destinées du Parti libéral. Son autorité encore mal assise ne lui permettait pas de mettre à jour de façon spectaculaire le programme de sa formation. (D'ailleurs, quand il tentera le coup, deux ans plus tard, le résultat de l'opération se révélera très modeste.) Et le nouveau chef ne siégeait même pas à l'Assemblée. Or les libéraux y constituaient à eux seuls l'opposition tout entière. Une alliance avec les créditistes, à l'élection de 56, n'avait conduit à la

Chambre aucun disciple de Réal Caouette. Ce dernier restait une force mais dont l'impact au plan provincial était difficile à mesurer.

L'autre inconnue de l'équation politique, à l'époque, se nommait Jean Drapeau. Depuis que le maire de Montréal s'est strictement confiné au domaine municipal, c'est-à-dire depuis 1960, nous avons tous eu le temps d'oublier qu'il apparut souvent et à beaucoup de gens, au cours de la décennie 50, comme un recours possible contre Duplessis. L'enquête Caron sur la corruption municipale à Montréal, menée contre le gré et l'obstruction du *Chef* et de ses amis; l'élection de Drapeau à la mairie, en 1954; l'indépendance d'esprit dont il avait fait preuve à l'égard du gouvernement de Québec tout au cours de son premier mandat, il n'en fallait pas davantage pour faire de lui un candidat plausible, plus vraisemblable aux yeux de plusieurs qu'un Jean Lesage encore mal perçu. Celui-ci disposait d'un parti organisé. Mais c'était sa faiblesse en même temps que sa force. Il faut se souvenir du passif que traînait à l'époque le P.L.Q., un *vieux* parti, selon le vocabulaire en usage. Même après seize ans dans l'opposition, il n'était encore dépris ni des scandales qui avaient causé sa chute en 1936 ni des pratiques qui avaient terni sa réputation.

Drapeau, au contraire, apparaissait comme un homme neuf. Sa Ligue d'action civique n'avait de base qu'à Montréal mais poussait déjà des pointes vers la province. L'ex-maire lui-même, défait en 1957, semblait disponible pour une nouvelle aventure. Et sans doute y songeait-il; mais avec quel sérieux, je ne l'ai jamais su.

Un soir d'automne, vers ce temps-là, il nous invita, Trudeau et moi, à prendre un verre chez lui. Dans le sous-sol de sa maison, à la Cité-Jardin, la discussion fut vive. Pierre connaissait Drapeau depuis longtemps.

Étudiant, pendant la guerre, il avait fait campagne avec lui dans Outremont, contre le général La Flèche, à qui Drapeau faisait une lutte perdue d'avance comme *candidat des conscrits*. Mais les deux hommes s'étaient peu fréquentés par la suite et leurs philosophies politiques respectives n'avaient guère de points communs. Notre hôte tint des propos sur la démocratie qui hérissèrent Trudeau. Et celui-ci évoqua des principes inquiétants pour l'esprit pratique d'un Jean Drapeau qui portait encore les cicatrices bien vives d'une défaite électorale cuisante, la seule de sa carrière, aux municipales de 1957. Bref, la conversation ne révéla entre les deux hommes aucune trace d'atomes crochus...

Mais comme je l'ai noté déjà, nul ne pouvait se permettre, dans la conjoncture, de faire la fine bouche sur le choix des alliés. Drapeau avait assaini l'administration municipale, entre 54 et 57, grâce au travail de Pierre DesMarais et Pax Plante. Il voyait aussi clairement que nous vers quelles catastrophes Duplessis nous entraînait. S'il n'était pas un enthousiaste de la démocratie, il en était tout de même un adhérent. Il aurait souscrit volontiers à l'aphorisme de Churchill selon lequel la démocratie est le *pire* système de gouvernement... à l'exception de *tous* les autres.

Et déjà, Trudeau méditait un nouveau plan. Il se rendait compte que le Rassemblement ne répondait plus aux exigences de la situation québécoise. Il fallait désormais se brancher en prise directe sur les forces électorales qui pouvaient désarçonner le régime Duplessis. Une action immédiate s'imposait, quitte à revenir plus tard à l'action non partisane. Le Rassemblement avait voulu engager des *individus* dans la promotion des valeurs démocratiques; il fallait désormais regrouper les *partis* d'opposition dans une sorte de comité de salut public et sur un programme minimum: épargner au Québec la reconduction de l'Union nationale pour un nouveau mandat.

Ce fut l'Union des forces démocratiques dont Trudeau rédigea le manifeste. Il s'agissait de mettre en présence tous les groupements politiques de l'opposition et d'en arriver à un pacte électoral qui leur permît de travailler ensemble, en dépit de leurs divergences, à mettre fin au régime Duplessis. Je ne saurais raconter ce dernier épisode. Pour des raisons dont je n'arrive pas à me souvenir, j'y fus très peu impliqué. Je me souviens seulement de la rédaction du manifeste et des discussions qui entourèrent ce travail. Puis j'entendis le récit de réunions orageuses. Elles se tenaient au vieux Cercle universitaire, rue Sherbrooke, près de la rue Berri. Entre autres, Jean-Marie Nadeau y représentait le Parti libéral, Jacques Hébert la Ligue d'action civique. Le P.S.D. de l'époque (N.P.D. d'aujourd'hui) hésitait à compromettre ses forces inexistantes dans une entreprise aussi impure...

Je ne saurais dire non plus si la tentative d'union exerça quelque influence que ce soit sur la dégringolade de l'Union nationale qui se produisit deux ans plus tard.

Ce que je sais, de science certaine, c'est qu'elle mit fin à l'aventure du Rassemblement. Désormais, toutes les énergies et tous les espoirs furent tournés vers l'horizon 60. Il n'était plus question d'action non partisane. Et les événements se précipitèrent: mort de Maurice Duplessis à la fin de l'été de 1959, disparition soudaine de son successeur Paul Sauvé à l'aurore de 1960, succession d'Antonio Barrette à la tête de l'Union nationale, quelques mois seulement avant les élections du mois de juin suivant.

Ce que je sais enfin, c'est l'expérience précieuse que retira Trudeau de ces deux entreprises. Jusque-là, il était resté comme nous tous à l'écart des partis autres que le N.P.D. Le Rassemblement et l'Union des forces démocratiques le mirent en contact direct et fonctionnel avec certains des hommes qui faisaient la politique. Il cessa d'être un témoin, un philosophe et un conseiller pour devenir un acteur, si modeste que fût encore son rôle. La carrière politique de Pierre Trudeau ne remonte pas à 1965, date de sa première élection au Parlement, mais à l'automne de 1956. Toute la suite de ses rapports avec les réalités politiques sera fortement marquée par les enseignements qu'il tira de l'action mise en branle au sein du Rassemblement.

Quant à Jean Marchand, le Rassemblement ne lui apprit sans doute rien qu'il ne sût déjà. D'écrasantes responsabilités syndicales (il était devenu président de la C.T.C.C. en 1959) absorbaient toutes ses énergies. Du côté des partis, on commençait à le solliciter. Il n'avait pas le temps d'écouter les sirènes, s'étant juré de mener d'abord à terme la modernisation de la centrale qu'il dirigeait, ce qui n'était pas une mince tâche. Ensuite, on verrait.

René Lévesque non plus ne songeait pas à la politique. Son émission *Point de mire* avait insensiblement glissé du domaine international vers les problèmes intérieurs, à la fin des années 50, et ses préoccupations s'étaient rapprochées des nôtres. «Nous étions dégoûtés par les excès de l'Union nationale, dit-il dans *La passion du Québec,* et nous étions opposés à un régime qui n'en finissait pas de mourir[1].»

Mais pour le faire passer du dégoût à l'action, il faudrait encore un autre événement qui marqua au Québec la fin de la décennie et qui marquera de même la conclusion du présent ouvrage.

---

1. René Lévesque, *La passion du Québec,* Éditions Stock, Paris, 1978, p. 22.

Chapitre VII

Une manière de révolution culturelle

> Aujourd'hui comme toujours, la ressource de la culture est dans le peuple, Montaigne et Rabelais le savaient, et Pascal et Péguy, qui n'étaient pas pour autant communistes.
>
> Emmanuel Mounier
>
> La culture ne s'hérite pas, elle se conquiert.
>
> André Malraux

À l'automne de 1952, un événement culturel de première importance se produisit au Québec. Pour la première fois dans notre histoire, un mécène de grande taille s'adressait à tous ceux qui savaient écrire ou parler. Il disait: «Exprimez-vous! Voici les moyens de le faire. Et plus vite que ça! Je n'ai pas le temps d'attendre. Il me faut des romans, des commentaires, des pièces de théâtre, des analyses, des récits, des débats, que sais-je encore? Je suis preneur de tout ce que vous produirez. Mais le temps presse. Au travail.»

Cela, est-il besoin de le dire, constituait chez nous une véritable, une authentique révolution. Car nous relevions d'une culture, d'une idéologie et d'une situation économique qui toutes trois avaient eu tendance, de temps immémorial, à contraindre et à réprimer l'expression écrite ou parlée plutôt qu'à l'épanouir.

Notre éducation, fondée sur un autoritarisme monacal, privilégiait le silence. Elle se méfiait de la parole. Pour désigner un élève insubordonné, on disait, dans nos écoles: «C'est un enfant qui *répond*.» La formule n'invitait pas précisément au dialogue. On disait aussi que la sagesse consistait à «tourner sa langue sept fois dans sa bouche avant de parler», ce qui ne facilitait pas non plus la conversation. Et si l'on traversait ces deux premiers barrages, un troisième se présentait aussitôt: la mauvaise qualité de notre langue parlée, sur laquelle nos éducateurs faisaient pleuvoir un orage constant de doléances, de récriminations et de condamnations. Avant même d'avoir ressenti une émotion, acquis une conviction, conçu une pensée, nous savions que nous les dirions mal. Les murs de nos classes étaient couverts d'affiches qui dénonçaient nos bouches molles, notre élocution défectueuse, notre vocation au terme impropre.

Je fais crédit à nos pédagogues de leurs bonnes intentions. Mais c'est miracle que nous n'ayons pas tous paralysé de la langue et des cordes vocales sous l'effet des campagnes que nous avons subies, pendant toute notre jeunesse, en faveur du *bon* langage et contre celui que nous pratiquions depuis le berceau!

Si toutefois, après cette course à obstacles, nous gardions le goût et la faculté de nous exprimer, nous n'étions encore qu'au début de nos peines. Il fallait ensuite trouver des sujets qui ne fussent ni tabous, ni dangereux, ni mortellement ennuyeux. Au sein de l'orthodoxie mineure qui régnait sur le Québec de l'époque, c'était là une quête très ardue.

En matière de religion, on avait tôt fait de nous expliquer que s'il convenait aux laïques d'en connaître, il était réservé aux clercs d'en parler. S'agissant du sujet qui, de loin, tenait le plus de place dans nos études, la restriction était de taille. Or, par une extrapolation courante en ce temps-là, la règle du silence ne s'appliquait pas qu'à la seule théologie mais à tous les domaines régentés par le clergé. Le respect du sacré protégeait la doctrine; le respect de l'autorité annexait au sacré tout ce que touchaient les clercs. Mais à quoi donc ne touchaient-ils pas? De sorte qu'il était presque impossible d'aborder quelque sujet que ce fût sans risquer un interdit.

Vous pouviez certes parler de littérature, mais dans les limites de l'Index — ou des *Romans à lire et à proscrire* de l'abbé Bethléem. Rien ne nous empêchait d'aborder les problèmes du travail ni les questions économiques — à condition de ne pas transgresser les principes de la doctrine sociale de l'Église. Si la psychologie vous attirait, il vous était permis d'en traiter, en oubliant Freud, bien entendu, qui avait bafoué la morale chrétienne. On ne sortait de ce cercle vertueux qu'au prix de sanctions diverses qui pouvaient aller de la menace douce voire subtile mais terriblement paralysante, jusqu'à la condamnation publique et au congédiement.

À ce carcan doctrinal s'ajoutait la cangue profane de l'idéologie: le nationalisme, *une certaine idée* du Québec et du Canada français, qui n'était guère moins contraignante. Une liberté qu'on brime est comme un vêtement rétréci: elle gêne aux entournures. Qui osait, à l'orée des années 50, dire tout haut dans nos milieux que notre nationalisme traditionnel nous avait fourvoyés? Des marginaux. Car on ne tenait pas davantage à passer pour traître qu'à s'entendre dénoncer comme hérétique. L'idéologie ne se limitait pas du reste à la politique intérieure. Il fallait, par exemple, tenir en haute estime la comédie sinistre du corporatisme portugais. Franco lui-même, encore après la guerre, était considéré comme sauveur de l'Église et protecteur de la foi. La démocratie était certes tolérable mais ce n'était pas le régime idéal; il fallait marquer ses distances.

Au demeurant, ne valait-il pas mieux se taire que de risquer à chaque phrase le trébuchement fatal?

D'ailleurs, même si l'on décidait de braver tous ces périls, il fallait encore trouver l'occasion et les moyens de prendre la parole.

L'enseignement? Il restait largement la chasse gardée des clercs et des religieux. Au primaire, les laïques amorçaient l'invasion qui allait rapidement leur livrer tout le secteur. Mais aux deux échelons secondaire et supérieur, le clergé gardait en main presque tous les postes clés. Il fallait montrer patte blanche pour y accéder.

Le journalisme était plus libre, de l'influence cléricale s'entend, mais certes pas du conservatisme ambiant. Pour un quotidien comme le *Devoir,* où l'on avait ses coudées franches, que d'autres journaux faisaient régner sur leurs rédactions une terreur molle, étouffante! À la *Presse,* il ne fallait jamais parler du Sénat ni de ses membres parce que le président du conseil d'administration en faisait partie. À la *Patrie,* même climat d'asphyxiante médiocrité. (Un vieux rédacteur de ce journal, rencontré par hasard dans une pension d'étudiants, comme j'arrivais à Montréal, m'expliqua un soir: «Oui, je suis journaliste. Mais ne cherchez pas, vous ne pouvez pas me connaître. Je n'ai jamais signé un article. Chez nous, les éditorialistes ne font pas partie du personnel; ils font partie du mobilier!») Quant à l'*Action catholique* de Québec, un pion laïque y interprétait, en les durcissant au lieu de les atténuer, les consignes de son évêque, maître en droit comme en fait de ce quotidien clérical. Le *Soleil* et l'*Événement* de l'époque étaient de pâles décalques de leurs homologues montréalais, aussi dénués de courage, d'imagination et de conscience.

Les revues? Elles aussi se partageaient entre les deux tendances maîtresses; elles étaient cléricales ou nationalistes et, dans tous les cas, déficitaires. Je n'oublie pas quelques notables exceptions. À cause de son directeur André Laurendeau, l'*Action nationale* n'était pas étroitement nationaliste; grâce à l'ordre religieux qui la publiait, la *Revue dominicaine* n'avait rien d'intégriste. Mais l'éventail des opinions n'en restait pas moins fort étroit. Avant 1950, il n'y eut guère que la *Relève* et *Amérique française* pour échapper à la polarisation. De temps à autre, une publication naissait comme l'*Ordre* et la *Renaissance* d'Olivar Asselin, et le vent du large soufflait un moment. Mais cela ne durait pas. Il arriva aussi qu'un journal de parti, le *Canada,* s'avisa subitement vers 1950 d'élargir ses horizons et d'improviser dans le pluralisme. Mais il en mourut. La liberté d'expression existait de par la loi; elle ne faisait pas partie de nos mœurs.

On pouvait, bien entendu, publier des livres, à condition de trouver un éditeur. Mais ce dernier, en règle générale, se rattachait lui aussi à l'un ou l'autre pôle de notre dilemme. Et les écrivains de l'époque devaient faire preuve d'un total désintéressement. Les tirages étaient presque nuls. La critique guettait, vigilante, la moindre dérogation aux principes établis. De la publication d'un livre, à moins qu'il ne s'agît d'un manuel scolaire, on retirait dans la meilleure hypothèse une maigre notoriété accompagnée d'une somme dérisoire[1]. Parler, écrire étaient des métiers de crève-la-faim.

Or, voici venir la télévision. En quelques mois, elle va tout chambouler. Non seulement serons-nous sommés de dire, d'exprimer quelque chose (n'importe quoi, affirmaient nos détracteurs); non seulement ce travail sera décemment payé mais encore, comble de l'inattendu, des centaines de milliers, bientôt des millions de personnes seront les auditeurs attentifs de cette prise de parole.

Après la radio, ses budgets maigres, son auditoire aveugle et distrait, la télé faisait figure de bienfaiteur milliardaire. Mais surtout, la Société Radio-Canada en avait le monopole et terminait, en abordant le monde des images, sa mutation de l'après-guerre.

---

1. Des romans comme *Bonheur d'occasion, Au pied de la pente douce* et *Trente arpents* constituent des exceptions qui confirment la règle.

Je m'explique.

La Commission canadienne de la radio, dès sa naissance au début des années 30, avait vivement, trop vivement réagi contre le débraillé commercial de la radiophonie privée, jusqu'alors maîtresse des ondes. Sans doute était-ce dû à la haute idée que cette nouvelle radio d'État se faisait d'elle-même ainsi qu'au modèle de la B.B.C. qui l'obsédait un peu. Il fallait échapper au style américain. On ne connaissait guère le style français. On donna donc tête baissée dans le goût britannique.

Cela nous valut certes des émissions de qualité mais au prix d'une manière gourmée, compassée, qu'André Laurendeau décrivit un jour par la formule suivante, à la fin d'une critique: «Minuit. Un annonceur identifie le poste, pour marquer la fin des émissions. Il parle d'une voix chaude, sur un ton glacé, ce qui constitue la marque de commerce de Radio-Canada.»

Laurendeau s'arrangeait assez bien de ce style particulier. Mais le temps de guerre lui avait laissé des souvenirs pénibles. Il faut lire les pages qu'il a consacrées au boycottage brutal de la campagne du *Non,* par la Société d'État fédérale, lors du référendum sur la conscription, en 1942[1]. Or ce refus arbitraire de faire entendre l'une des parties, à l'occasion d'une consultation populaire et prétendument démocratique, ne fut que l'apogée d'une attitude dont Radio-Canada mit longtemps à se défaire. Devant ses micros, à l'origine, il fallait non seulement affecter un maintien grave et raide mais il convenait aussi de choisir ses mots et ses opinions. On ne se compromettait pas. On restait toujours froid mais... tout de même moins hostile aux manifestations officielles qu'à l'expression bruyante et confuse de la

---

1. André Laurendeau, *La Crise de la conscription,* Éditions du Jour, Montréal, 1962.

vie. Bref, notre radio publique des années 30 et de la guerre s'imposait une autocensure qui faisait d'elle un palais de glace et un soutien passif de tous les conservatismes.

Au lendemain du conflit mondial, Radio-Canada connut un long dégel progressif. Bien avant notre grande presse, elle commença d'accueillir à ses micros des voix diverses, des opinions divergentes, des commentaires variés, quelques débats. Son information devint moins guindée. On fit place à l'humour. (Ô souvenir de *Carte blanche*, où Fernand Séguin, Gérard Berthiaume et André Roche firent merveille à se moquer de leurs contemporains les plus éminents!)

Le terrain était donc préparé pour l'explosion qui allait se produire avec l'avènement de la télé. On se tromperait gravement toutefois si on allait croire que les autorités fédérales avaient prévu le phénomène. Elles en furent les premières étonnées, comme j'en eus la preuve, un soir, en interrogeant sur les ondes le premier ministre Louis Saint-Laurent. C'était quelques mois à peine après l'inauguration des émetteurs-télé, dans la pleine euphorie des débuts. L'auditoire était enchanté des premières émissions et les producteurs, enchantés d'eux-mêmes. Interrogé sur les impressions que lui produisait cet évident succès, M. Saint-Laurent souleva son épaule gauche, puis la droite, sourit à travers sa moustache blanche et finit par répondre: «Il faut vous avouer mon étonnement. J'ai longtemps hésité avant de permettre à Radio-Canada de mettre en route la télévision. C'est une invention tellement coûteuse! Il fallait débourser des dizaines de millions. Je craignais les réactions, à la veille d'une campagne électorale. J'étais certain qu'on nous accuserait de gaspillage. Je me préparais à réfuter ces objections. Et puis non! Au contraire. On nous félicite. On me remercie. Je redoutais que la télévision ne devînt une meule à mon cou et c'est une auréole sur ma tête!»

Selon toute apparence, personne au gouvernement n'avait songé à l'impact culturel, psychologique ou social de cette «invention tellement coûteuse». Mais qui donc y pensait alors?

La mise en place du système s'effectuait dans un climat d'enthousiasme et de joyeuse improvisation. Pendant tout l'été qui précéda la mise en ondes d'un premier programme, je fus mêlé à plusieurs reportages expérimentaux. Ceux qui l'ont vu n'oublieront pas, je crois, le premier défilé de la Saint-Jean diffusé dans les «étranges lucarnes» de notre télévision toute neuve. Non certes à cause de mes commentaires; ils n'étaient rien moins qu'inoubliables! Mais cette année-là, les chars allégoriques traditionnels, si chers à notre Société nationale qui organisait la *parade,* n'étaient pas au rendez-vous. Ils avaient brûlé au cours de la nuit, un incendie malencontreux ayant dévasté les hangars où ils étaient entreposés. On vit donc défiler en costumes d'époque (le vestiaire avait échappé aux flammes) quelques centaines de figurants installés sans décors dans des véhicules de fortune. Louis XIV était perché sur le dossier d'une jeep et Jeanne Le Ber (à moins que ce ne fût Jeanne Mance) avait l'air très malheureuse, plantée debout dans la benne poussiéreuse d'un camion. On eût pu croire à une version moderne de la Terreur: charrette motorisée de marque Ford conduisant à la guillotine quelques victimes de Robespierre... sous les regards stupéfaits des badauds montréalais massés tout au long de la rue Sherbrooke.

Tandis que nous, journalistes, abordions tout à trac l'information et le reportage télévisés, les comédiens, chanteurs et metteurs en scène se retrouvaient sans plus de préparation devant des caméras toutes neuves, manipulées par des apprentis. Personne ne connaissait ce métier; chacun improvisait de son mieux. Comme la télévision américaine n'avait pas encore franchi nos frontières, nous n'étions inhibés par aucun modèle établi. Il n'était pas question, pour une fois, d'imiter l'étranger; nous n'en connaissions presque rien. Il fallut donc inventer. Pas question non plus de redouter les regards extérieurs; nous serions jugés par un seul public, le nôtre, par des téléspectateurs aussi neufs, aussi dénués de préjugés que nous l'étions d'expérience.

Dans le climat d'une époque où tous les arts et jusqu'à la critique souffraient chez nous d'un mimétisme morbide, de la manie débilitante des références à l'étranger, cet état de choses se révéla tonique. On ne pouvait pas vous assener le parallèle avec *Phèdre* ou *La Comédie humaine* comme on le faisait alors trop souvent pour la première pièce d'un jeune dramaturge ou le premier ouvrage d'un romancier. Au royaume neuf de la télévision, il n'existait pas de classiques. Les auteurs les plus masochistes auraient cherché en vain les points de comparaison accablants, les chefs-d'œuvre susceptibles de décourager leur effort ou de justifier leur inaction. À ce moment précis de notre évolution culturelle, il valait mieux qu'il en fût ainsi, du moins pour un temps: nous avions besoin par-dessus tout de confiance en nous-mêmes et de quelque répit dans la course au chef-d'œuvre impérissable. Je ne crois pas qu'on en découvre jamais, de ces œuvres éternelles, dans les archives de notre télévision à ses débuts. Mais on y trouvera le témoignage d'un défoulement collectif extraordinaire, d'un moment de création (et de récréation...) comme nous en avons rarement vécu.

La télévision de 1952 n'avait pas d'autre choix que de meubler sans délai plusieurs heures quotidiennes de programmation. À cette fin, il fallait mobiliser un personnel considérable de réalisateurs, de comédiens, de décorateurs, de commentateurs, d'auteurs et de techniciens. Bien entendu, cela ne pouvait se faire qu'au prix d'un beau désordre et sans trop de discernement. On n'avait ni le temps ni le loisir d'appliquer à cette sélection les critères traditionnels de notre société. Il était devenu moins important, tout à coup, de montrer patte blanche; la prime était à l'audace, à l'énergie, à l'invention, pour ne pas dire au culot.

Jamais notre milieu n'avait jusque-là privilégié ces dispositions particulières, surtout pas dans le domaine intellectuel. Aussi la plus grande partie de notre élite diplômée et patentée se tint-elle à l'écart, dans un premier temps. Elle surveillait le départ du train sans songer à y monter, ce qui explique peut-être l'ostracisme dont elle fit preuve ensuite contre les gens de Radio-Canada, désignation péjorative, dans un certain milieu, tout au long des années 50.

L'important, toutefois, fut que ces *gens*-là, dont la plupart avaient à peine trente ans, se mirent à l'œuvre sans complexe. Il fallait déambuler sur la place publique alors qu'on savait à peine marcher? Tant pis: on courrait!

Si, par exemple, il fallait monter en quelques semaines un téléthéâtre, avec des comédiens qui n'avaient jamais évolué sur un plateau de télévision ou de cinéma, et des décorateurs qui faisaient leurs premières armes, vous croyez que le réalisateur novice choisissait prudemment un lever de rideau ou une pièce de boulevard? Pas du tout. Il s'attaquait d'emblée à Sophocle, Shakespeare, Claudel, Molière ou Diderot. Pour une émission de variétés, on bâtissait de toutes pièces une boîte de nuit avec scène, bastringue, accessoires, clientèle et serveuses. Il n'existait pas chez nous de marionnettes parce que notre tradition du spectacle les ignorait? Qu'à cela ne tienne. Pour ses émissions destinées aux enfants, la télévision fera surgir de nulle part personnages, manipulateurs et interprètes. Alors que les télévisions enfantines d'Europe et d'Amérique hésitaient, se rabattaient sur des films déjà anciens, servaient leurs auditoires au compte-gouttes, un horaire complet d'émissions pour enfants prenait forme à Montréal. Il n'offrait pas que des chefs-d'œuvre mais il avait le mérite d'exister.

Notre milieu pauvre se découvrait des richesses dont il n'avait jamais pris conscience. Venues de l'Office du Film, des mouvements de jeunesse, des troupes de théâtre, des services de loisir, de la radio aussi, des équipes d'animateurs (qui comptaient beaucoup d'animatrices) s'emparaient des outils que leur offrait le nouveau *medium*. La plupart avaient travaillé jusque-là dans l'indigence et l'obscurité, inquiets du lendemain, ignorés, doutant de leur propre utilité; désormais, on avait besoin d'eux, on les appelait même au secours.

L'importance d'un tel revirement ne devait apparaître que bien plus tard. Dans l'immédiat, c'est la tâche à remplir qui retenait toute l'attention. Ceux qui devaient y faire face réfléchissaient peu aux tenants et aboutissants de l'aventure; ils étaient trop occupés à produire. Et les autres, les critiques traditionnels, avaient peu de prise sur un phénomène si nouveau. Non sans raison, nos maîtres à penser s'inquiétaient de l'effarante boulimie manifestée par la boîte à images. Incapables d'en prévoir les effets stimulants, ils n'en apercevaient que les exigences démesurées. Ils craignaient, par exemple, que nos rares écrivains n'épuisent leur talent à produire des téléromans hebdomadaires, nos musiciens à écrire des musiques de scène. Ils redoutaient pour les professeurs la dispersion intellectuelle; si on les tirait à tout moment de leur chaire ou de leur cabinet, pour des consultations publiques, des débats improvisés sous la lumière des projecteurs, ils n'auraient plus le temps de méditer!

De l'auditoire, nos intellectuels s'inquiétaient encore davantage. Leur anxiété se manifesta dès les premières étapes de la course aux téléviseurs. Comment pouvait-on s'offrir des appareils aussi coûteux sans déséquilibrer le budget familial? Or c'est le peuple, comme on disait à Outremont, c'est-à-dire les travailleurs manuels et les petits employés qui se ruaient vers les magasins pour acheter des récepteurs: à crédit, à tempérament, ou grâce aux prêts usuraires des *compagnies de finance*. Chez les nantis, on faisait la fine bouche, et chez les intellectuels, davantage encore. Pendant les mois qui suivirent la mise en ondes des premières images, la mode voulut qu'on se vantât discrètement de n'avoir pas chez soi de téléviseur. En milieu populaire, c'était l'inverse. Il fallait voir toutes les émissions car chacune faisait l'objet, à l'usine et au bureau, de conversations interminables et de discussions passionnées.

Permanent syndical, mon métier me plaçait aux premières loges pour observer le phénomène. Il était de taille. Pour en mesurer l'importance, il faut se souvenir que l'expérience didactique des travailleurs, à l'époque, était très mince: quatre ou cinq ans de scolarité, en moyenne, chez les adultes. Peu ou pas de lectures en dehors du journal. Le cinéma hebdomadaire, mais limité presque exclusivement aux films américains et français de *série B*, les autres n'étant projetés que dans les quartiers bourgeois des grandes villes. Peu ou pas de théâtre. Jamais une visite dans les rares musées que nous possédions. Un milieu urbain qui offrait à la vue très peu d'œuvres d'art. Des concerts, mais auxquels seule une infime proportion des gens avait accès.

Dans le domaine des idées, le régime des travailleurs était pareillement fort maigre. On prêchait dans les églises, on enseignait du haut des tribunes pendant les campagnes électorales. Mais le contenu du discours, dans un cas comme dans l'autre, était en général aussi pauvre que prévisible. Le choc des idées ne se produisait pas souvent au sein de nos orthodoxies pointilleuses.

Qu'on imagine, dans ce contexte, l'impact de la télévision débutante, une télévision qui ne connaissait pas encore la routine, qui déversait dans les foyers, pêle-mêle, mais sous une forme accessible, des tonnes d'images plus stimulantes les unes que les autres.

Ce qui m'émerveillait, c'est la réaction directe, spontanée de l'auditoire populaire à des œuvres dont il n'avait jamais soupçonné l'existence.

Comme il existait à l'époque une seule chaîne, tout le monde en voyait les productions. Il ne pouvait être question de composer deux menus différents: un pour le *peuple* et l'autre pour *l'élite.* Or le *peuple* s'en trouvait très bien. Pour lui, une comédie de Molière ou une pièce de Diderot n'étaient pas des classiques; c'étaient les spectacles qu'il avait vus la veille à la télé. Il les avait accueillis comme il accueillait les textes de Guy Dufresne, André Giroux, Roger Lemelin ou Germaine Guèvremont. C'est le contenu qui l'atteignait, ce sont les idées et les sentiments qu'il passait en jugement. Je viens de lire, dans un témoignage sur les années 20 à Moscou[1], une description qui rend compte de la même attitude. L'auteur raconte une soirée au théâtre, dans l'U.R.S.S. de la révolution toute fraîche.

«À l'entracte, écrit-elle, les discussions vont bon train. «Moi, à la place de Iouri, je ne me serais pas laissé faire. Il aurait dû se méfier!» «C'est qu'elle avait des problèmes, la jeune; entre l'amour et le patriotisme...» «Eh ben! Il y croyait à son petit père le tsar, ce Piotr Maximovich! Ma parole, il n'est jamais descendu dans la rue, il n'a jamais vu vivre les gens.» Personne ne critique les acteurs ou l'auteur, ou la mise en scène. Personne ne se place en dehors ou au-dessus de la pièce et de ses problèmes. Ce sont les

---

1. Lotte Schwarz, *Je veux vivre jusqu'à ma mort,* Éditions du Seuil, Paris, 1979, pp. 90-91.

vraies questions qui touchent ces spectateurs, naïfs
peut-être, mais combien vivants! Longtemps encore ils
discuteront pour savoir si on peut aimer son pays tout
en méprisant le peuple, s'il existe plusieurs sortes de
sincérité, si l'amour est une excuse pour tout. Quelle
différence avec Berlin ou Paris, où chacun se croit le
juge suprême d'une performance dont le vrai contenu
lui échappe si souvent.»

Il en allait de même à Montréal, au début de la télé.
Une certaine critique, une certaine *élite* levait le nez
sur la qualité de réalisations que l'auditoire, tout au
plaisir de la découverte, consommait goulûment, sans
s'arrêter aux emballages plus ou moins bien ficelés.

Dans le domaine des idées, la révolution était plus
sensible encore. J'ai déjà noté l'évolution de Radio-
Canada au lendemain de la guerre, le dégel de ses
comportements, l'érosion graduelle de l'auto-censure
qu'elle s'était si longtemps imposée. Sous ce rapport,
c'est l'avènement de la télé qui fut le choc décisif. Les
exigences de la production devinrent si pressantes
qu'on n'eut plus guère le temps de se tâter, de
supputer des jours durant comment réagirait, à telle
émission audacieuse, tel secteur de la population ou
de l'*establishment*.

Oh! nous eûmes bien tous nos difficultés avec ce
qu'on nommait alors la haute direction, au sujet de
telle ou telle émission particulière. Je me souviens
pour ma part des assez longs débats qui marquèrent
mon retour d'Algérie, après un reportage sur la guerre
qui opposait l'armée française aux militants du
F.L.N. Certains réalisateurs, pour des audaces d'un
autre type, voyaient leurs spectacles amputés de
quelques scènes à cause de propos trop libres ou de
seins trop nus. Mais de façon générale, le «corridor
idéologique» s'élargit soudainement et la pudeur fut
désormais distincte de la pudibonderie. Ceux qui s'en
souviennent seront tentés, peut-être, de me rappeler
l'immense scandale de *La Belle de Céans,* un

téléthéâtre dont l'auteur s'était permis quelques incursions, pourtant bien timides, dans la vie sentimentale de Marguerite d'Youville, fondatrice des Sœurs grises en instance de canonisation. Ce fut en effet un beau tapage et l'indignation fut d'autant plus générale que l'œuvre, à mon souvenir, n'était pas transcendante. Mais le scandale eut lieu *après* la diffusion d'un texte qui, peu d'années auparavant, n'aurait jamais quitté les cartons de l'auteur.

En matière sociale et politique, la libéralisation fut encore plus marquée. Elle fut amorcée, je crois, par l'apparition des débats télévisés, auxquels l'auditoire prit goût très rapidement. Et comme ce type d'émissions entraînait peu de frais, l'horaire en compta bientôt plusieurs, sur les sujets les plus divers.

Les hommes politiques de tous bords furent sommés de paraître devant les caméras. Sommés par l'opinion qui aurait interprété leur refus comme une dérobade. De même pour les employeurs et toute une classe de notables puissants mais discrets qui n'avaient jamais eu, jusqu'alors, à justifier publiquement leurs décisions: administrateurs d'hôpitaux, présidents de commissions scolaires, hauts fonctionnaires de l'enseignement supérieur, etc. Il y eut au départ de prévisibles résistances. Habitués à la pénombre, certains groupes de responsables n'appréciaient guère le feu des projecteurs. On devait longuement les prier. Mais ils comprirent avec le temps qu'à refuser de prendre la parole et de se montrer à visage découvert, ils ne gagnaient que l'oubli. Il fallait désormais compter avec une opinion publique de plus en plus consciente et les débats de la télévision constituaient une tribune démocratique d'où l'on ne pouvait pas s'absenter impunément.

Pour le moment, tout le monde s'amusait. Car le télé-débat n'était pas qu'un exercice intellectuel. C'était même avant tout un spectacle et qui ne devait pas toujours son succès au choc des idées.

La série *Prise de becs,* par exemple, présentait chaque dimanche soir des combats royaux qui opposaient en champ clos les adversaires les plus disparates, sur un choix de sujets des plus hétéroclites. L'émission faisait pleinement honneur à son titre. On s'y engueulait avec enthousiasme, parfois même avec violence. Je me souviens d'une discussion entre auteurs, comédiens et critiques de théâtre qui se termina de très plaisante façon. L'une des protagonistes, suffoquant d'indignation, voulut quitter sans délai les lieux du débat, au beau milieu de l'émission, à cause de je ne sais plus quelle insulte dont elle se crut l'objet. Mais la dame n'était pas mince, elle était même très corpulente. Et comme le décor était parfaitement clos, à l'instar des arènes antiques, comme aussi l'émission se faisait en direct, on vit un énorme derrière tressauter sur l'écran pendant de longues minutes, cherchant une sortie inexistante, dans un bruit de gloussements effarés. La dame dut finalement se rasseoir, au milieu de protagonistes muets d'étonnement, et poursuivre le débat jusqu'à la fin... Ce soir-là, et ce ne fut pas le seul incident du genre, la dignité de Radio-Canada en prit pour son rhume.

Me revient aussi un autre souvenir, à saveur politique celui-là, et qui met en scène un René Lévesque journaliste, déja redouté des hommes publics. L'émission s'appelait *Conférence de presse.* Elle soumettait chaque semaine un ministre aux questions de quatre correspondants. Ce jour-là, j'étais de l'équipe et nous interrogions à Ottawa un membre du gouvernement Diefenbaker, dont le hasard fit mon voisin, alors que René se trouvait assis à l'autre bout de la table. L'échange s'amorça. Le ministre répondit aux premières questions avec un aplomb si impressionnant, un calme si olympien que l'on pouvait craindre pour la suite; l'émission menaçait de s'enliser dans le ronron et les platitudes. Puis, vint le tour de René. Il avait à peine terminé sa première phrase que nous fûmes tous frappés par un bruit étrange qui envahit le studio. On eût dit quelqu'un qui claquait des dents. Plus René avançait dans son préambule, plus il approchait de sa question, plus le bruit s'intensifiait. Le régisseur avait l'air inquiet, les cameramen vérifiaient leurs machines, quand tout à coup le bruit cessa, aussi subitement qu'il avait commencé. Le ministre venait d'empoigner à deux mains son genou droit, qu'il ne lâcha plus jusqu'à la fin... pour l'empêcher de heurter, au rythme affolé de son émoi, la paroi du décor qui jouxtait son fauteuil!

Jean Marchand se révéla, lui aussi, un redoutable participant des débats télévisés. Réal Caouette devait se souvenir jusqu'à sa mort de la rossée qu'il reçut de lui, en 1962, au cours d'une joute mémorable. Caouette était alors la terreur des ondes. Il maniait avec une virtuosité confondante le langage de Monsieur Tout-le-monde, l'imagerie populaire, la comparaison désarmante. Ses adversaires politiques, surtout quand il s'agissait de brillants avocats, le craignaient comme la peste. Ils lui enviaient son accès direct à l'auditoire et redoutaient son art de placer l'interlocuteur dans la position inconfortable de l'intellectuel abstrait ou prétentieux.

Au premier mot de trois syllabes ou plus que prononçait son opposant, Réal Caouette explosait d'une indignation feinte, sur le ton de la plus profonde sincérité: «Arrêtez donc, cher monsieur, de nous bourrer le crâne. Est-ce qu'on a l'air des valises? Parlez pour que le monde vous comprenne! Ça fait trop longtemps que les gens de votre espèce cachent leur jeu sous des belles formules. Le peuple en a assez!» On ne se déprenait pas facilement d'une telle prise, dans le judo caouettiste.

Mais il arrivait aussi à Caouette de sous-estimer ses adversaires. Quand il décida, au début des années 60, de concentrer son tir sur les syndicats ouvriers, il savait sans doute que, dans cette voie, il finirait par se heurter à Jean Marchand, ce qui ne manqua pas de se produire. Excédé par les accusations constantes des créditistes et davantage encore par le noyautage que ceux-ci pratiquaient dans les rangs de la C.S.N., Marchand finit par provoquer le *grand Réal* en duel télévisé. Et ce fut un beau massacre.

Pour une fois, Caouette trouvait devant lui un antagoniste dont le langage sonnait aussi clair, aux oreilles des «non-instruits», que les harangues créditistes. Marchand ne faisait pas de démagogie simpliste. Mais il devinait aussi bien que Caouette l'attente des gagne-petit, leurs espoirs, leurs difficultés. Il savait choisir les mots qui faisaient image. Il savait aussi tendre des pièges. Ce soir-là, Réal s'y prit la patte et malgré toute la ruse et l'outrecuidance qu'il déploya, ne réussit jamais à se dégager.

Caouette ayant fait allusion à la masse monétaire, dans l'économie canadienne, Marchand l'invita tout innocemment à en rappeler le chiffre. Sans hésiter, Réal cita une somme... mais si éloignée de la statistique exacte que son honneur de créditiste se trouva tout de suite en jeu. L'erreur eût été moins grave de la part d'un autre mais l'auditoire connaissait l'obstination de Caouette à fonder *toute* politique sur des données économiques et, parmi ces données, la masse monétaire tenait une place majeure.

Or, il apparaissait, pour la première fois mais devant des millions de téléspectateurs, que le pontife suprême du Crédit social, Réal lui-même, avait une connaissance grossièrement inexacte de cette donnée fondamentale. En somme, le pape de l'Église créditiste ne savait pas compter les personnes de sa Trinité...

Il eut beau tonner, protester très haut qu'il avait le chiffre exact, contester celui que Marchand lui opposait, accuser Jean d'ignorance, s'indigner qu'il osât, «sans même savoir de quoi il parle, mettre en doute la compétence d'un vieux militant comme moi», rien n'y fit. L'infaillibilité de Réal Caouette s'effondra sur-le-champ, sauf aux yeux de ses inconditionnels absolus. Mais ceux-là même durent se rendre à l'évidence, en lisant les journaux du lendemain: leur chef avait cité un chiffre sans aucun rapport avec la réalité. À compter de ce jour, on ne prit plus guère au sérieux Réal Caouette quand il citait des chiffres. Le démagogue survécut mais l'économiste-prophète avait trépassé au cours de ce débat. (Ce dont on se douta moins et qui reste aujourd'hui encore un secret bien gardé, c'est l'effet de cet événement sur la carrière politique de Jean Marchand. N'eût-il pas, ce soir-là, dérouillé publiquement le leader créditiste, sans doute serait-il devenu, quelques semaines plus tard, député provincial, puis ministre de Jean Lesage. Mais cela est une autre histoire qu'il faudra intégrer à la chronique des années 60.)

Si Réal Caouette connut à la télé l'une des plus cuisantes humiliations de sa vie, il dut par ailleurs à la magie du petit écran des succès électoraux remarquables[1]. Nul autre parti ne comprit mieux que le sien l'importance des médias. Nul ne les utilisa avec plus de constance et d'habileté, ni à moins de frais. Dans chaque ville de province, à chaque semaine et

---

1. Un reportage d'Hélène Pilotte (*Magazine Maclean,* septembre 62) donne à croire que Réal Caouette dut pour une bonne part à la télévision son premier succès électoral d'envergure, en juin 1962. Voici ce qu'elle en dit: «Tout de suite (après la fondation en juin 1958 du Ralliement des créditistes du Québec) il cherche un moyen de toucher la foule. Il pense à la télévision. Il loue des périodes d'un quart d'heure à ses frais pendant huit semaines, au prix de cent dix dollars par semaine. Il demande ensuite aux téléspectateurs de souscrire l'argent nécessaire aux émissions suivantes. Ils le font chaque semaine pendant quatre ans. Il couvre bientôt les régions de Jonquière, Sherbrooke, Trois-Rivières, Rimouski, New Carlisle.»

pendant des années, le grand timonier du Crédit social prêchait la bonne doctrine à ses ouailles. La recette était simple. Il s'agissait de trouver un commanditaire.

C'était en général un commerçant prospère, militant du parti, qui défrayait le temps d'antenne au poste local, s'assurant du même coup la clientèle des croyants. Mais l'ingrédient principal, unique et irremplaçable, c'était la verve, la gouaille, la truculence de Réal Caouette et sa passion de convaincre. Son instinct populaire, sa connaissance profonde des sentiments et des frustrations de la petite classe moyenne faisaient merveille. Le chef créditiste ne partageait pas les illusions de M. Duplessis. Il savait qu'aucune manœuvre politicienne, aucun interdit ni boycottage ne mettrait un frein au pouvoir de la télé. Il croyait en revanche, et le prouva, qu'un maniement astucieux de la boîte aux images pouvait retarder l'érosion de sa formation politique vouée à une mort certaine mais dont il prolongea la vie de plusieurs lustres.

De la télévision, que pensait Pierre Trudeau, au milieu des années 50?

Rien de très bon. Il considérait comme perdu, gaspillé ou presque, le temps passé devant un téléviseur ou devant les caméras. Quant à la presse écrite, il ne la lisait guère. Les articles de journaux, y compris ceux qu'il publiait lui-même, ne lui sont jamais apparus comme des textes sérieux. Il en prenait connaissance, pour se renseigner sur la marche du monde, mais à la hâte et pas tous les jours. Ce n'est pas lui qui aurait jamais flatté ma vanité de journaliste. Si d'aventure il me parlait d'un texte que j'avais signé dans un quotidien, je posais sans balancer la question: «Qui te l'a signalé?» — «Je crois que c'est Untel», répondait-il sans hésitation ni aucun embarras. Il était entendu entre nous que l'amitié a des limites. Celle qu'il me portait ne l'obligeait pas à lire mes éditoriaux, pas plus que la mienne à suivre ses cours de droit. Il fut certes, pendant plusieurs mois, un collaborateur fidèle du journal *Vrai,* l'hebdomadaire de Jacques Hébert. Mais c'était au plus noir de la Grande noirceur. Il fallait absolument combattre par tous les moyens la pensée officielle qui nous écrasait. Et qui pouvait résister à l'insistance de Jacques qui publiait son hebdomadaire à la force du poignet, sans autre appui que sa détermination personnelle, ni autre dédommagement que le sens du devoir accompli?

Pour entraîner Trudeau dans un studio de télévision, il fallait longtemps le prier. Il avait toujours quelque chose d'autre à faire de plus pressé ou de plus important. Mais quand il se décidait enfin, ses interventions ne passaient pas inaperçues. Il y faisait preuve d'une présence à l'écran, d'une solidité et d'une agilité intellectuelles dont la suite de sa carrière a multiplié les exemples.

Trudeau ne méprisait pas le journalisme ni ne sous-estimait l'impact de la télévision. Ces médias l'intéressaient mais surtout comme phénomènes socio-culturels. Il n'éprouvait pas la démangeaison de s'y impliquer lui-même, sauf comme critique de la société. À ce titre, aucune des forces en action dans la société contemporaine ne le laissait indifférent.

Vers le milieu des années 50, nous fîmes la connaissance d'Albert Béguin, successeur d'Emmanuel Mounier à la direction de la revue *Esprit.* Béguin, ce n'était pas seulement «une intelligence considérable» comme dira de Gaulle de Jean-Paul Sartre, quelques années plus tard; c'était encore et surtout une conscience, un homme d'une culture impressionnante, un interlocuteur de choix. Il n'avait rien de l'intellectuel hautain ni du littérateur prétentieux. Au lendemain de la guerre, je l'ai noté déjà, nous avions croisé en France Mounier lui-même, que nous lisions depuis les années 40. Mais Mounier nous impressionnait trop pour qu'une amitié fût possible. Nous le considérions comme un maître.

Avec Béguin, nos relations furent très différentes. C'est lui qui venait à nous. (Mounier mourut sans avoir jamais traversé l'Atlantique.) Son séjour au Canada lui laissait des loisirs qu'il n'aurait pas eus à Paris. Pendant les quelques semaines qu'il passa à Montréal, nous le vîmes beaucoup, longuement. Nos discussions se prolongèrent souvent jusqu'au petit matin, si tard en vérité qu'il nous en vint des scrupules, après son retour en France, quand on nous apprit sa maladie et, peu de temps après, sa mort. Avions-nous abusé de sa disponibilité?

Dans l'atmosphère de pensionnat qui régnait alors au Québec, la visite d'un Béguin nous faisait l'effet d'une bouffée d'air, d'un ballon d'oxygène. Il arrivait du grand large. Il nous apportait le fruit d'une réflexion poursuivie à travers tous les continents. Ses propos sur l'Inde, où il venait de séjourner, me reviennent, après vingt-cinq ans, avec une netteté qui témoigne de leur force. Nous avions besoin de dépaysement, non pas de fuir notre réalité mais d'en évoquer d'autres afin de voir celle du Québec dans une plus juste perspective.

Nous n'étions pas des auditeurs passifs. Je me souviens du véritable assaut que nous fîmes subir à Béguin au sujet de la télévision. Il nous semblait que les intellectuels français en général, ceux d'*Esprit* en particulier, négligeaient ce phénomène. Sans doute avaient-ils une bonne excuse: le développement de la télé, en Europe, retardait beaucoup sur la croissance foudroyante de l'électronique en Amérique du Nord. Mais justement, disions-nous à Béguin, nous comptons sur le sens aigu de l'avenir dont vous avez toujours fait preuve. Et c'est maintenant qu'il faut réfléchir, avant que les structures des nouveaux médias ne soient en place et déjà figées. Toutes les cultures vont être agressées, secouées, bouleversées par l'avènement de l'électronique[1]. C'est un défi redoutable. Or au sein de la culture française, qui sommes-nous, au Québec, pour absorber seuls le premier choc de cette agression? Quelques millions de francophones dont l'immense majorité émerge à peine de l'analphabétisme. Si vous, les intellectuels français, ne vous mettez pas à l'œuvre pour *penser* la télévision, n'est-ce pas toute la communauté francophone du monde qui devra en pâtir? Vous vous retrouverez à la remorque du pragmatisme anglo-saxon, en ce domaine comme en tant d'autres. Et nous aussi, bien entendu.

Au départ, Béguin n'était pas convaincu. Je me demande même s'il comprenait notre inquiétude. En revanche, Pierre Trudeau s'intéressait vivement à cet aspect des médias. Il pressentait les transformations que la télévision ferait subir à notre vie politique, par exemple, même si nous étions encore loin des duels télévisés entre Nixon et Kennedy, même si le petit écran n'avait pas encore trouvé sa place dans les campagnes électorales. Il vidait déjà les salles de cinéma. Il bouleversait notre mode de vie. Les associations et mouvements, y compris les syndicats, ne parvenaient plus à réunir leurs membres. Ces derniers, rivés à leurs téléviseurs, ne répondaient plus aux convocations d'assemblées. Étions-nous promis à une vie collective dont tous les messages, toutes les communications devraient emprunter le truchement des ondes? L'accès aux caméras deviendrait-il la condition première de toute action efficace? Nous n'étions pas loin de le croire et nous n'avions certes pas tort.

---

1. J'aimerais croire que nous étions déjà conscients de la révolution informatique et soucieux d'en prévoir les effets. Je ne saurais malheureusement l'affirmer, en tout cas pour ce qui me concerne.

Nous nous posions aussi d'autres questions fondamentales sur le bon usage des médias. Allaient-ils, par exemple, sonner le glas de la presse écrite? Du théâtre? Et quels effets à long terme, quels changements de civilisation nous promettaient les images encore sautillantes qui rivalisaient désormais avec l'imprimerie, qui semblaient même menacer le contact direct entre personnes humaines? La télévision supprimait certes les distances physiques. Allait-elle, du même coup, en créer de nouvelles, d'un autre type? Isoler les individus? Atomiser le milieu social?

Nos amis européens étaient un peu ébahis par toutes ces questions, eux qui ne connaissaient pas encore la télévision comme phénomène de masse. Ce n'est pas par hasard que l'œuvre de Marshall McLuhan est née à Toronto, c'est-à-dire en Amérique du Nord, plutôt qu'à Londres ou à Paris. Albert Béguin acceptait tout de même, avec une émouvante modestie, de réviser ses positions. Il nous écoutait, jusqu'aux petites heures du matin, et s'interrogeait avec nous. Eut-il vécu plus longtemps, sans doute pourrions-nous lire aujourd'hui ses réponses à nos questions d'alors. Mais il n'eut pas le temps de les formuler. Au printemps qui suivit sa seconde visite à Montréal, il devait mourir dans un hôpital de Rome, terrassé par une crise cardiaque.

Il n'y eut pas de numéro spécial d'*Esprit* consacré à la télévision. Le seul écho de nos discussions nocturnes avec Béguin, c'est dans un numéro spécial de *Cité libre* qu'il fut entendu. À relire aujourd'hui ce maigre ensemble de textes, on ne soupçonnerait jamais l'intensité des débats qui l'ont inspiré. On y retrouve toutefois la conscience obscure de la révolution qui s'amorçait. Nous n'étions pas les seuls, au Québec, à mesurer l'importance du phénomène. Les médias bousculaient trop d'habitudes, ils ouvraient trop de portes sur l'avenir pour laisser indifférents ceux qui en observaient l'irruption dans notre vie collective. Fidèles à notre tempérament de Nord-Américains, c'est d'abord par l'action que nous devions réagir. Nous nous sommes précipités comme d'instinct vers l'audiovisuel, quitte à y réfléchir ensuite, ce qui ne fut pas toujours fait. Mais notre instinct était juste. Le réveil du Québec, la Révolution tranquille, le rattrapage qui devait s'opérer dans les vingt ans qui suivirent, tout cela, il me semble, n'aurait pas pu s'accomplir aussi rapidement sans l'aide des médias. Et Dieu sait si nous avions besoin de faire vite, après vingt ans de stagnation sous la réaction duplessiste!

L'avènement de la télé, qui prit figure d'épidémie foudroyante en Amérique du Nord, se présenta en Europe comme une contagion lente. Aujourd'hui encore, la majorité des intellectuels européens traitent les médias comme un phénomène marginal, en dépit de l'immense espace qu'ils occupent désormais. Or, au milieu des années 50, la télévision française balbutiait et l'intelligentsia devait répondre à d'autres défis plus pressants: la guerre d'Algérie, l'arrivée au pouvoir du général de Gaulle et le drame de conscience qui, là-bas, allait absorber, pendant près d'une décennie, les meilleures énergies des militants et des penseurs.

(Vingt-cinq ans plus tard, il n'est pas sans intérêt de constater l'avance dont nous jouissons encore au Canada dans l'utilisation et le développement de l'audiovisuel. Chaque année, des jeunes arrivent à Paris, de Montréal, de Trois-Rivières, de Québec ou de Rimouski, désireux de compléter leurs études, de pousser plus loin leurs connaissances en cette matière. Mais les Français, si peu enclins d'ordinaire à confesser leurs faiblesses, s'étonnent tout haut de les voir en France. «C'est chez vous, disent-ils, que s'accomplit le travail de pointe, c'est vous qui êtes en flèche dans ce domaine.»)

Chaque fois que j'entends ces propos, je m'interroge à nouveau sur les accidents de l'Histoire. Il fallait que la France, au lendemain de la guerre, liquide son empire colonial. Elle n'avait pas le choix. Elle devait y venir. Mais quelle interminable crise elle allait traverser avant de se résoudre à l'amputation qui s'imposait! Et quelle absence du monde, quel repliement sur elle-même, quelles longues années uniquement occupées à scruter ses propres entrailles, alors que le monde de l'après-guerre mettait le cap sur l'horizon 2000! Le vaisseau amiral de la culture française restait ancré dans les eaux algériennes tandis que nous, communautés francophones de la diaspora, devions prendre la mer en ordre dispersé, dans des embarcations beaucoup plus modestes. Excusez-moi de cette métaphore mais comment faire comprendre l'espèce de solitude intellectuelle que nous avons vécue à cette époque?

Les Canadiens de langue française, pas plus que les Belges wallons ou les Suisses romands, n'ont jamais attendu de la France un leadership politique. Dans le conflit algérien, je l'ai déjà noté, nous n'étions pas le moins du monde solidaires du colonialisme français. Nous hésitions d'autant moins à le condamner qu'à un autre niveau, et d'une autre manière, nous en étions nous aussi les victimes. On ne peut pas mesurer avec précision l'apport culturel que constitue pour nous l'existence même de la France, de cinquante-cinq millions de personnes qui vivent en français. Mais quand la France s'absente du monde, il en résulte pour nous un passage à vide qui n'est pas facile à vivre. Deux fois, dans ma génération, nous en avons fait l'expérience.

C'est en 1940, à vingt ans, que les hommes de mon âge ont compris ce que représentait pour nous une éclipse de la France. Jusque-là, nous n'avions guère réfléchi à la solidarité culturelle. Nous vivions cette réalité dans les faits, sans y penser. Les livres, les revues, les manuels, les dictionnaires, les disques et les films réalisés dans notre langue, tout cela venait du vieux pays, hors notre production autochtone, infime en littérature et en musique, inexistante en matière de cinéma. Nous prenions pour acquis ce pain quotidien qu'on nous boulangeait ailleurs, à six mille kilomètres de nos côtes, et sans lequel nous n'aurions pu vivre. Nous en acquittions la facture en monnaie d'admiration et de gratitude, de rhétorique aussi. Ah! les discours sentimentaux de l'époque sur le thème de la mère patrie, de la France nourricière, de notre filiation spirituelle. Et l'ambiguïté de nos rapports avec cette communauté d'au-delà des mers qui avait *trahi* certaines de nos *valeurs* les plus sacrées! Il fallait bien tout de même accepter d'elle notre nourriture, sous peine de crever de faim.

Avant 1940, il ne nous venait pas à l'esprit que le ravitaillement culturel pût un jour être interrompu. C'est pourquoi le choc fut si brutal quand l'occupation allemande nous coupa de la France, du jour au lendemain. Subitement, nous nous retrouvions livrés à nous-mêmes, seuls dans le vaste monde anglo-saxon. Ou bien nous relevions le défi en nous improvisant de toutes pièces (mais quelles pièces?) une autarcie culturelle instantanée; ou bien nous acceptions de brancher tous nos fils sur la culture anglophone ambiante et de nous laisser vivre jusqu'au retour de la France sur la scène du monde.

Bien entendu, c'est la première solution, la plus difficile, la moins réaliste que nous avons choisie, fidèles en cela à nous-mêmes et à notre histoire. Et nous avons eu raison.

Heureusement, nous n'apercevions pas clairement l'énormité des obstacles qui jonchaient cette route. Avec une belle inconscience, l'un se lançait dans l'édition, tel autre dans le théâtre, un troisième dans la musique symphonique ou la chanson. Le souvenir de Félix Leclerc s'impose ici comme exemplaire. C'était en 1943. Les Leclerc et nous vivions alors dans la même maison, la grande baraque outremontaise des

Compagnons de Saint-Laurent[1]. Félix écrivait pour la radio. C'est de littérature qu'il était alors passionné. Mais souvent, le soir, une fois notre journée faite, quand ma femme et moi quittions notre piaule du rez-de-chaussée pour aller prendre un verre dans la sienne, à l'étage, nous le trouvions assis par terre, le dos contre le mur, sa guitare sur les genoux, en train de fredonner des airs de sa façon. Nous ne soupçonnions pas que *Notre sentier,* le *Petit bonheur* ou *Bozo* feraient le tour du monde. Félix non plus, moins encore que nous si l'on en juge par son refus, qui dura longtemps, de livrer ses chansons au public. Seuls quelques amis en connaissaient alors la poésie fruste. Félix était tout de même en train de fonder la chanson française contemporaine au Canada.

Il y eut aussi, l'année suivante, avec l'aide de quelques Français émigrés, quelques pathétiques expériences de cinéma long métrage. Tout cela en ordre dispersé, à la va comme je te pousse, avec un optimisme et des ambitions qui n'avaient d'égal que notre dénuement. Et c'est ce dénuement que l'éclipse de la France nous permit de mesurer pour la première fois. On en parlait certes depuis longtemps. Au tournant du siècle, ce fut l'un des thèmes favoris de notre journalisme d'idées. L'existence ou l'inexistence d'une littérature canadienne-française, par exemple, avait fait le sujet de longues polémiques, au temps du *Nationaliste* d'Olivar Asselin et de Jules Fournier[2].

Mais en 40, il ne s'agissait plus de polémiques: il s'agissait d'agir, de faire. La production française n'était plus là pour combler les vides et nous ne pouvions compter que sur nous-mêmes. Nous avons appris, pendant ces années de guerre, que nos dettes culturelles à l'égard de la France étaient énormes. Nous nous sommes rendu compte à quel point nous

---

1. Groupe théâtral fondé par le P. Émile Legault.

2. Jules Fournier, *Mon encrier,* Fides (Nénuphar), Montréal, 1970.

étions dépendants. C'est à ce moment-là, je crois, que remonte notre résolution farouche, non pas de rompre avec les sources françaises, ce qui eût été absurde, mais de rompre avec notre passivité, de devenir nous-mêmes productifs. Nous avons compris que la France nous «entretenait». Nous avons décidé sans tout à fait prendre conscience de cette résolution nouvelle, qu'au retour de la paix nous serions en état de collaborer, c'est-à-dire de donner aussi bien que de recevoir. Nous voulions devenir des partenaires adultes au sein d'une culture commune.

La seconde expérience du même type, nous l'avons vécue quinze ans plus tard, en 1955. Cette fois, la France n'était plus occupée par une puissance étrangère mais trop préoccupée d'elle-même pour s'intéresser aux autres, ni à quoi que ce soit qui ne fût pas ses problèmes de l'heure. Pendant plus d'un lustre, les Français furent alors non pas absents mais distraits, *absent minded* de tout ce qui n'était pas le conflit algérien. Il nous manquait de nouveau, pour les comparer aux nôtres et aux réactions américaines, leur interprétation du monde, leur analyse des phénomènes qui surgissaient alors, leur réflexion sur l'informatique, par exemple, ou sur le XXIIᵉ congrès du P.C. soviétique. Je ne prétends pas qu'on faisait silence, à Paris, sur tous ces événements. Mais les commentaires souffraient de la distraction des commentateurs. Seul le conflit algérien commandait vraiment l'attention.

Je ne dis pas non plus qu'en temps normal nous tenions pour oracles tous les propos des intellectuels français. Bien au contraire, c'est pour nous y faire les dents que nous en avions besoin, tout autant que pour nous en nourrir.

Il y eut une époque où nous n'avions guère de sens critique, où nous faisions une dépense exagérée de respect et d'admiration à l'égard de toutes les productions françaises, aussi bien les médiocres que les sublimes. Le dernier Français débarqué à Québec ou à Montréal faisait l'objet d'une espèce de culte assez ridicule. Eût-il commis la plus nulle des œuvres littéraires ou peint les croûtes académiques les plus hideuses, il avait droit à la considération éblouie des provinciaux du Nouveau Monde. Même nos *retours d'Europe*, comme on appelait, avant la guerre, les membres de la tribu qui avaient séjourné outre-mer, bénéficiaient de ce crédit.

Étions-nous sots?

Peut-être un peu. Mais cet excès d'hommages tenait surtout à notre ignorance. Parce que nous ne connaissions pas la France, il nous fallait l'imaginer. Or, l'imagination de l'orphelin est toujours généreuse quand il évoque les parents disparus. Obligé de les recréer, pourquoi n'en ferait-il pas des êtres parfaits? Pour nous, il y eut, après la guerre, le contact avec la réalité, la substitution de la France de tous les jours au pays de rêve que nous avions inventé. La société française n'incarnait certes pas toutes les perfections que notre naïveté lui avait prêtées. Mais elle offrait un contraste frappant avec la précarité culturelle de notre milieu. Elle ne se sentait ni menacée, ni minoritaire, ni pauvre, ni hésitante. Et surtout, nous apprenions à son contact ce qui fait la grandeur et le dynamisme d'une communauté culturelle, à savoir l'extrême diversité des tendances qui s'y manifestent et, au sein de chacune, la qualité intellectuelle de ses meilleurs représentants.

Il y avait des communistes, au Canada, mais aucun penseur marxiste de quelque envergure. Il y avait des chrétiens, mais notre théologie était exsangue. («S'il y avait dans nos universités des théologiens sérieux, ça se saurait!» s'exclamait Jean Le Moyne, au cours d'un débat public à Montréal.) Il y avait des surréalistes, pâles copies des Breton, sous-émules des Philippe Soupault. Et ainsi de suite dans presque tous les domaines. C'est pourquoi les discussions idéologiques volaient si bas. Nous apprenions en France que le pluralisme permet aux courants de pensée de se féconder les uns les autres, à condition que chacun donne de lui-même l'expression la plus haute. Nous apprenions aussi qu'on aiguise sa pensée, non pas en la protégeant des influences extérieures mais au contraire en l'y exposant et que le monolithisme de la pensée québécoise était une forme de paralysie. Trente ans plus tard, à Paris, en 1977, je devais entendre le dialogue suivant entre le Secrétaire général du Quai d'Orsay, et un ministre québécois: «Vous savez, M. le Secrétaire général, nous pouvons dire que l'intelligentsia québécoise est unanime derrière le projet souverainiste de notre gouvernement.

— Malheureux! Votre *intelligentsia* est *unanime* et vous vous en réjouissez?»

Nous faisions, en un mot, l'apprentissage d'un esprit critique que nous appliquerions par la suite à la France elle-même et à son influence culturelle dans notre milieu. Nous découvrions aussi à quel point la présence française nous était essentielle si nous voulions créer des œuvres valables dont la somme constituerait une société moderne originale en Amérique du Nord.

Je dis *originale* parce que telle est bien notre ambition séculaire. Il serait plus facile de nous laisser porter par l'influence des É.-U. et de produire ici un parfait décalque de la civilisation américaine. Aux fins d'une telle entreprise, la présence française dans le monde aurait bien peu d'importance. Mais nous avons formé un projet autonome, si utopique qu'il pût paraître. Trop longtemps, nous l'avons modulé sur des thèmes négatifs: refus des courants américains, résistance à l'influence française qu'on nous donnait pour nocive, isolement imposé par l'Histoire ou librement choisi pour nous *protéger,* nous *défendre,* repliement suicidaire sur nous-mêmes.

Il semble bien toutefois, malgré certaines apparences, que notre résolution ait pris, ces derniers vingt ans, une tournure plus positive. Nous accueillons plus volontiers les apports culturels qui s'offrent à nous: aisément, quand il s'agit des É.-U. qui exercent sur nous par leur puissance et leur proximité des pressions formidables et constantes. Et puis, nous nous concevons de moins en moins comme des exilés de l'Europe, de plus en plus comme des Nord-Américains.

Nos rapports avec la France exigent plus d'efforts. La rupture historique qui les a affectés, l'éloignement dans l'espace corrigé depuis peu de temps par le progrès des communications, d'autres facteurs encore rendent les échanges plus malaisés que nous ne les souhaiterions. Ils se développent cependant à un rythme accéléré; ils continueront de se développer.

Un acquis majeur de notre révolution culturelle, c'est que dorénavant nous demandons à voir, nous tenons à faire nous-mêmes les choix qui nous concernent, nous avons reconquis le droit de premier regard sur notre vie collective.

On aura peine à croire, peut-être, qu'au début des années 50 nous laissions encore à d'autres le soin de débusquer nos problèmes et de condamner nos faiblesses... quitte bien entendu à dénoncer ces condamnations comme des ingérences intolérables dans nos affaires intérieures.

Il me revient en mémoire un incident auquel j'eus part vers le début de 1950 (ou était-ce à la toute fin de 1949?).

Une journaliste torontoise avait publié, dans un quotidien de la Ville-Reine, quelques articles dévastateurs sur la protection de l'enfance au Québec. Elle y traitait du sort réservé aux orphelins et aux enfants naturels, pupilles de l'État, dans les institutions de notre province. Si mon souvenir est exact, elle dénonçait aussi certain trafic de bébés dont quelques accoucheurs sans scrupules et leurs affidés faisaient commerce avec des clients d'outre-frontière bourrés de dollars.

Le scandale qui s'ensuivit provoqua dans notre presse une belle levée de boucliers. Peu soucieux d'examiner les faits et la véracité du reporter, nos journaux se portèrent spontanément à la défense de *nos* crèches, de *nos* orphelinats, de *nos* communautés religieuses et de *notre* gouvernement. (Je crois me souvenir qu'on *oublia* commodément *nos* trafiquants de chair humaine, mais je peux me tromper.)

C'est la journaliste qui reçut les coups. De quoi se mêlait cette *étrangère*? Personne ne lui demandait son avis! N'étions-nous pas libres d'agir à notre guise puisqu'il s'agissait de *nos* enfants? Bref, on ne voulut voir dans cette enquête qu'une manifestation supplémentaire du mépris torontois bien connu à l'égard de toutes les institutions catholiques et canadiennes-françaises.

Jeune reporter au *Devoir*, chargé des questions sociales et d'une page-jeunesse, j'eus le sentiment immédiat et sans doute présomptueux qu'on marchait là dans mes plates-bandes. Je m'inquiétais surtout de voir à l'œuvre tant de défenseurs et si peu de critiques. D'accord avec mon directeur Gérard Filion, je me lançai à mon tour dans une enquête sur le même sujet, travail qui devait m'occuper plusieurs mois et me plonger dans un véritable cauchemar dont je trouve encore pénible de me souvenir aujourd'hui.

La situation que je mis à jour, guidé par mon ami le psychologue Claude Mailhot, spécialiste de la question, avait de quoi bouleverser le journaliste le plus endurci. Ma consœur torontoise n'avait aperçu que le mince sommet de l'iceberg. Je passai de longues semaines à visiter des milliers d'enfants logés dans des dizaines d'institutions presque toutes semblables, c'est-à-dire claquemurés dans un système qui les transformait implacablement en mioches plus ou moins désaxés, inadaptés au monde extérieur, épaves pathétiques impropres à l'adoption par des familles normales.

Il y avait aussi des cas extrêmes, des images insoutenables. Dans un établissement montréalais, je vis certain jour, après une longue algarade avec les autorités, la *cage* aux déments précoces. Des garçons à demi nus grimpaient aux grillages comme de jeunes singes, tandis que des enfants normaux, pensionnaires de l'infirmerie sur laquelle ouvrait cette cage, devaient subir à longueur de journée les cris de bêtes et les plaintes hallucinantes de ces petits malades. Il n'existait pas, à cette époque, d'institution spécialisée pour les déments précoces. Le gouvernement *parlait* d'en créer une...

À l'étage d'un autre orphelinat, des adolescents dormaient dans un grenier-dortoir où je vis courir, sous les lits, des rats de taille respectable. Dans une maison de correction, on dut m'avouer que les pensionnaires, des garçons en pleine croissance, ne mangeaient pas à leur faim. La subvention gouvernementale était insuffisante. Elle ne permettait pas de leur assurer une alimentation raisonnable.

Je n'en finirais pas de raconter les horreurs que je découvris. Quand je rentrais le soir à la maison, j'avais honte du confort pourtant modeste où vivaient mes propres enfants.

Mais le plus triste de l'histoire, c'est que les éducateurs responsables de ces maisons, monitrices et moniteurs religieux et laïques, étaient aussi malheureux, aussi impuissants que leurs pupilles, prisonniers comme eux d'un système démodé, ligotés par la tradition et par la pingrerie de l'État. On connaissait pourtant, à l'époque, la solution mille fois plus humaine des foyers nourriciers que toute l'Amérique ou presque appliquait déjà depuis plusieurs années. Mais puisque personne n'élevait la voix, puisqu'on choisissait de *défendre* le système au lieu de le réformer, pourquoi le gouvernement se serait-il ému?

Au terme de mon enquête, je publiai dans le *Devoir* d'abord, puis en brochure, une *Histoire des enfants tristes* dont je n'arrive plus aujourd'hui à retrouver un seul exemplaire. L'aurais-je sous les yeux, je ne suis pas certain que j'y reconnaîtrais la situation dont je rendais compte et dont je garde pourtant un souvenir si net. Car j'avais dû contenir mon indignation pour rendre mes propos acceptables au public chatouilleux du journal. Pourtant, les faits devaient y être rapportés sans trop de maquillage puisque mon directeur fut cité, pour en répondre, devant l'autorité religieuse de Montréal. À son retour de l'archevêché, il me raconta ce qu'on lui avait dit. J'ai retenu quelques répliques de cet édifiant dialogue, dont les suivantes:

«Votre reporter raconte des choses, Monsieur le Directeur...

— Est-ce qu'il dit vrai, Monseigneur? C'est toute la question.

— Peut-être. Mais il ne tient pas compte des circonstances ni du contexte. Après tout, vous ne pouvez pas exiger qu'on respecte dans ces maisons les standards du Y.M.C.A. ...

— Non, s'étonna Filion. Je ne vois vraiment pas pourquoi on se contenterait de standards inférieurs. Vous êtes responsable, vous avez l'autorité; exigez du gouvernement qu'il cesse de faire des économies honteuses aux dépens des petits malheureux.»

À mesure qu'on avançait dans la décennie, les percées du sens critique devenaient plus fréquentes. L'une des plus spectaculaires et des plus hautement symboliques fut sans doute l'irruption du Frère Untel dans la foire aux idées, vers la fin des années 50.

Pour en comprendre l'importance, il faut savoir en quelle basse estime on tenait alors, au sein même des milieux cléricaux, l'état de frère enseignant. Les Frères, c'était le prolétariat, aussi bien dans l'Église que dans l'intelligentsia de l'époque. Ils étaient affectés aux plus humbles besognes de l'esprit, enfermés dans l'enseignement primaire avec interdiction d'en sortir... sauf par la voie d'évitement du primaire supérieur, l'un des plus merveilleux culs-de-sac jamais inventés. Le symbole par excellence de leur infériorité, c'était la prohibition formelle d'enseigner dans leurs écoles le moindre mot de latin. Or, le latin était la clef du secondaire, de l'accès aux humanités et, par voie de conséquence, aux études supérieures.

On se moquait volontiers des frères enseignants et ces derniers, conscients de leur état, se contentaient en général de baisser la tête et de souffrir en silence. Quelques-uns, surtout depuis la guerre, poursuivaient des études plus avancées. D'autres, comme le botaniste Marie-Victorin et l'écrivain Clément Lockwell avaient forcé la porte de l'université. Ils faisaient figure de pionniers, certes, mais aussi d'exceptions. Car la légende qui entourait les frères comme aussi certaines règles vestimentaires qui leur imposaient des chapeaux ridicules et des coupes de cheveux grostesques, les rendaient victimes des plaisanteries les plus faciles. Il n'était pas question de leur supposer une vie intellectuelle digne du moindre intérêt, encore moins le sens de l'humour.

Mais un bon matin, dans sa colonne des lettres du lecteur, le *Devoir* publia un court texte signé Frère Untel. En quelques paragraphes, un écrivain se révélait.

Du frère enseignant, il affectait la modestie, les gros sabots, la candeur et l'innocence. Il parlait de son école, de sa classe, de ses élèves. Sous l'humilité toutefois, on sentait la griffe, celle de l'écrivain supérieurement doué, celle aussi de l'humoriste et du satirique. Tout bonnement, avec le sourire, sans avoir l'air d'y toucher, il amorçait une critique en règle de notre système d'enseignement, de ses résultats désastreux et, par extension, de notre société tout entière.

Il revint à la charge, dans les semaines qui suivirent, encouragé par André Laurendeau qui avait soin de publier ses lettres en bonne place. Je me souviens, par exemple, d'un récit désopilant qui fit mouche. Le frère avait donné pour dictée à ses élèves les paroles d'*Ô Canada* et l'un deux avait transformé le troisième vers: «Ton histoire est une épopée» en: «Ton histoire est une des pas pires.»

Mais Untel ne se contentait pas de faire rire. Son ironie bonhomme mettait en cause, au détour de chaque phrase, le «meilleur système d'éducation du monde» et le «Français amélioré»; il nous apprenait à rire de nous-mêmes et des autres, sans méchanceté mais sans pitié.

Qui était le Frère Untel?

Personne n'en savait rien, sauf André Laurendeau qui gardait jalousement le secret de son identité. Personne ne croyait surtout qu'il pût s'agir d'un *vrai* frère enseignant. On spéculait. Pendant tout un hiver, ce fut un nouveau jeu de société. On se persuadait que le pseudonyme cachait un écrivain connu. On admirait que ce mystificateur réussît avec une telle aisance à contrefaire la personnalité d'un «ignorantin», à lui prêter son esprit, à feindre sa candeur, à cacher ses propres flèches dans le carquois d'Untel.

Je souhaite que Jacques Hébert trouve un jour le temps de raconter comment et par quelles ruses de

Sioux il parvint à repérer Jean-Paul Desbiens, en religion le mariste Pierre Jérôme, à lui faire signer un contrat d'édition, à franchir tous les barrages dressés sur sa route par les supérieurs hiérarchiques de l'écrivain pour publier enfin *Les Insolences du Frère Untel*.

En quelques mois, l'ouvrage devint le *best-seller* absolu de l'édition québécoise, franchissant le cap des 100 000 exemplaires. Cet extraordinaire succès était révélateur. Il montrait à l'évidence que l'esprit critique et le désir de réforme n'étaient plus le fait d'un petit groupe isolé, de quelques «joueurs de piano» syndicalistes ou bourgeois intellectuels. Le génie du Frère Untel fut de situer sa critique à un niveau d'humour et de sens commun jusqu'alors inexploré. Ce fut aussi le don des formules neuves et l'art de donner saveur à certains mots. Le terme «joual», par exemple, pour désigner notre langue populaire du milieu urbain, est-ce Laurendeau qui l'inventa? Peut-être. Mais sans Desbiens, il n'aurait pas connu la faveur que l'on sait. Sans lui, les réformistes et les dissidents de tous poils n'auraient appris que bien plus tard l'importance numérique de la troupe qu'ils formaient. Les *Insolences* furent un brûlot d'une rare puissance au flanc de notre culture *officielle*. Elles ressuscitaient chez nous la gouaille populaire dont nous étions en train de perdre le secret.

* * *

Ainsi, notre révolution culturelle est issue de deux guerres et de l'avènement des médias électroniques. Toutes les forces conjuguées pour la provoquer sont encore à l'œuvre. Elle se poursuit. Les mémorialistes de l'avenir en raconteront les prochains épisodes. Quoi qu'ils en disent, quand leur tour sera venu, je parierais volontiers qu'on retrouvera dans leurs propos, comme dans les miens, la trace de nos rapports avec la France, la poursuite de notre dialogue avec les médias et l'irruption, à intervalles réguliers, de sages railleurs, capables de nous faire rire à nos propres dépens.

Chapitre VIII

Affrontements

Mais ce n'était pas parce qu'il était humble qu'un homme n'était pas homme. Et pas davantage parce qu'il était fier.

Elio Vittorini

Le temps, c'est bien connu, ne respecte rien. Pas même le sens des mots, ni leur contenu, ni leur impact émotif sur ceux qui les entendent.

Le mot grève ne fait pas exception à cette règle. Pour la multitude, il évoque désormais des images pénibles, affligeantes: hôpitaux frappés de paralysie générale, rames de métro immobiles par des froids de 20° sous zéro, écoles et collèges fermés au milieu de l'année scolaire, sabotages sur les chantiers...

Chaque fois que la population s'est sentie piégée, punie, victime innocente d'un groupe de travailleurs ou de fonctionnaires en grève, la réputation du syndicalisme en a été ternie. Pis encore, certaines formations ouvrières se sont retrouvées aux mains de criminels avoués. On sait que la pègre en a fait ses outils de prédilection. Et pourquoi n'aurait-elle pas agi sous ce couvert, elle qui singeait depuis près d'un siècle les grands capitaines d'industrie? La mafia sait s'adapter.

Dans le cours de mon récit, quand les mots grève ou syndicat revenaient sous ma plume, j'avais conscience de faire face à un défi. Réussirais-je à substituer l'image ardente d'un mouvement ouvrier en pleine gestation, encore fragile et vulnérable, à celle d'une institution ouvrière désormais établie, reconnue, toujours indispensable mais fatalement bureaucratique et exposée aux abus que permet tout pouvoir, quel qu'il soit?

Le syndicalisme que j'évoque ici n'était jamais *du côté du manche.* Force montante mais toujours menacée, il vivait dans l'état de grâce des grandes aventures à leur début. Et mon récit donnerait une impression tronquée de nos années 50, si les luttes ouvrières n'y tenaient pas une place de choix, car elles se situaient au cœur même du combat pour le progrès et la liberté.

Permanent d'une centrale ouvrière, je fus mêlé de près ou de loin, mais plus souvent de près, à la plupart des luttes syndicales de cette décennie.

J'en retiens certaines images d'une force singulière dont le temps ne peut ni pâlir les couleurs ni affaiblir l'impact émotif. Louiseville, par exemple, rameute des souvenirs violents. Je revois, par une matinée frileuse de décembre 1952, l'escalier extérieur qui conduit au local des tisserands grévistes, en plein centre de la petite ville. Un groupe d'ouvriers gravit les marches, au terme d'une manifestation, pour se rendre à l'assemblée quotidienne du syndicat. Subitement des coups de feu éclatent dans leur dos. C'est la police qui a tiré. Un travailleur s'effondre, le cou traversé par une balle. Le groupe s'égaille, saisi de panique, et disparaît comme par enchantement. Quelques camarades restent sur place pour secourir le blessé qui se retrouvera à l'hôpital. Aussitôt la police, du Québec intervient en nombre pour établir un cordon tout autour de la ville.

Après des mois de patience ouvrière balisés de rares incidents, les forces de l'ordre ont enfin réalisé leur plan: bloquer le conflit dans l'impasse de la violence, le résoudre ensuite par l'action policière. Il s'en est fallu de peu que ce blessé ne fût un mort. Ce n'est pas lui qu'on visait mais Raymond Gagnon, responsable de la grève, qui nous montra plus tard son feutre troué d'une balle.

Louiseville, ce jour-là, ressuscite le climat du 6 mai 49 à Asbestos. Les citoyens se terrent dans leurs maisons. Des patrouilles de la P.P. sillonnent les rues, l'arme au poing. Les policiers ont refermé leur piège sur un groupe de syndiqués de l'extérieur, venus manifester leur solidarité avec les camarades grévistes du textile. Ces visiteurs, si la police les appréhende, seront traduits devant les tribunaux. Le scénario est au point. On les dénoncera comme éléments étrangers, fauteurs de désordre venus créer ici des incidents violents alors que les honnêtes et paisibles travailleurs de Louiseville ne désiraient rien d'autre que de reprendre le travail, sans aucun des avantages pour lesquels ils faisaient grève. Le tribunal prononcera des condamnations. Outrage au tribunal, décidera le juge. Car l'employeur, prévoyant, s'est muni d'une injonction qui ordonne aux travailleurs de ne rien faire pour empêcher les briseurs de grève, les *scabs,* de se rendre au travail à leur place.

M. Duplessis, trois ans plus tôt, condamnait la grève de l'amiante comme illégale. Celle-ci est d'une légalité au-delà de tout soupçon, les travailleurs se sont soumis à tous les caprices de la loi... ce qui n'a pas changé un iota au comportement des autorités québécoises. Nos camarades, pour avoir défilé en brandissant des pancartes, écoperont d'un casier judiciaire et peut-être de quelques mois de prison ferme. Nous connaissons tout cela. Depuis l'amiante, nous avons revécu ce cauchemar plusieurs fois déjà.

C'est pourquoi il faut sans tarder évacuer nos visiteurs, les repérer d'abord dans les foyers des grévistes de Louiseville qui les ont recueillis, prévoir ensuite des transports plus ou moins clandestins qui contourneront les barrages de police ou pourront tromper la vigilance des agents. «Par le bord de l'eau, nous assure un vieux militant, je peux guider un groupe jusqu'à la Pointe-du-Lac sans être vu. Et je plains ceux qui essaieraient de nous suivre! Tu sais, Raymond, en longeant le marécage où on attrapait les grenouilles, pour la grève chez Dupuis. Tu te souviens?» Raymond se souvient, et moi aussi, des rainettes semées sur les comptoirs de lingerie féminine, pendant cette grève au grand magasin de l'est montréalais.

Les grenouilles devaient se révéler plus efficaces, pour éloigner la clientèle, que n'importe quelle *manif* à grand déploiement...

Après maints palabres, je suis mis à contribution pour passer en contrebande deux ou trois visiteurs sous le nez de la police. Ma voiture est immatriculée à Montréal, mais je suis journaliste, ce qui me donne le droit d'être aujourd'hui à Louiseville sans risquer d'ennuis. La Sûreté m'a arrêté une seule fois dans l'exercice de mon métier. Elle s'en est repentie. L'opinion tolère en effet les manœuvres sournoises de M. Duplessis contre la liberté de la presse. Elle veut bien faire semblant de ne pas savoir, pour peu qu'on l'aide à sauver les apparences. Mais l'arrestation, c'est trop brutal, même pour ceux qui aiment la manière forte. Ce soir, quand il fera nuit, je me présenterai donc au barrage policier de la route 2 avec, dans ma voiture, toute une équipe de prétendus confrères qui n'ont jamais mis les pieds dans une salle de rédaction et nous filerons vers Montréal sans encombre après qu'un agent au regard soupçonneux aura dévisagé tour à tour chacun de mes passagers. Je m'étonne de retrouver au bord du lac Saint-Pierre les émotions vécues cinq ans plus tôt en Autriche et en Hongrie, sous l'occupation soviétique...

Il importe d'évoquer les luttes syndicales des années 50 parce qu'elles comptent parmi les événements les plus significatifs, les plus déterminants de cette décennie.

Qu'il s'agisse des chantiers maritimes Vickers, à Montréal, ou de l'aluminerie Alcan d'Arvida, c'est le même combat pour la conquête d'un droit de cité syndical encore contesté ou reconnu seulement à demi par les employeurs et les autorités québécoises. Cette lutte amorcée dans les années 20 et 30 (on songe aux très durs conflits de Sorel, de Drummondville et de Montmorency, pendant la crise économique), relancée après la guerre par la grève de l'amiante, ne fut vraiment gagnée qu'à la fin des années 50. Jusque-là, chaque conflit agissait comme un abcès de fixation, chacun marquait un déblocage particulier.

Un spécialiste belge, le professeur Urbain, notait que les relations de travail au Québec, dans les années 50, se déroulaient encore dans une structure de conflit. Les premières structures de collaboration feraient leur apparition avec la Révolution tranquille des années 60.

À Shawinigan, en 1952, c'est la *procédure des griefs*[1] qui déclenche la grève, à l'usine locale des Alumineries Alcan. Les travailleurs s'étaient rendu compte que la meilleure convention collective ne leur valait pas grand-chose aussi longtemps que l'employeur restait libre d'en interpréter à son gré l'application.

Trois ans plus tard, au Saguenay, toujours dans la même industrie, c'est la définition et l'évaluation des tâches qui faisaient problème. La société Alcan prétendit d'abord exclure le syndicat de toute participation à ce processus dont les conséquences sur la vie quotidienne et le revenu des travailleurs étaient capitales. Puis, dans un second temps, l'employeur

---

1. Ce terme généralement admis dans notre vocabulaire syndical est la traduction littérale de l'anglais *grievance procedure*. Il désigne la façon, pour un travailleur, de faire valoir ses droits personnels si l'employeur viole la convention collective.

concéda que ses employés pourraient y jouer un rôle mais quand la grève serait terminée, c'est-à-dire au moment où le militantisme des ouvriers serait affaibli, leur vigilance assoupie et la possibilité rendue aux employeurs de retarder indéfiniment, parce qu'impunément, la conclusion d'une entente. Ailleurs encore, à Murdochville, par exemple, les métallos de la Fédération des travailleurs du Québec menaient le combat contre un employeur qui n'avait pas encore renoncé à se débarrasser de leur syndicat et qui avait groupé son tir sur quelques dirigeants ouvriers plus exposés que les autres. Je pourrais citer encore des dizaines d'exemples. Chacun aiderait à comprendre comment les travailleurs ont dû conquérir pied à pied le territoire qu'ils occupent aujourd'hui. Et quelques cas de grèves improvisées, déclenchées au hasard et sans préparation (je songe aux débrayages de 1955 dans les papeteries de Shawinigan et de Grand-Mère) montreraient de quels désastreux reculs les salariés durent payer leurs moindres étourderies.

Il faut dire aussi que les luttes ouvrières prirent alors une signification qui débordait largement le domaine des relations industrielles. Quand, par exemple, la grève d'Arvida braqua les feux de l'opinion publique sur les privilèges exorbitants de la société Alcan, tout le Québec prit conscience des concessions que les gouvernements avaient faites, dans une époque antérieure, aux exploitants (ou devrais-je écrire exploiteurs?) de nos richesses naturelles. Le gouvernement du Québec ne leur avait ni loué ni prêté les ressources hydrauliques de la région; selon le mot du *Chef* cité plus haut, il les leur avait données. L'employeur était maître après Dieu des chutes, et des barrages dont il les avait harnachées. La ville d'Arvida avait été à l'origine une *company town* où l'Alcan faisait la loi, possédait tout y compris la totalité des habitations, des établissements commerciaux et même des forces policières.

L'institution des *villes de compagnies* ou villes fermées témoigne de l'esprit du temps. Il s'agissait essentiellement de céder aux sociétés industrielles l'autorité municipale entière sur les collectivités qui habitaient ces agglomérations. On amputait ainsi des populations ouvrières de tous leurs droits démocratiques en matière de gouvernement local. On les abandonnait au bon plaisir des compagnies qui constituaient de droit le Conseil municipal et qui en exerçait l'autorité à sa guise. Les administrés n'avaient aucun droit de regard sur la police, ni sur la réglementation du commerce ni sur aucun des services municipaux. Ces concessions abusives étaient passées presque inaperçues au moment où le pouvoir politique les avait faites. Mais sous les feux de la rampe allumés par les grévistes, elles apparaissaient dans toute leur incongruité.

De même à Baie-Comeau et Hauterive, il fallut un conflit syndical pour attirer l'attention sur ces régions éloignées, isolées, où les magnats de l'industrie faisaient la pluie et le beau temps et traitaient des populations entières comme mineures et dépourvues de certains droits démocratiques élémentaires.

Clarke City, en 1950, constituait un modèle du genre, une sorte de sommet dans le sinistre. Sitôt entré au service de la C.T.C.C., je reçus mission d'enquêter dans cette petite ville de la Côte Nord dont j'ignorais jusque-là l'existence. Jean Marchand m'expliqua qu'il y avait là-bas une usine de pâte à papier, quelques centaines d'ouvriers et un embryon de syndicat dont on ne savait pas au juste ce qu'il advenait, sauf que plusieurs de ses dirigeants faisaient l'objet d'une plainte de l'employeur pour «activité syndicale sur la propriété de la compagnie», ce qui bloquait toute négociation. Il s'agissait d'aller voir, de reprendre contact, peut-être aussi de publier ensuite un reportage. «La situation m'a l'air assez spéciale, me dit Marchand, je me fie à toi pour la tirer au clair. Tu en as pour une bonne semaine.»

Ainsi commença pour moi la plus extraordinaire et la moins prévisible des excursions au cœur du *XIXe siècle* capitaliste.

Mais il fallait d'abord m'y rendre. Clarke City était alors une petite bourgade de quelque douze ou treize cents âmes, voisine de Sept-Îles qui n'en comptait pas encore trois milliers.

Une route reliait les deux villages, à travers la forêt nordique. Hors cette route et le chemin de fer de la société Iron Ore qui s'enfonçait dans les terres vers le Nouveau-Québec, aucune autre communication terrestre avec le reste du monde n'existait encore dans la région.. Il fallait donc s'y rendre par bateau, c'est-à-dire à bord des raffiots de la compagnie maritime Clarke Steamships qui détenait alors le monopole du trafic passager entre la ville de Québec, les Îles-de-la-Madeleine et tous les petits ports de la côte: Baie-Comeau, Franquelin, Pentecôte, etc. On s'embarquait au crépuscule, dans le port de Québec, pour se réveiller en plein golfe, le lendemain matin, et visiter un par un tous ces points côtiers avant de se retrouver, vers le milieu de l'après-midi, en rade de Clarke City. À cette époque, Gilles Vigneault n'avait pas encore chanté Natashquan ni la rivière Mingan. C'était un monde tout neuf, aussi exotique pour moi que l'Alaska ou le Groenland. Je le découvris sous le soleil de juin, région splendide où la majesté de la côte s'allie à celle de la mer.

Pendant des heures défilent sous nos yeux une suite de petites anses et de grandes baies, de caps rocheux, de rivières et de ruisseaux dont les rubans bleus semblent fuir dans les terres à partir de leurs embouchures. Et les dimensions de l'ensemble réduisent à des proportions mesquines le paysage montréalais. Les mots «grands espaces» y prennent un sens qu'ils n'ont pas au sud. J'en eus le souffle coupé. Tout cela faisait partie de notre pays, tout cela nous appartenait et nous n'en savions rien? Je me sentais comme volé, dépossédé par mon ignorance de la géographie. Comment diable avais-je pu vivre jusqu'à ce jour en croyant que Tadoussac et Gaspé marquaient au nord-est la limite du Québec? Et comment avais-je pu croire que tout cet espace, au nord, sur les cartes géographiques, n'était que désert triste, toundra rachitique et mauvais temps?

Ce qui défilait sous le soleil, c'était une côte riante, aux couleurs vives, balisée de villages blancs. À chaque escale, des pêcheurs et des enfants venaient à notre rencontre, engageaient la conversation, nous montraient fièrement leur pêche. Des femmes venaient réclamer leur courrier au milieu du brouhaha que causait notre arrivée, du branle-bas des colis déchargés ou hissés à notre bord à grands renforts de cris joyeux et de jurons sonores. Dans l'un des villages, notre caboteur accosta devant l'église au moment même ou un couple de mariés, la jeune femme en longue robe blanche, sortait sur le parvis...

Mais Clarke City n'était pas de cette fête. Elle n'avait ni la grandeur impressionnante des abords de Sept-Îles, avec leurs hauts rochers noirs émergeant de l'eau sombre, ni l'air bon enfant des autres bourgades côtières. L'incroyable laideur, l'invincible tristesse industrielle que l'Angleterre exportait à travers le monde au XIXe siècle avait fait irruption ici voilà plus de cinquante ans. Une usine hideuse, des maisons ouvrières toutes semblables alignées en rangs d'oignons, quelques bâtiments publics plus minables et plus biscornus les uns que les autres... On aurait dit un mauvais rêve: un quartier de taudis détaché de Liverpool ou de Southampton et qui aurait dérivé jusqu'ici à travers l'Atlantique. Un morceau d'enfer urbain déposé dans une nature paradisiaque. La longue jetée de bois gris était triste malgré le beau temps et suait l'ennui, en contraste frappant avec l'animation joyeuse des autres petits ports.

Cette grisaille britannique n'était pas l'effet du hasard. C'est en effet une compagnie de Londres, présidée par un noble lord, réputé intime de Winston Churchill, qui exploitait la forêt environnante pour fabriquer de la pâte à papier. Non pas le papier; la pâte seulement, expédiée en vrac vers le Royaume-Uni.

Clarke City faisait-elle partie du Canada et du Québec? On aurait pu en douter. Impossible en effet d'y loger, à moins d'être au service de la Compagnie, car elle possédait tous les bâtiments jusqu'au dernier hangar. Comme il n'était pas question pour des militants syndicalistes de demander l'hospitalité aux employeurs, le conseiller technique qui m'accompagnait avait mis sa voiture à bord du bateau. Nous étions descendus à l'hôtel de Sept-Îles, et nous faisions la navette, soir et matin, sur les trente kilomètres de gravier qui nous séparaient de Clarke City. Le jour même de notre arrivée, nous prenions contact avec les dirigeants locaux, dans une salle où la compagnie les *autorisait* à se réunir.

Je revois avec une émotion encore toute fraîche, après trente ans, les têtes extraordinaires de ces camarades. Et surtout j'entends leurs voix, je retrouve dans mon souvenir l'accent madelinot qu'ils avaient presque tous, cette façon un peu enfantine de prononcer certains mots, la mélodie particulière de leurs intonations, les dentales articulées à l'acadienne, c'est-à-dire très doucement. C'étaient pour la plupart des hommes de petite taille mais costauds, râblés, le teint vif, les yeux bleu faïence, des regards qui exprimaient autant de confiance que de timidité. Nous étions des confrères syndiqués, donc des amis et des alliés.

«Depuis la fondation de notre syndicat...» commença le président, en réponse à ma première question, mais

je l'empêchai de poursuivre. Comment ce petit groupe
dépossédé, désarmé, démuni de tout à commencer par
l'instruction élémentaire, isolé entre le Pôle et
l'Atlantique, avait-il pu mettre sur pied un syndicat,
sous le nez d'un employeur hostile et tout-puissant?
Quelle extrémité de misère ou d'injustice avait pu les
pousser à prendre un tel risque? Je voulus entendre
l'histoire entière, depuis le tout début. Ils se mirent à
deux, puis à six, à douze enfin pour nous la raconter.

Comme tous les épisodes de l'histoire ouvrière, celui-
ci commence au bord d'un désespoir collectif qui fit
naître, vers la fin des années 40, le sens de la
solidarité parmi les quelques centaines d'exploités qui
faisaient tourner l'usine. «On s'est dit: c'est pas
possible, ça peut plus continuer. Faut faire quelque
chose.» Ce qui ne pouvait pas continuer, ce n'était
pas seulement les salaires de famine, les heures de
travail accablantes, la dureté de la tâche. Il y avait
tout cela, bien entendu, mais d'abord et avant tout les
conditions de vie humiliantes, insupportables, et
l'impression d'être ligotés, méprisés, impuissants.
«Faudrait que tu viennes l'hiver, pour comprendre.
T'as vu nos maisons? Du dehors, comme ça, elles
n'ont pas l'air si mal. Mais quand le froid arrive, c'est
terrible. Pas chauffables, ces cabanes-là. Les murs
n'ont pas d'isolant. Ils suintent à grosses gouttes. Il
faut les couvrir à l'intérieur en y accrochant des
couvertures de laine. Nos enfants attrapent toutes les
maladies possibles.»
Tandis que le président du syndicat nous fait cet
exposé, les autres militants hochent la tête en silence.
Et quand il s'arrête, un autre camarade prend la
relève, non sans avoir vérifié: «On leur dit, pour les
veuves?» Le président acquiesce: «On n'a rien à leur
cacher!» Et l'autre poursuit:
«On le sait, voyez-vous, qu'on n'est pas tout seuls à
gagner peu, à geler dans des maisons pourries. Mais
les autres, ailleurs, ils peuvent toujours espérer en

sortir. Icitte, dans une ville de compagnie, comptez-y pas. On peut rien acheter ni rien bâtir, pas même des chiottes. Tout appartient aux boss: les terrains, les maisons, les rues, les trottoirs, les magasins, tout. Prends les maisons: on est tous locataires. Mais pas à bail fixe. Pendant le temps que tu travailles, pas plus. La maison, tu l'as avec la job. Si tu meurs à l'ouvrage, ta femme pis tes enfants doivent déménager, quitter la ville. Y'a plus de place pour eux autres icitte. Dehors!

— Où est-ce qu'ils vont?

— Où veux-tu qu'ils aillent? Partir à Québec ou à Montréal, par les bateaux de la Clarke, ça coûte quasiment aussi cher que de s'en aller en Europe, dans les vieux pays. Ça fait qu'ils déménagent à Sept-Îles. Tu regarderas, à l'entrée de la ville: y'a deux rues que le monde appelle le quartier des veuves. C'est ça l'avenir de nos familles, quand nous autres on disparaît.»

Ce monologue est suivi d'un silence embarrassé. Nous apprendrons ce que nous pourrions deviner tout de suite, à savoir que ce quartier des veuves ressemble étrangement aux quartiers réservés des grandes villes. Sept-Îles, à cette époque, n'offre guère d'autre emploi aux femmes...

«Et les magasins, reprend un troisième militant, tu les as vus? C'est tout ce qu'on a et tout ce qu'on aura jamais. Tu peux pas ouvrir un commerce à Clarke City. Interdit. Tu peux pas non plus offrir ta marchandise de porte à porte, même pas un lacet de bottine. Le mois dernier, y'a un boulanger de Sept-Îles qui s'est essayé. Il offrait le pain à cinq cents moins cher. Il est venu un jour mais pas plus tard que le lendemain, la compagnie a envoyé sa police lui bloquer le chemin, à l'entrée de la ville.

— Il n'y a pas d'autre police ici que celle de la compagnie?

— Pas d'autre. Au travail comme en dehors de l'usine, les patrons peuvent nous faire arrêter comme ils veulent, quand ils veulent.

— Alors je comprends, dit mon compagnon, qui n'avait pas encore ouvert la bouche. La plainte portée contre vous pour activité syndicale dans les locaux de la compagnie...

— C'est ça, confirme le président. Vous avez compris. J'ai fait de la sollicitation, sur le perron de l'église, après la messe du dimanche, pour amener les gars à notre assemblée. Mais l'église aussi appartient aux boss, pis le perron avec, comme de raison. On est coupables, Monsieur Bergeron. Y'a pas de doute, on a violé la loi.»

Dans tout autre syndicat, ces dernières phrases auraient adopté le ton de l'ironie amère, de la dérision. Ici, on les prononce sur le ton de l'impuissance et du désespoir. Ces hommes se *sentent* coupables, malgré l'absurdité de la situation. Comment diable ont-ils pu, dans les circonstances, former leur syndicat? Je le leur demande. Tous s'accordent tacitement pour laisser la parole au plus âgé d'entre eux, qui retire alors sa casquette, passe sa main dans ses cheveux gris et commence:

«Ça, ça pas été facile, Monsieur. Pas facile.»

Ce *Monsieur* détonne, en milieu syndical. J'ai trente ans; partout ailleurs, un homme qui en compte au moins soixante m'interpellerait spontanément par mon prénom.

Pas ici.

«Pour commencer, on a fait une pétition. Ç'a pris des mois. Vous pensez bien que les gars voulaient pas signer. D'abord, y voulaient pas pantoute. Ensuite, quelques-uns se sont décidés, mais personne voulait signer le premier. Celui qui aurait mis son nom en tête de liste aurait été *clairé* le lendemain matin. Dehors!

Chassé de sa maison. En route pour Sept-Îles. Ça fait qu'on a traîné. On avançait à rien. On aurait même abandonné si on avait pas été traités comme des chiens. Finalement, un soir, j'ai eu l'idée que personne signerait le premier, qu'on mettrait les signatures en rond pour protéger tout le monde...»

Je n'en crois pas mes oreilles. C'est la seconde fois que j'entends parler d'une *pétition en rond.* La première fois, j'en ai trouvé la mention dans une *Histoire du Mouvement ouvrier* qui retraçait les débuts des coalitions ouvrières en France, au milieu du siècle dernier. À cent ans de distance, les mêmes causes, c'est-à-dire la même oppression, produisent les mêmes effets. Et des travailleurs québécois, en 1950, inventent les mêmes démarches que les soyeux-ouvriers de la province française d'avant 1850 ou les travailleurs parisiens du livre de la même époque.

«Mais cette pétition, il a bien fallu quelqu'un pour la présenter au patron?...

«Ça aussi, ça nous a donné de la misère. On aurait pu la glisser sous la porte de son bureau. On y a pensé. Mais on s'est dit qu'il la jetterait au panier, qu'on n'en entendrait plus parler, jamais. Ça fait qu'en fin de compte, c'est lui qui est allé la remettre...»

Ce disant, le doyen d'âge pointe l'index vers un infirme dont j'avais remarqué la présence au début de la réunion, c'est un homme dans la quarantaine, difforme, à demi bossu.

«On s'est dit que mal pris comme il était, *ils* pourraient pas se venger sur lui. À part ce que vous voyez, il est sourd et muet. *Ils* pouvaient pas non plus le rabaisser pour le punir: il est balayeur, il sait rien faire d'autre...»

Tard dans la nuit boréale, en retournant à Sept-Îles, j'apprends un autre détail sur le dénuement de ces hommes. Le conseiller technique me raconte les misères du trésorier qui a ouvert un compte, au nom du syndicat, dans une banque de Sept-Îles. Bien entendu, il a fait des chèques mais sans jamais retourner au guichet de la banque ni faire remettre à jour son carnet. Or, on vient de le prévenir que le syndicat n'a plus de fonds. Il n'y comprend rien: la somme de deux mille dollars est toujours inscrite dans le carnet...

Je ne suis jamais retourné à Clarke City. Les travailleurs que j'y ai connus en 1951, je les imagine affranchis depuis longtemps par l'extraordinaire développement qu'ont connu le Nouveau-Québec et la Côte Nord. Pour moi, ils restent dans mon souvenir comme un émouvant exemple de courage et comme les témoins d'une époque indiciblement cruelle aux travailleurs marginaux d'une industrie riche à millions. J'ai appris à leur contact le prix de souffrance et de misère que les petites gens ont payé seuls, pour assurer la mise en valeur de richesses qui devaient profiter ensuite à tous.

Je me souviens aussi de Clarke City comme d'un cas extrême de retard historique. Il ouvre ma chronique personnelle des années 50 qui se terminera sur un conflit d'un tout autre genre et d'une couleur bien différente: la grève des réalisateurs à Radio-Canada.

Les travailleurs de la Côte Nord vivaient au loin, en marge de la collectivité: isolés, négligés, oubliés des pouvoirs publics et de la masse des citoyens. Les réalisateurs de la télévision œuvraient au centre de la métropole et sous les feux de la rampe. Leur travail était connu de tous. Ils fabriquaient des images diffusées chaque jour vers des millions de foyers. Les salaires à Clarke City ne dépassaient guère le niveau de subsistance; les réalisateurs de Montréal, au contraire, touchaient des revenus confortables. Mais curieusement, c'est le principe même du syndicalisme, le droit fondamental d'association qui se trouvait en cause dans les deux cas.

Chez les travailleurs de la Côte Nord, en 1951, le problème se posait encore dans sa forme primitive: l'employeur faisait la vie dure au syndicat par tous les moyens dont il disposait et celui-ci, pour seulement survivre, devait mener une lutte épuisante et sans répit. Mais huit ans plus tard, la situation avait beaucoup changé. Dans l'immense majorité des entreprises, on ne contestait plus l'existence des syndicats. Les travailleurs d'usine avaient mis sur pied des organisations puissantes. Le syndicalisme avait pénétré le milieu des services, envahi le secteur de l'information et touché même, encore que timidement, la Fonction publique et certaines professions libérales.

À Radio-Canada, par exemple, tous les employés du rang, cols bleus et cols blancs, étaient déjà organisés. En mettant sur pied leur association à l'automne de 1958, c'est le problème des *cadres* que les réalisateurs soulevaient pour la première fois au Québec et peut-être même au Canada. Les réalisateurs, en effet, n'étaient pas des salariés comme les autres. *Ils exerçaient l'autorité,* par délégation et sous l'égide d'un superviseur, mais ils l'exerçaient tout de même. Une fois prise en haut lieu la décision de démarrer une production, ils en devenaient largement responsables, d'abord dans la salle de répétition et par la suite en studio. Un réalisateur était donc à la fois patron et employé, ce qui constitue la définition même d'un cadre dans l'entreprise moderne.

Les cadres avaient-ils le droit de se syndiquer?

Bien entendu, la C.S.N. répondait à cette question par l'affirmative. Nous citions l'expérience européenne, vieille déjà de quelques décennies. Nous concevions la syndicalisation des cadres comme un développement naturel, comme une extension nécessaire du mouvement syndical à ce nouveau groupe de salariés. Car les réalisateurs étaient des salariés. Ils n'étaient responsables ni de l'embauche ni des congédiements, au sein de la Société Radio-Canada. Ils engageaient des comédiens, des musiciens, des animateurs et des scénaristes mais à cachet et pour une émission à la fois. S'ils sentaient le besoin de s'unir, de négocier collectivement leurs conditions de travail et de rémunération, au nom de quoi leur refuserait-on l'exercice de ce droit[1]?

Nous connaissions d'avance la réponse patronale à cette question: on le leur refuserait au nom d'autres droits, dont on commençait alors à faire grand état, les droits de la gérance.

Bousculé par les progrès marqués du syndicalisme au cours des années 50, résigné à lui faire une place dans l'entreprise, persuadé que la réaction duplessiste n'avait pas d'avenir et conduisait à l'impasse, le patronat québécois tenait cependant à se replier en bon ordre. Il tenait surtout à tirer une ligne nette derrière laquelle il pourrait fortifier ses positions. Cette ligne prit nom: droits de la gérance; elle fut tirée *devant* les syndicats de cadre et la grève de Radio-Canada marqua le début d'une longue lutte pour en définir le tracé.

S'il arrive trop souvent que l'enjeu d'une grève reste obscur ou confus, tel ne fut pas le cas cette fois. À trois reprises, depuis les débuts de la télévision sept ans plus tôt, les réalisateurs avaient tenté de s'associer pour négocier collectivement. Chaque fois, la Société ou le Conseil canadien des Relations ouvrières avaient fait avorter le projet. Chaque fois aussi, Radio-Canada avait mis de l'avant les mêmes raisons pour rejeter la requête en précisant que «... la Société ne s'opposait nullement à ce que les réalisateurs forment une association *dans le cadre de la direction,* mais que l'affiliation syndicale et le droit à la négociation

---

1. La loi canadienne n'obligeait pas la Société Radio-Canada à négocier collectivement avec ses cadres; elle ne le lui interdisait pas non plus.

collective étaient incompatibles avec le rôle que les réalisateurs avaient dans la direction[1].»

Quelle solution proposait l'employeur comme substitut à l'action syndicale? Un généreux paternalisme dont les réalisateurs avaient certes profité individuellement mais qui se révélait inapte à résoudre certains conflits d'autorité au sein de la Société et versait de plus en plus souvent dans l'arbitraire, à mesure que la télévision se développait. Le paternalisme, c'est bien connu, peut réussir assez bien dans une petite entreprise; il est intolérable dans une grande. Quel père pourrait connaître chacun de ses enfants s'il en avait quelques milliers?

Comme toutes les premières grèves déclenchées par un syndicat naissant, l'arrêt de travail se produisit assez brusquement, au milieu d'un joyeux enthousiasme et de l'inévitable confusion inhérente aux grands départs. Dans la remarquable étude qu'il a consacrée à ce conflit de travail, Jean-Louis Roux parle d'un «grand élan aussi irraisonné que cordial[2]».

Il n'entre pas dans mon propos de raconter par le menu les dix semaines de la grève ni d'en mesurer l'impact sur la vie syndicale de l'époque. Ce qui m'intéresse, c'est la rencontre, au sein de l'événement, de René Lévesque, Jean Marchand, André Laurendeau et quelques autres. Chacun de ces hommes vivra l'expérience à sa façon; chacun en tirera ses conclusions personnelles; j'essaierai d'expliquer pourquoi ces conclusions furent si différentes, parfois même contradictoires, et grosses de conséquences pour les années qui suivirent.

Au départ, le soir du 23 décembre 1958, quand les quelques douzaines de réalisateurs assemblés

---

1. *En grève,* Éditions du jour, Montréal, 1963, p. 191. Les soulignés sont de nous.

2. *En grève, op. cit.*

autorisent par un vote secret quasi unanime (96% des participants) le déclenchement de la grève «au moment opportun», aucune des personnes mentionnées plus haut n'est présente. Elles entreront en scène une à une, à des intervalles plus ou moins longs.

Ce soir-là c'est Jean-Paul Geoffroy, conseiller juridique, qui représente la C.S.N. Si je me trouve aussi à la réunion, c'est qu'il y a toujours un reporter, comme dit le slogan, et que Jean-Paul et moi travaillons en équipe depuis dix ans déjà, depuis la grève de l'amiante. À cette assemblée nerveuse, irritable, exaspérée par les comportements de l'employeur au cours des dernières semaines, Geoffroy ne ménagera pas les avertissements.

Selon son habitude, il dira toute la vérité. Oui, les réalisateurs ont choisi la bonne voie; seul le syndicalisme peut résoudre leurs difficultés professionnelles et assainir leurs rapports avec la direction de Radio-Canada. Non, ils ne peuvent pas renoncer à la négociation collective. Oui, le différend justifie un arrêt de travail, puisque toutes les autres démarches ont échoué. Mais on ne déclenche pas une grève à la légère et celle-ci sera très dure. Le syndicalisme des cadres n'existe pas chez nous. Il s'agit de créer un précédent. La résistance sera farouche. Radio-Canada y sera encouragée, non seulement par le gouvernement qui fixe le budget de la Société, mais aussi par le patronat unanime. Une percée comme celle-là est toujours extrêmement difficile et les réalisateurs ne sont pas nombreux. Si les autres travailleurs respectent les piquets de grève, la pression exercée sera certes importante. Mais qu'on y pense bien: il s'agit d'inciter quelque 3 000 employés au débrayage, c'est-à-dire au sacrifice de leurs revenus pour un temps indéfini, à seule fin de soutenir la grève de soixante-dix réalisateurs beaucoup mieux payés qu'eux-mêmes...

Quelqu'un, du fond de la salle, crie à Geoffroy que «ça ne durera pas longtemps; ils ont trop besoin de nous» et déclenche une salve d'applaudissements. Mais Jean-Paul ne se laisse pas entraîner dans ce trop facile enthousiasme qui devient une tromperie. «Attention, les gars! répond-il d'une voix égale, j'ai vu trop de grèves pour ne pas vous mettre en garde. Si vous engagez la lutte, elle pourrait être longue. D'abord, l'enjeu est important. Et puis, dans toutes les grèves, sans exception, la date de rentrée au travail reste impossible à prédire jusqu'au tout dernier moment. Il ne faut pas se faire d'illusion. C'est un sérieux risque; il faut le regarder en face.»

Mais les réalisateurs, ce soir, ont franchi le point de non-retour. Je quitte l'assemblée avec l'impression bien nette que rien ne peut plus les arrêter, sauf l'amorce de négociations sérieuses.

Dans les jours qui suivirent, je fus de ceux qui s'efforcèrent en vain de persuader la Société. Comme les autres, je me heurtai, non pas à un mur de pierre, plutôt à une palissade de désarroi et de confusion. La recherche de l'interlocuteur valable, au sein de la Société, me laisse le souvenir d'une partie de pêche à l'anguille. Les responsables de Radio-Canada ne refusaient pas le dialogue; en dépit de la Noël, ils se prêtèrent tous aux rencontres que nous leur proposions, à des heures parfois saugrenues.

Comment oublierais-je la visite qui me conduisit chez Gérard Lamarche, alors directeur du réseau français? Si ce n'était pas la veille de Noël, c'était le jour même de la fête ou le lendemain, dates plus propices aux réjouissances qu'aux négociations syndicales. Gérard habitait l'étage d'un *duplex* que ma mémoire situe (peut-être à tort) à l'extrémité ouest du boulevard Saint-Joseph. On accédait à l'appartement par un escalier intérieur que je gravis, l'espoir au cœur. Pour la première fois, en dix ans de syndicalisme, j'aurais affaire à un homme que je connaissais bien et depuis fort longtemps. Gérard Lamarche, c'était le créateur du Radio-Collège de notre temps d'étudiants, un copain, un homme de culture et de dialogue. J'étais sûr que nous allions nous entendre et trouver le moyen d'éviter un conflit absurde.

Mais j'avais oublié les structures bureaucratiques dont mon interlocuteur était prisonnier. (Il allait d'ailleurs s'en libérer bientôt pour aller diriger la Place des Arts.) En dépit du whisky généreusement offert (il faisait un froid de loup), la discussion tourne court. L'autonomie du réseau français s'arrêtait au seuil de la question syndicale. Personne, à Montréal, ne détenait l'autorité suffisante pour commettre la Société à des pourparlers véritables. Ils justifiaient involontairement une blague, courante à l'époque, qui consistait en deux répliques:

«Que penses-tu de la direction de Radio-Canada? demandait à son voisin un quidam imaginaire, attablé au Café de la Régence[1].

— Ce serait une bonne idée», répondait l'autre.

C'eut été une bien bonne idée, en effet. Entre le 23 et le 29 décembre 1958, une occasion fut manquée parce qu'aucun de nos interlocuteurs ne put ou ne voulut prendre le risque de parler au nom de la Société. Ils se renvoyaient la balle, jusqu'au sommet de la direction locale, et de ce sommet même, on en référait au président de Radio-Canada, M. Alphonse Ouimet... qui se trouvait en vacances à l'étranger.

Quand j'entends aujourd'hui M. Ouimet répéter, comme il le fera sans doute dans ses mémoires, que la grève de Radio-Canada n'était nullement nécessaire et pas du tout inévitable, je me sens en accord profond

---

1. Ce café, situé boulevard Dorchester, au sous-sol d'un petit hôtel, était le rendez-vous préféré des réalisateurs et des comédiens, à l'époque dont je parle ici.

avec ses paroles, sinon avec le sens particulier qu'il leur donne. Un mot de lui, télexé du fond de la Jamaïque, pour assurer les réalisateurs qu'il acceptait de négocier avec leur association... et la guerre de Troie n'avait pas lieu. Mais pour entendre ces paroles-là, il fallut attendre dix semaines en faisant le piquet de grève, par un froid sibérien; il fallut entreprendre le siège du gouvernement Diefenbaker, dans la capitale canadienne, et poursuivre un dialogue de sourds pendant des nuits entières avec des interlocuteurs radio-canadiens multiples et choisis, aurait-on dit, pour leur remarquable inaptitude à comprendre de quoi il s'agissait...

Car faute du moindre signe de vie de la part de l'employeur, les réalisateurs avaient pour de bon déclenché la grève, le 29 décembre, en fin d'après-midi. Avec leur sens du théâtre, ils avaient pris la décision au grand jour, dans le hall d'entrée de l'édifice où logeait alors Radio-Canada, à l'ouest du boulevard Dorchester, utilisant comme tribune le grand escalier qui occupait la moitié de ce hall. Fernand Quirion, président de l'Association, avait annoncé la mise en œuvre immédiate du vote de grève. Et spontanément, le syndicat des comédiens, par son président Jean Duceppe, proclamait son appui et s'engageait à ne pas franchir les piquets de grève, aussi longtemps que les réalisateurs n'auraient pas obtenu gain de cause.

C'était parti.

Par un froid de canard qui n'allait pas céder avant plusieurs semaines, l'association mit en place, dès ce soir-là, ses lignes de piquetage. Et dès le lendemain matin, Roger Baulu parcourait ces lignes pour servir aux piqueteurs grelottants le verre de cognac de la solidarité! On verrait ainsi, tout au long de cette grève inusitée, des gestes spontanés, plus insolites les uns que les autres. C'est que, dans la liste déjà longue des conflits syndicaux de la décennie, celui-là mettait en cause, pour la première fois, des salariés dont la vie était *confortable*. Les réalisateurs n'étaient certes pas, comme le laissa entendre M. Duplessis, des ploutocrates nantis de revenus énormes (le *Chef* trouva moyen, pendant la grève, de se demander tout haut, à l'Assemblée législative de Québec, «si ces gens, qui prêchent la vertu et le désintéressement, ne gagnent pas 40 000 $ ou 50 000 $ par année[1]». Mais le salaire moyen annuel de 7 500 dollars qu'ils touchaient alors faisait d'eux des privilégiés. L'inflation n'était pas encore à l'œuvre, en 1959. Certains piqueteurs arrivaient au *travail* dans des voitures sport de grand luxe, d'autres affichaient des tenues d'une élégance que je n'avais certes jamais vue ni à Asbestos, ni à Louiseville et que du reste ils durent abandonner quand le mercure chuta, en février, jusqu'à moins 21° Fahrenheit!

Si je ne parle pas ici de Pierre Trudeau, c'est qu'un accident de ski l'avait confiné à sa chambre avant même que la grève ne fut déclenchée. Il en suivit donc à distance les péripéties, grâce aux visites que nous lui faisions de temps à autre pour l'encourager dans son *épreuve* et le tenir au courant. Je me vois encore enfiler quatre à quatre l'escalier qui conduisait à sa chambre, dans la maison de la rue McCullough. Je saluais au passage un petit Braque, propriété de sa mère, la première toile d'un grand peintre que j'aie jamais vue hors d'un musée. Je frappais à la porte de Pierre que je trouvais presque toujours au travail, installé dans un grand fauteuil, la jambe droite gainée d'un plâtre énorme et tendue vers le plafond auquel on l'avait suspendue. Je ne sais quel faux mouvement, sur une pente des Laurentides, avait provoqué la chute, dont le choc lui avait brisé un os du pied. Je

1. *En grève, op. cit.*, p. 245.

suis pourtant certain qu'il ne s'agissait pas d'une imprudence car Pierre aimait le risque, mais calculé. On le considérait généralement comme un casse-cou, à cette époque, et lui-même encourageait peut-être un peu cette légende qui le flattait. Mais s'il recherchait effectivement l'exploit physique ou tout au moins le dépassement de ses performances antérieures, il n'était pas téméraire. René Lévesque non plus et nous allions le constater dans les premières semaines de cette grève.

Le 2 janvier 1959, Jean Marchand arrivait à Montréal pour prendre en main la direction des forces syndicales. Jean-Paul Geoffroy l'en avait prié, expliquant que l'enjeu du conflit, sans parler des difficultés sérieuses qui s'annonçaient déjà, exigeait sa présence.

Jean s'installa dans un hôtel de la rue Peel (le secrétariat de la CSN se trouvant trop éloigné de Radio-Canada) et sa chambre allait devenir notre quartier général pendant toute la durée du conflit. Du petit matin (Marchand fut toujours un lève-tôt) jusqu'au milieu de la nuit, nous verrions défiler là une bien curieuse collection de syndicalistes, des plus chevronnés aux plus frais émoulus, de réalisateurs mais aussi de comédiennes et de comédiens, de journalistes *électroniques,* d'accessoiristes et de commis, d'administrateurs et d'annonceurs bref, de toutes les catégories de travailleurs, intéressés à la radio-télévision montréalaise.

Au vrai, le sort des réalisateurs ne les intéressait pas tous directement mais tous se trouvaient piégés par ce conflit à cause d'un piquet de grève qui leur imposait un choix inéluctable: franchir la ligne ou la respecter.

Dans les premiers jours, il n'y eut guère d'hésitation. Seuls les membres de la haute direction se présentèrent au travail, les autres employés, à quelques exceptions près, faisaient mine de pénétrer dans l'édifice mais se rendaient volontiers aux représentations des piqueteurs et rentraient chez eux.

Il fallait compter avec la surenchère au militantisme déjà amorcée, en 1959, au sein du mouvement ouvrier québécois. Deux tendances se partageaient l'allégeance des travailleurs: la Confédération des travailleurs catholiques du Canada (qui deviendrait quelques mois plus tard la Confédération des Syndicats nationaux) et la Fédération des Travailleurs du Québec. La rivalité entre ces deux centrales ne datait pas de la veille. Elle remontait déjà à plusieurs décennies, ayant marqué depuis le début du siècle toute l'histoire syndicale au Québec. La F.T.Q. symbolisait l'héritage américain des syndicats dits *internationaux,* alors que la C.T.C.C. représentait la tradition déjà ancienne de syndicats strictement canadiens. Cette dernière formation, québécoise d'origine et jusqu'aux années 40 farouchement confessionnelle, était longtemps restée, pour les succursales canadiennes du mouvement ouvrier américain, une concurrente peu redoutable. Mais à compter d'Asbestos et tout au long des années 50, elle avait fait peser une menace de plus en plus précise sur la prédominance au Québec des syndicats américains. Il fallait désormais la prendre au sérieux.

Il n'est peut-être pas superflu d'expliquer ici pourquoi la C.T.C.C. avait alors le vent dans les voiles.

D'une part, elle venait de connaître, sous l'impulsion de Gérard Picard, de Jean Marchand et de nombreux autres militants, l'évolution que j'ai décrite au début de mon récit. Mieux armée qu'auparavant, dotée d'une solide équipe de permanents et d'un fonds de grève respectable, libérée du cléricalisme et inspirée par un programme d'action bien défini, elle avait pris rang parmi les organismes les plus valables du mouvement ouvrier canadien. Ses effectifs étaient en hausse, quoique très inférieurs encore aux quelque

200 000 membres des *internationaux* québécois, mais suffisants pour lui assurer les moyens de ses ambitions. Elle consacrait à l'organisation et au recrutement un budget important; elle attirait dans ses rangs de nouvelles catégories de travailleurs, jusque-là négligées par les organisations syndicales, tels les fonctionnaires, les employés (par opposition aux travailleurs manuels) et enfin les cadres.

D'autre part, la C.T.C.C. plongeait ses racines dans le terreau social du Québec, beaucoup plus profondément que les syndicats *internationaux*. Ces derniers souffraient, en effet, d'un sérieux handicap qui tenait à leurs origines d'outre-frontière.

Ils pouvaient certes compter sur l'appui d'énormes forces numériques et financières (millions de membres et millions de dollars) mais l'épicentre de leur mouvement se trouvait situé à Detroit, Pittsburgh ou Washington, ce qui n'allait pas sans inconvénients. La plupart de leurs dirigeants, même au Canada, connaissaient à peine le français. Ils communiquaient mal avec la masse ouvrière québécoise. Nous l'avions constaté à plusieurs reprises, par exemple à Rouyn, en 1953, quand les métallos firent grève à la mine Noranda. Ils durent alors recourir à des orateurs de la C.T.C.C. pour soutenir le moral de leurs troupes. Celles-ci ne comprenaient pas l'anglais et le responsable national, venu de Toronto, ne parlait pas français.

La C.T.C.C. possédait au contraire une richesse indispensable à tout mouvement populaire: une profonde connaissance du milieu. Tous ses militants, du plus important au plus modeste, en étaient issus. J'entends encore la voix rude et l'accent heurté de Rodolphe Hamel adressant la parole aux grévistes de Rouyn. Le père Hamel, comme nous l'appelions tous, s'était fait connaître à Asbestos, en 1949, comme président de la Fédération des Travailleurs de l'Industrie minière. Mais il avait été, dans sa jeunesse, mineur de fond en Abitibi, à Rouyn, précisément. Il connaissait par cœur les galeries de la mine Noranda, du moins les plus anciennes. Il connaissait aussi l'argot des mineurs. Son auditoire n'en croyait pas ses oreilles: un militant venu d'ailleurs parlait leur langage, évoquait avec précision leurs lieux de travail, leurs joies, leurs sueurs et leurs frustrations professionnelles vécues à des centaines de pieds sous terre, tandis que leur propre chef syndical leur faisait des discours dans une langue étrangère.

Cet exemple va plus loin qu'il n'y paraît à première vue. Il ne s'arrête pas à un seul discours prononcé par un militant dans une assemblée de grève. La C.T.C.C. tout entière savait parler, à l'immense majorité des Québécois, une langue et surtout un langage immédiatement accessibles parce que nourris de leur culture et de leur folklore. Dans la conjoncture de l'époque, alors qu'il s'agissait d'assurer au mouvement ouvrier un appui public dont il ne jouissait pas encore, cette arme était beaucoup plus redoutable, parce que plus efficace, que les lointains millions de membres et de dollars américains.

Les *internationaux* eux-mêmes commençaient à en prendre conscience. Ils comptaient dans leurs rangs un nombre très important des employés de Radio-Canada. Si la C.T.C.C. s'implantait dans l'entreprise, qu'adviendrait-il de leur prédominance? Et même en dehors de ces calculs un peu bas, il fallait penser à l'image que les *internationaux* donneraient d'eux-mêmes à l'opinion publique québécoise. Pouvaient-ils se montrer indifférents à cette première poussée vers la syndicalisation des cadres? S'agissant de la télévision, la grève aurait fatalement un retentissement considérable. Pouvaient-ils, en pareille occasion, faire figure de tire-au-flanc?

Sans compter que l'American Newspaper Guild, l'International Association of Television and Stage

Employees, la Building Services Employees International Union et plusieurs syndicats nationaux d'allégeance torontoise intéressés par le conflit risquaient de se voir débordés par les décisions individuelles de leurs membres. En d'autres termes, leurs adhérents seraient fortement tentés d'obéir à la pression sociale de leur milieu de travail plutôt qu'aux directives de leurs chefs syndicaux.

C'est du reste ce qui se produisit dès les premières heures du conflit. Sans demander conseil à qui que ce soit, presque tous les employés syndiqués de Radio-Canada emboîtèrent le pas aux réalisateurs. Leurs dirigeants se trouvèrent immédiatement placés devant le fait accompli: quelque trois mille de leurs membres s'étaient abstenus de se présenter au travail, en violation flagrante de leurs conventions collectives, pour soutenir la grève de soixante-dix réalisateurs affiliés à une organisation rivale: la C.T.C.C.

Si le conflit devait seulement durer quelques jours, il ne se poserait pas de problèmes sérieux. Mais s'il allait se prolonger? Les dirigeants, pris de court, ne savaient pas très bien quelle attitude adopter.

Ils n'étaient pas les seuls.

René Lévesque, par exemple, me fit part de sa perplexité, dès les premiers jours de 1959. Je l'avais croisé par hasard et m'étais étonné tout haut de ne l'avoir pas encore vu sur les lieux du conflit.

«Qu'est-ce que tu fais, René? C'est *ta* boîte qui est en grève. Que tu le veuilles ou non, tu es identifié à Radio-Canada, depuis le temps que tu y travailles. C'est *ta* grève, cette fois. Personne ne comprendrait qu'après avoir soutenu de tes commentaires tant d'autres luttes syndicales...

— O.K.! O.K.! Je sais d'avance tout ce que tu vas me dire. Je suis un pigiste, moi, pas un employé régulier ni un permanent syndical comme toi. J'ai signé un contrat personnel, baptême! J'ai une signature à respecter: la mienne! Tu sais très bien de quel bord je suis. Mais c'est pas si simple que tu as l'air de le croire!»

C'était en effet beaucoup plus simple pour moi. Pigiste comme René à la télévision, mais sans contrat, j'étais d'abord et avant tout permanent syndical au service de la C.T.C.C. Il n'était pas question d'hésiter une seconde et personne, même au sein de Radio-Canada, ne pouvait mettre en doute que le syndicalisme constituât mon allégeance première. René se grattait le crâne et je comprenais son embarras. Il n'avait qu'un gagne-pain: Radio-Canada. Mais bien davantage qu'une question de gros sous, c'est sa loyauté profonde à un métier, à une institution aussi, qui se trouvait en cause. Radio-Canada avait *fait* René, comme lui-même, pour une large part, avait *fait* Radio-Canada, dans le domaine de l'information. Sans lui, sans Judith Jasmin et quelques autres reporters très peu nombreux, le journalisme télévisé eût sans doute existé quand même à Montréal. Mais à quel niveau de qualité professionnelle? Réciproquement, il est certain que le talent de René ne serait pas resté sous le boisseau, même en l'absence d'une société publique de radio-télévision. Il aurait percé tôt ou tard. Se serait-il développé toutefois avec la même aisance et dans le même climat de liberté?

René Lévesque avait ses idées là-dessus et je les connaissais bien. La Société lui inspirait autant de respect et de fidélité que d'impatience rageuse. Il y voyait une institution indispensable au progrès social et, comme telle, il la révérait presque. Mais il ne la trouvait pas toujours fidèle à sa mission, ce qui lui inspirait de tonitruantes récriminations. Ses rapports avec Radio-Canada évoquaient ceux d'un amoureux passionné avec une femme qui se conduit mal. Je ne connaissais pas à l'époque d'apologiste plus résolu, que lui ni de critique plus cinglant de la radio-télévision publique au Canada.

Du comportement de René au cours de cette grève, deux souvenirs me reviennent, parmi des centaines d'autres, qui en dégagent pour moi la signification immédiate et les conséquences ultimes.

Le premier se situe au début du conflit. Est-ce moi qui avais invité René à venir discuter le coup avec Jean Marchand, lors de la rencontre fortuite dont j'ai parlé plus haut? C'est probable. Mais René n'avait pas besoin de moi pour y penser. Marchand était pour lui un vieux copain.

Toujours est-il qu'il apparut un soir à la chambre d'hôtel, tourmenté par le dilemme qu'il avait évoqué plus tôt, et bien décidé à le résoudre. C'est la première fois, il me semble, que je voyais les deux hommes en présence l'un de l'autre. Le contraste était saisissant. Jean représentait l'homme d'action confirmé, le leader incontesté d'une force syndicale importante, le militant qui comptait des appuis dans tous les coins du Québec, travailleurs d'usines ou de métiers qui entretenaient avec lui des rapports personnels et lui vouaient une confiance à toute épreuve, une loyauté sans faille qui confinait parfois, j'en suis témoin, à une espèce de culte. Pour des centaines de mineurs et de métallos, de tisserands, d'employés, de travailleurs du vêtement ou des produits chimiques, il était Jean (ou Ti-Jean), *leur homme.*

René, grâce à la télévision, jouissait d'une notoriété égale mais très différente. Il était encore, à ce moment-là, *Monsieur* Lévesque, vedette du petit écran, lié certes à des centaines de milliers de télespectateurs par cette relation très spéciale que créent les médias. Le rapport est faussement intime. Grâce au téléviseur, on a reçu cent fois la vedette dans son salon ou sa cuisine; on a l'impression de connaître le personnage; il est devenu familier. Pourtant, s'il arrive qu'on le croise dans la rue, on est stupéfait, dès ce premier contact réel, de se trouver en présence d'un étranger.

De plus, René Lévesque à *Point de mire* prenait figure d'intellectuel. Il était du nombre des très rares vedettes qui faisaient appel à la raison de leur auditoire plutôt qu'à ses émotions. Il expliquait le monde, les problèmes internationaux et non pas, comme font les *dramatiques,* la subite passion de Monsieur Chose pour la petite Unetelle, ce qui le plaçait d'emblée dans une catégorie à part. Mais René possédait aussi une qualité très rare: le don de communiquer ses connaissances de telle façon que le spectateur, en l'écoutant, *se sentait lui-même intelligent,* au lieu de s'épater béatement devant le talent du commentateur. À *Point de mire,* l'auditrice et l'auditeur s'étonnaient, non pas d'un discours brillant débité par un autre, mais de comprendre eux-mêmes des questions complexes de relations internationales qui leur avaient toujours paru ennuyeuses et indéchiffrables. Ainsi, René Lévesque inspirait davantage de confiance et de gratitude que d'admiration, ce qui avait pour effet de rapprocher de lui son auditoire.

Est-ce à dire que ce soir de janvier 1959, l'intellectuel René Lévesque retrouvait le militant Jean Marchand? Pas du tout. Ni l'un ni l'autre des deux interlocuteurs ne vivait enfermé dans de telles catégories. Chez Marchand, le militantisme incluait culture et réflexion. Chez René, l'intellectuel éprouvait pour l'action une tentation très vive à laquelle il céderait quelques mois plus tard. J'eus même l'impression, en cette fin de journée, qu'une opération d'aiguillage s'effectuait sous mes yeux.

En quelques phrases, Marchand balaya les scrupules de Lévesque dont celui-ci ne demandait qu'à se débarrasser. Est-ce qu'il existait à Radio-Canada un vrai problème? Était-ce par caprice que les réalisateurs avaient quitté le travail? Une société de droit public pouvait-elle, sans se discréditer, faire échec à la syndicalisation des cadres et s'ériger en rempart de la réaction, contre une évolution naturelle et nécessaire des rapports entre employeurs et employés? René lui-même connaissait le climat malsain qui s'était établi, ces dernières années, au sein de sa boîte; pouvait-il tirer son épingle du jeu, au moment où s'amorçait pour la première fois une action d'envergure en vue d'y remédier? Les règles du jeu avaient changé dès le premier jour de la grève, avec le refus de négocier affiché par Radio-Canada. Auparavant, le problème des réalisateurs ne concernait qu'eux-mêmes. Mais désormais, une question plus globale était posée qui intéressait toute l'institution, qui affectait un droit fondamental en démocratie. Pouvait-on refuser de prendre parti? Quelle raison pouvait justifier l'abstention, en pareilles circonstances?

Cette conversation marqua le point de départ d'une campagne toute personnelle que René devait mener pendant deux mois avec une ardeur prodigieuse. À compter de ce moment, il plongea corps et âme dans l'action, comme si jamais de toute sa vie il n'eût fait autre chose. N'épargnant ni ses efforts ni son temps, prenant à peine celui de dormir (mais toujours très tard le matin), débordant d'initiatives, acceptant toutes les corvées, sans cesse en déplacements, à l'extérieur comme à l'intérieur de Montréal, fatigué après trois jours mais jusqu'à la fin infatigable...

Tout au cours des huit semaines qui suivirent, je collaborai de près avec René Lévesque. Nous étions affectés tous les deux, en compagnie de Jean-Louis Roux, aux corvées de rédaction: communiqués, manifestes, proclamations et démentis, quoi encore? Nous rédigions à tour de bras, généralement au milieu de la nuit, tous les trois à la même table. Notre salle de rédaction était établie dans un local de la rue Stanley qu'un club militaire, britannique et hospitalier, avait mis à la disposition des réalisateurs en grève. Nous buvions beaucoup de café, nous avions des engueulades homériques sur ce qu'il fallait dire ou taire et sur la façon d'expliquer le point de vue des grévistes. Jean-Louis Roux et moi guettions avec intérêt la naissance, sous la plume de René, des formules percutantes dont il avait le secret. Elles voyaient le jour au milieu d'un flot de paroles, de griffonnages nerveux, de brouillons déchirés avec fracas, de jurons bien sentis et d'expressions angoissées qui se succédaient sur le visage chiffonné de notre collaborateur. L'accouchement était rapide mais douloureux et bruyant...

Une fois le texte au point, René avalait à la hâte un dernier café, grillait une dernière cigarette, en relisant son texte d'un air perplexe, puis disparaissait dans la nuit, en coup de vent, vers la corvée suivante. Car il était partie à toutes les entreprises, sauf les activités matinales pour lesquelles il ne montrait aucun goût. En fin de matinée, pourtant, il arrivait à se tirer du lit pour apparaître en retard à la salle du Gesù où les dirigeants syndicaux adressaient tour à tour la parole aux grévistes et aux sympathisants réunis. On le croisait, l'après-midi, sur les lignes de piquetage. Et le soir, quand il n'était pas en tournée dans quelque ville de province, pour expliquer à d'autres syndiqués le bien-fondé de la lutte en cours, il se produisait à la *Comédie canadienne* dans le spectacle des comédiens associés à la grève: *Difficultés temporaires.*

René avait été lent à se mettre en marche mais il courait dorénavant à la tête du peloton. Et j'avais l'impression, en l'observant, d'assister à la naissance d'un homme d'action. Du jour au lendemain, il cessa de «réprimer au maximum sa faculté d'impatience et d'indignation», selon le mot déjà cité de Gérard Bergeron. Il leur laissa brusquement la bride sur le cou. Il tenait désormais le discours d'un militant, avec une fougue qu'il n'essayait même plus de brider, et qui lui inspira le second geste décisif dont je veux parler ici.

Il se situe, ce geste, au début du mois de mars 1959, le 5 exactement.

Ce soir-là, tous les chefs syndicaux impliqués d'une façon ou d'une autre dans la grève des réalisateurs donnaient une conférence de presse. Porte-parole: Jean Marchand. Comme l'explique Jean-Louis Roux dans son étude, il s'agissait de «transporter le débat, plus que jamais, sur la place publique et d'étaler au grand jour la perfidie[1]» dont Radio-Canada avait fait preuve dans les négociations, depuis le début du conflit. Marchand était résolu à ne plus rien laisser dans l'ombre. Jusque-là, en négociateur averti, il avait prudemment évité d'acculer au mur la Société Radio-Canada. Il savait trop bien que l'adversaire, si on l'humilie publiquement, s'entête toujours à recouvrer d'abord son *honneur* avant de régler, cela dût-il prolonger un conflit de plusieurs semaines, parfois même de plusieurs mois, aux dépens des travailleurs en grève. Mais il estima, au début de mars, que l'ère des ménagements était révolu. Le dialogue avec Radio-Canada comme avec les autorités fédérales, tournait en rond depuis quelques semaines. Puis, elles régressaient. Il était temps de produire au grand jour le dossier complet des pourparlers. L'opinion jugerait sur pièces.

La révélation centrale de la conférence devait être le net recul de la Société dont les représentants prétendaient revenir sur des clauses déjà conclues depuis plusieurs jours. Car en dépit de tous les obstacles, les négociations avaient tout de même progressé depuis le déclenchement de la grève. Malgré l'incroyable médiocrité des négociateurs patronaux, empêtrés dans une fonction dont ils ignoraient l'abc,

---

1. *En grève, op. cit.,* p. 264.

le principe d'un syndicat de cadres avait fini par triompher, ainsi que le droit pour les réalisateurs à la négociation d'une convention collective régissant leurs conditions de travail. Mais de leur côté, les réalisateurs avaient dû renoncer à toute affiliation syndicale. Ils conservaient seulement le droit de s'assurer par contrat les services techniques de la fédération syndicale de leur choix. La clause de l'entente qui stipulait ces deux concessions symétriques, déjà initialée par Radio-Canada depuis plusieurs semaines, fit subitement l'objet d'une dénonciation par la Société «à cause de l'interprétation que certains journalistes (*sic*) en avaient donnée». L'employeur reprenait sa parole, exigeait des garanties plus explicites; bref Radio-Canada faisait marche arrière, au moment même où les trois mille sympathisants des réalisateurs commençaient à trouver que le conflit se faisait très vieux...

Marchand n'avait besoin de personne pour lui signaler le danger que représentait cette ultime manœuvre. Mieux que la direction de Radio-Canada, il savait que les sympathisants étaient à bout de patience et leurs dirigeants, au désespoir. L'esprit militant des *internationaux,* quand il s'agissait d'un principe, n'avait pas la vie très longue, surtout qu'en l'occurrence le principe était invoqué par les membres d'une fédération rivale. À moins d'un brusque revirement de l'opinion publique, l'appui de ces syndicats risquait de s'effriter en quelques jours, ruinant pour de bon la cause des réalisateurs. Pour déclencher ce revirement, Marchand comptait sur la répugnance naturelle que la mauvaise foi inspire toujours à la masse des citoyens. C'était là, dans son esprit, l'argument qu'il fallait développer au cours de la conférence de presse.

Mais René Lévesque ne voyait pas la situation du même œil. Avait-il médité la stratégie toute différente qu'il mit en œuvre à cette occasion? Je crois plutôt qu'il s'abandonna spontanément aux pulsions qui l'agitaient depuis des semaines, sans se rendre compte qu'il allait faire en public, ce jour-là, sa première profession de foi nationaliste. Sans prévenir personne, il se lança tout de go dans une virulente attaque contre les dirigeants anglo-canadiens de la Société, contre M. Diefenbaker, alors premier ministre du Canada, M. Nowlan, Secrétaire d'État, et M. Starr, ministre du Travail, contre la presse et, finalement, contre tout le public anglophone. Sa conclusion?

«Some of us, and maybe many, come out of this strike with a tired and unworthy feeling that if such a strike had happened on English CBC, it would (...) have lasted no more than half an hour. To this day, ours has lasted 66 days. Of such signal advantages is the privilege of being French made up, in this country. And even at the risk of being termed «horrid nationalists», we feel that, at least once before the conflict is over, we have to make plain our deep appreciation of such an enviable place in the great bilingual, bicultural and fraternal Canadian sun[1].»

---

1. Jean-Louis Roux, *En grève*. Éditions du Jour, 1963, p. 265

Voici le passage au complet, avec notre traduction, des propos cités en anglais par Jean-Louis Roux:

«René Lévesque fait en anglais — manifestement à l'intention des journalistes du *Star* et de la *Gazette* — une virulente attaque contre les dirigeants anglo-canadiens de la Société, contre Messieurs Diefenbaker, Nowlan et Starr ainsi que contre la presse et le public anglophones. Il conclut ainsi:

«Nous sommes quelques-uns et peut-être plusieurs à sortir de cet épisode avec le sentiment pénible et déprimant que si une telle grève s'était produite au réseau anglais de Radio-Canada, elle n'aurait pas duré plus d'une demi-heure. Nous sommes aujourd'hui au soixante-sixième jour de la nôtre. Voilà les avantages remarquables qui s'attachent, dans notre pays, au privilège d'être francophone. Et même au risque de nous faire traiter «d'affreux nationalistes», nous croyons qu'une fois au moins avant la fin de ce conflit, nous devons dire clairement à quel point nous apprécions la place enviable qui nous est réservée sous le grand soleil du Canada bilingue, biculturel et fraternel.»

Pouvait-on douter, après cette diatribe, que René Lévesque avait pris résolument le virage nationaliste dont serait marquée toute la suite de sa carrière? Il aurait fallu être sourd. Certains pourtant voulurent croire à l'une de ces foucades dont René avait l'habitude. Mais ceux qui le connaissaient bien ne s'y trompèrent pas, ni ceux qui savaient lire au-delà des mots.

André Laurendeau, par exemple, s'était interrogé devant moi, la semaine précédente: «Est-ce que je rêve? On dirait que Lévesque est en train de devenir nationaliste!»

Si Laurendeau croyait rêver, c'est qu'une telle évolution n'était guère prévisible. Rien dans le passé professionnel du journaliste, ni dans les inclinations discernables du commentateur, ne laissait présager cette orientation entièrement nouvelle. De tout temps, René s'était affiché comme un internationaliste convaincu, d'abord et presque uniquement. Sans doute s'indignait-il comme tout le monde de certaines injustices dont les francophones faisaient l'objet au Canada, mais il n'en faisait guère état. Il n'en tirait surtout aucune conclusion politique.

Au cours des ans, il avait manifesté une assez vive sympathie pour certains nationalismes étrangers: celui de Mossadegh, en Iran, du F.L.N., en Algérie, d'autres encore. Mais il n'établissait aucun rapport, du moins publiquement, entre ces séquelles du colonialisme expirant et la situation des francophones canadiens. Tout cela était encore à venir mais clairement préfiguré dans sa sortie du 5 mars 1959.

Les «*signal advantages*» annonçaient le parallèle qu'il ferait plus tard entre le sort des Montréalais francophones et l'attitude de certains anglophones qu'il baptiserait «*white Rhodesians*». Le «*fraternal Canadian sun*» inaugurait l'ironie amère qui deviendrait le ton obligé de tous ses commentaires sur la vie politique au sein du Canada. Et curieusement, il ne se réclamerait jamais nommément du nationalisme, comme s'il gardait pour le terme une certaine répugnance, alors même qu'il en embrassait la doctrine. Presque toujours, il mettrait le mot sur les lèvres de ses adversaires pour en parler comme d'une accusation formulée contre lui-même ou son parti.

Laurendeau, au contraire, affectionnait le terme. Il était né en milieu nationaliste et prêchait, illustrait, défendait cette option depuis son adolescence. Pour lui, la démarche nationaliste n'avait rien dont il fallût s'excuser; elle constituait la plus haute tradition politique de notre milieu. Il en connaissait les pièges et les excès. Il condamnait l'utilisation électorale qu'en avait faite pendant vingt ans Maurice Duplessis, pour maquiller son conservatisme foncier. Il l'avait constamment tiré vers la gauche et tolérait mal les réflexes réactionnaires qui subsistaient encore chez le grand nombre des nationalistes *purs et durs,* surtout en milieu québécois.

Depuis qu'il avait quitté la politique active, à la disparition du *Bloc populaire,* vers la fin des années 40, André observait d'un regard aigu, mais avec amitié, la génération qui suivait la sienne. Il avait la plus vive sympathie pour Marchand et soutenait sans réserve, comme journaliste, le développement du militantisme syndical. Trudeau le déconcertait parce qu'il l'avait cru nationaliste, au temps des luttes contre la conscription, et découvrit plus tard que Pierre contestait radicalement la légitimité de cette doctrine comme démarche politique.

Mais Laurendeau savait découvrir et admirer la valeur des hommes, même de ceux qui ne pensaient pas comme lui. Pourvu qu'ils fussent honnêtes et munis de rigueur intellectuelle (une qualité dont Laurendeau tolérait mal l'absence chez ses interlocuteurs) il entretenait avec eux les relations les plus amicales. Sous ce rapport, il me l'avait souvent mentionné,

René Lévesque constituait à ses yeux un phénomène indéchiffrable. Il n'arrivait pas à le situer. Le talent ne faisait pas le moindre doute. L'honnêteté, non plus. Mais d'où venait donc ce petit homme dont l'agilité verbale stupéfiait? De quel horizon? Laurendeau ne retrouvait en lui aucun des traits communs qui regroupent en familles spirituelles identifiables, les femmes et les hommes de notre milieu. Pour un peu, on aurait pu voir en René un Américain des États-Unis. Non certes qu'il partageât sans examen les points de vue politiques de notre voisin super-puissant. Bien au contraire. Mais son style, ses jugements, un certain pragmatisme aussi, et l'admiration qu'on devinait chez lui pour le dynamisme et les réalisations des É.-U., tout cela composait un personnage inédit qui fascinait André, tout en le rebutant un peu.

«Ce gars, m'avait-il dit un jour, n'a aucune de mes réactions. Je ne prends pas mes humeurs pour l'étalon culturel de la communauté dont je fais partie. Mais il est tout de même curieux que je me sente presque à tout coup dépaysé par sa démarche et ses jugements!»

À la fin de février, peu de temps donc avant la conférence de presse dont je parle, Lévesque était passé au *Devoir* et le dépaysement de Laurendeau avait pris fin. Les deux hommes, au cours d'une longue conversation (sans doute monopolisée par René) s'étaient reconnus.

Ce dernier avait vidé, dans le bureau d'André, l'énorme sac de ses frustrations accumulées depuis le début de la grève. Pour la première fois, me rapporta Laurendeau, René ne réagissait pas en reporter, c'est-à-dire en témoin, mais en acteur. Cette grève était devenue la sienne. Ce combat était son combat. Or, il se heurtait à l'indifférence un peu hautaine de nos compatriotes anglophones, parfois même à leur hostilité.

Après tout, protestait René, le droit des cadres à se syndiquer n'a rien à voir avec la langue qu'on parle ni la culture dont on relève. À lire la presse montréalaise, on croirait tout le contraire: les quotidiens de langue anglaise prennent tous parti pour Radio-Canada, contre *l'agitation* des employés francophones, alors que la quasi-totalité des journalistes de langue française affichent leur sympathie pour les grévistes. Bien pis: les réalisateurs de Toronto refusent de bouger un doigt pour leurs confrères montréalais. Pourtant, il s'agit bien de *leur* cause, puisque les deux groupes remplissent les mêmes fonctions, au service du même employeur. Mais dans la capitale ontarienne, on se contente d'une association à peine reconnue, sans convention collective ni droit de négocier. À Montréal même, la majorité des anglophones, comédiens et annonceurs, ont passé les lignes de piquetage dès le 11 janvier. À peine quelques types, du côté anglophone, une petite poignée seulement soutiennent les réalisateurs en grève.

Et les syndicats? René vaticinait contre les dirigeants des *internationaux* et des nationaux torontois qui poussaient leurs membres à reprendre le travail, la cause des réalisateurs dût-elle en périr. «Parce que ça se passe au Québec, ils s'en fichent. Si la grève se déroulait à Toronto, vous verriez!»

Sur ce point, l'expérience syndicale de Marchand inspirait à celui-ci un discours tout différent. Une nuit, tandis que nous roulions vers Montréal sur une route enneigée, après une épuisante soirée de négociations dans un hôtel d'Ottawa, Jean rompit un long silence pour me dire, comme sortant d'un rêve: «Tu sais à qui je pense? Aux spécialistes universitaires des relations industrielles, ceux qui tenteront de comprendre, en l'an 2000, comment cette grève a pu durer, comment nous avons pu tenir trois mille types loin du travail pour appuyer une poignée de réalisateurs qui ne faisaient pas la centaine. Je les vois d'ici, les experts, réunis pour un colloque sur un sujet pareil. Ils vont s'amuser à expliquer ça!...» Le paradoxe de cette grève, c'est que les trois mille sympathisants: comédiens, machinistes, accessoiristes et commis, souffraient beaucoup plus de l'arrêt de travail que les réalisateurs, premiers intéressés. Ils vivaient de secours de grève improvisés; ils voyaient s'accumuler les dettes, à la maison, car la majorité d'entre eux n'avaient que des revenus modestes, même en temps normal.

Mais pour René, l'explication était toute trouvée. La solidarité syndicale allait de soi. Si les dirigeants américains, ou canadiens torontois, faisaient du mauvais sang ou tiraient carrément de l'arrière, c'est seulement parce que les réalisateurs étaient montréalais et francophones. Le *Monde ouvrier,* organe officiel de la F.T.Q., n'avait-il pas senti le besoin de s'en défendre en publiant un article en anglais dont le titre niait tout: *There is no racial nor nationalist issue in the Montreal CBC strike?*

Quant à l'attitude du gouvernement fédéral, Lévesque en tirait le plus formidable argument en faveur de sa thèse. Il trouvait scandaleuse l'abstention des ministres responsables et leur refus d'intervenir pour régler le conflit. À plusieurs reprises depuis le début de la grève, MM. Diefenbaker, Nowlan et Starr s'en étaient lavé les mains à grande eau. S'ils laissaient un député de leur parti, M. Egan Chambers, jouer les médiateurs, c'était aux risques et périls de ce dernier qui ne détenait, de son propre aveu, aucun mandat de ses maîtres politiques.

Pourquoi, demandait René, cette indifférence de marbre? La tradition voulait pourtant que le ministre du Travail s'impliquât personnellement, s'agissant d'une institution publique, quand les parties en cause se retrouvaient dans une impasse.

Or, le gouvernement, cette fois-ci, se retranchait dans une inaction totale qu'il justifiait en invoquant l'indépendance sacrée de Radio-Canada à l'égard du pouvoir exécutif.

À la vérité, René Lévesque et les grévistes tenaient eux-mêmes à ce principe, tout autant que les ministres. Ils n'auraient jamais toléré l'intervention des autorités dans la programmation de la Société ou le contenu des émissions. Mais le principe s'appliquait-il quand il s'agissait d'un conflit syndical dont l'enjeu était étranger au *message* que la Société avait mandat de transmettre? Pourquoi ce scrupule extrême? On croyait savoir par ailleurs que le même exécutif ne s'était pas gêné pour inciter Radio-Canada à la résistance, craignant que la reconnaissance d'un seul syndicat de cadres ne détermine toute une série de requêtes semblables de la part d'autres groupes, aussi bien dans la Fonction publique que dans le secteur privé.

Pourquoi ce double jeu?

La réponse de René était simple et ne laissait place, dans son esprit, à aucun doute. MM. Diefenbaker et consorts adoptaient cette attitude *parce qu'il s'agissait du réseau français.* Jamais, d'après lui, le gouvernement n'eut laissé pourrir de cette façon une grève au réseau anglais. Jamais! Le mécontentement de la majorité anglophone privée de *sa* télé, eut pesé d'un tel poids dans la balance politique que les ministres se seraient précipités vers la table des négociations. Les médiateurs officiels n'auraient pas manqué. Les divisions au sein du cabinet (le ministre Nowlan tenait la grève des réalisateurs pour illégale; le ministre Léon Balcer la tenait pour légale) auraient fait long feu. Tout se serait réglé en un tournemain. En moins d'une demi-heure. Mais au Canada, certaines communautés linguistiques sont plus égales que les autres. Les francophones, disait Lévesque, se retrouvaient toujours en position d'infériorité, comme tous les colonisés du monde.

«Est-ce pour René le chemin de Damas?» se demandait Laurendeau, qui ne vivrait pas assez longtemps, hélas! pour connaître la réponse à cette question...

Chapitre IX

Épilogue

J'interromps mon récit au seuil des années 60. Je n'ai pas le choix: l'endurance du lecteur a des limites que les auteurs ne doivent pas franchir.

Aurai-je jamais le loisir d'en prolonger la trame au-delà des années d'impatience, pour raconter la décennie suivante qui fut celle de l'agitation et des responsabilités, des choix ardus et des grandes décisions, de Martin Luther King et des *hippies,* des espoirs et des déceptions de la Révolution tranquille, de *notre* terrorisme et de la paix en Algérie?

L'envie ne m'en fait pas défaut.

Après avoir décrit un Québec et un Canada immobiles en surface mais travaillés en profondeur par des courants d'une rare puissance, j'aimerais raconter l'émergence des forces nouvelles, jusqu'alors souterraines. Nous vivions désormais à l'heure de la planète. Notre évolution accélérée, heurtée, un peu folle, s'accordait au climat de l'époque, même par ses contradictions internes. Le vent du large soufflait de concert avec celui du séparatisme; tandis que les clercs par centaines, jetaient le froc aux orties, les sectes les plus diverses apparaissaient chez nous, de même qu'un renouveau de ferveur au sein d'une Église amaigrie.

Les hommes dont j'ai parlé dans ce livre s'engageaient sur des routes divergentes. L'équipe de *Cité libre* éclatait, comme la société québécoise elle-même. Tandis que Pierre Vadeboncœur, Marcel Rioux et quelques autres se repliaient sur le Québec avec René Lévesque, Trudeau, Marchand et moi partions pour Ottawa et Jacques Hébert, avec beaucoup d'autres, confirmait son option fédéraliste.

C'est tout cela qu'il faudrait dire encore, et le dire sans dépit, sans regrets, les yeux fixés sur l'avenir. La pièce était écrite, ai-je déjà noté. Chacun désormais jouait le rôle qu'il avait choisi. Mais les interprétations diverses nous ménageaient bien des surprises... et nous en réservent sans doute de nouvelles pour la décennie 80.

Qu'importe?

C'est là le prix de la liberté. Quand les hommes acquièrent le droit de faire librement les choix qui les concernent, ils renoncent à l'habitude de tourner tous ensemble la même meule. Rabindranâth Tagore se sentit mal à l'aise, rentrant en Inde dans les années 30, gêné, inquiet de l'unanimité trop parfaite qui régnait chez ses compatriotes. Elle s'était pourtant formée autour du prophète Gandhi.

Je voudrais dire aussi la couleur du temps, la saveur de cette époque particulière, en évoquer le théâtre, la peinture et les chansons aussi bien que la politique et le journalisme, raconter mon arrivée à la *Presse* et mon départ de ce journal, aussi inattendus l'une que l'autre, l'une et l'autre significatifs et révélateurs de l'époque. Et comment je perdis ma virginité politique en soutenant René Lévesque dans sa première campagne électorale. (Je montais pour la première fois sur les *hustings:* il s'agissait de réfuter les accusations de *communisme* dirigées contre René!) Je rappellerais aussi que ce dernier nous téléphona de Terre-Neuve au lac Ouareau pour nous conjurer, au nom de son expérience personnelle, de ne pas nous engager dans le Parti libéral en ordre dispersé mais d'y aller «à trois au moins», en équipe. C'était à la fin d'août 1965 et nous nous préparions, Marchand, Trudeau et moi, à faire le grand saut.

Je me rends compte, en traçant ces lignes, qu'elles ne forment pas un épilogue adapté aux chapitres qui précèdent, mais plutôt l'amorce d'un autre récit. Le seul épilogue qui convienne aux années 50, c'est la chronique de la décennie suivante, car les deux périodes s'articulent étroitement l'une sur l'autre.

Si Dieu me prête vie...

Paris 1977 — lac Ouareau 1983

Index des noms cités

Churchill, Winston: 221, 278.
Cliche, Robert: 200.
Claudel: 236.
Cocteau, Jean: 114.
Conroy, Pat: 192.
Cormier, Guy: 128, 141, 147,
148, 149, 150, 153, 155,
156, 160, 168.

D

Dagenais, André: 37.
D'Anjou, R.P. Joseph-Marie:
159.
Dansereau, Pierre: 201, 202.
De Gaulle: 247, 251.
De Nevers, Edmond: 134.
Desbarats, Peter: 49, 50.
Desbiens, Jean-Paul: 124,
264.
Deschamps, Jean: 48.
Des Marais, Pierre: 221.
Desmarais, Renée: 141.
Desranleau, Mgr Philippe:
171, 183.
Desrosiers, abbé Jean-
Baptiste: 44.
Diderot: 236, 239.
Diefenbaker, John: 242, 290,
304, 309, 310.
Dion, Gérard: 81.
Dion, Léon: 200.
Domenach, Jean Lacroix de:
144.
Drapeau, Jean: 220, 221.
Duceppe, Jean: 120, 290.
Dufresne, Guy: 239.
Dufy, Robert: 206.
Duplessis, Maurice: 55, 60,
61, 62, 67, 68, 69, 70, 71,
72, 73, 74, 75, 77, 79, 80,
81, 82, 83, 84, 85, 86, 87,
88, 89, 90, 91, 92, 93, 94,
95, 96, 102, 104, 105, 117,
156, 179, 184, 186, 188,
189, 191, 195, 196, 202,
203, 204, 205, 209, 212,
213, 216, 219, 220, 221,
222, 246, 271, 272, 291,
306.
Duvignaud, Jean: 40.

E

Élizabeth II: 105.

F

Fanon, Franz: 129.
Faribault, Marcel: 199.
Ferré, Léo: 111.
Filion, Gaby: 34.
Filion, Gérard: 32, 33, 69,
107, 108, 140, 259, 261.
Fournier, Jules: 254.
Franco: 229.
Freud, Sigmund: 229.

G

Gagnon, Jean-Louis: 119,
199, 219.
Gagnon, Raymond: 270, 272.
Gandhi: 127, 316.
Garneau: 134.
Gauthier, Mgr Georges: 193.
Gauvreau, Claude: 165, 166,
167.
Geoffroy, Jean-Paul: 141,
147, 149, 152, 153, 154,
187, 287, 288, 292.
Gérin-Lajoie, Paul: 213, 214.
Gibbons: 131.
Giroux, André: 239.
Godbout: 67, 119.
Gouin, Paul: 209.
Goyer, Jean-Pierre: 200.
Groulx, Lionel: 66, 90, 133,
134, 156.
Guèvremont, Germaine: 239.
Guindon, Léo: 94.

Rocque, René: 33.
Rolland, Roger: 147.
Roncarelli, M.: 92, 93.
Rossellini, Roberto: 166.
Roux, Jean-Louis: 286, 300, 301, 302, 304.
Roy, père Henri: 65.
Rutebeuf: 59.
Ryan, Claude: 96, 140.

S

Sainte-Beuve: 99.
Saint-Laurent, Louis: 55, 89, 90, 91, 119, 191, 192, 233.
Sartre, Jean-Paul: 152, 247.
Sauvageau, Florian: 158.
Sauvé, Jeanne: 148.
Sauvé, Maurice: 148.
Sauvé, Paul: 74, 82, 213, 222.
Sauvy, Aldred: 200.
Séguin, Fernand: 233.
Schmidt, Henri: 76.
Schwarz, Lotte: 239.
Scott, Frank: 92, 195.
Sélassié, Haïle: 105.
Sophocle: 236.
Soupault, Philippe: 256.
Soutou, Jean-Marie:
Shakespeare, William: 236.
Spellman, (Cardinal): 166.
Staline: 97.
Starr, M.: 304, 309.
Sylvestre, Claude: 109.

T

Thorez, Maurice: 60.
Tocqueville: 38, 131.
Tremblay, Arthur: 213, 214.
Tremblay, René: 218.
Trotski: 202.
Trudeau, Pierre Elliot: 17, 18, 19, 20, 21, 22, 23, 34, 35, 36, 37, 39, 41, 42, 43, 48, 49, 50, 51, 52, 60, 67, 90, 122, 123, 124, 125, 129, 130, 131, 132, 133, 134, 135, 136, 139, 147, 148, 149, 152, 154, 155, 156, 160, 161, 162, 163, 168, 170, 174, 181, 186, 187, 188, 189, 190, 197, 203, 204, 218, 220, 221, 222, 223, 246, 247, 249, 291, 292, 306.

U

Untel, Frère: 262, 263, 264.

V

Vadeboncoeur, Pierre: 34, 80, 147, 150, 185.
Vandry, Mgr: 75, 76.
Viau, Guy: 34.
Vigneault, Gilles: 276.
Vignaux, Paul: 163, 164, 165.
Vittorini, Élio: 267.
Yazid, Mohammed: 127.